中国企业"走出去"案例汇编

主编：对外经济贸易大学国际商学院

经济管理出版社

ECONOMY & MANAGEMENT PUBLISHING HOUSE

图书在版编目（CIP）数据

中国企业"走出去"案例汇编/对外经济贸易大学国际商学院主编. —北京：经济管理出版社，2017. 9

ISBN 978 - 7 - 5096 - 5282 - 4

Ⅰ. ①中… Ⅱ. ①对… Ⅲ. ①企业—对外投资—案例—中国 Ⅳ. ①F279. 23

中国版本图书馆 CIP 数据核字（2017）第 188184 号

组稿编辑：李红贤
责任编辑：杨雅琳
责任印制：黄章平
责任校对：张晓燕

出版发行：经济管理出版社
（北京市海淀区北蜂窝 8 号中雅大厦 A 座 11 层　100038）
网　　址：www. E - mp. com. cn
电　　话：(010) 51915602
印　　刷：三河市延风印装有限公司
经　　销：新华书店
开　　本：720mm×1000mm/16
印　　张：17. 25
字　　数：329 千字
版　　次：2020 年 7 月第 1 版　　2020 年 7 月第 1 次印刷
书　　号：ISBN 978 - 7 - 5096 - 5282 - 4
定　　价：88. 00 元

本书编委会

主编

对外经济贸易大学国际商学院

编委

（姓氏拼音排序）

陈德球　范黎波　傅慧芬　韩慧博

李自杰　刘雪娇　汤谷良　吴剑峰

熊　伟　续　芹　杨震宁　周　煊

祝继高

目 录

战略、并购与国际化经营

国际营销

财务与会计

战略、并购与国际化经营

中国中材集团国际技术赶超
战略案例研究

王永贵　郑孝莹[*]

技术赶超问题已经成为当今全球企业共同瞩目的新兴战略和热点问题。我国《国家中长期科学和技术发展规划纲要（2006～2020）》和《国民经济和社会发展第十一个五年规划纲要》明确提出，到2020年我国力争进入创新型国家的行列，从而从宏观上为后发企业进行技术赶超设定了时间表，也为企业未来的技术赶超战略设定了宏伟蓝图。

企业为了实现技术赶超，一方面依赖于自身的技术创新，另一方面可以从外部先进企业获取知识（其中，国际先进企业是重要的知识来源），然后在内部进行消化和吸收，进而提升自身能力。即企业技术能力的提高主要依靠那些具有创新潜力的知识块积累（Pierre，2012）。发展中国家的后发企业和发达国家的先进企业的技术发展轨道是不同的，发达国家的技术沿着知识流动（Fluid）—知识转化（Transition）—知识特定化（Specific）的路径进行线性发展。但是发展中国家的后发企业，由于前期已经有了一定（或成熟）的知识积累，通过在中间技术发展阶段获取和利用高水平的知识，进而重复同一路径。如果成功，这些企业就会具备对新兴技术进行一般化的技术能力，从而赶超技术领先的公司。这些赶超的路径和模式在当今韩国、日本、新加坡以及中国台湾等国家和地区的后发企业中备受重视，并且得到了广泛的实践验证，也积累了一些成功的经验。

一般来讲，不同发展阶段的国家，其技术进步选择路径会不同。中国作为发展中的大国，要实现技术进步驱动内生经济增长，就必须选择适宜的技术赶超战略。由于中国企业的后发特征明显，而且一些大型国际化企业在"走出去"过程中，在技术赶超方面已经积累了一些成功的经验并吸取了失败的教训，因此，研究我国典型企业的国际化发展中所实施的技术赶超战略，可揭示我国技术赶超

* 王永贵：对外经济贸易大学国际商学院。郑孝莹：对外经济贸易大学国际商学院博士研究生。

内部机制和路径选择问题，为企业实践提供重要的借鉴和参考。

在国际营销、跨国管理和技术经济及管理专业研究生教学中，大都涉及技术和创新等话题。例如，服务营销课程中的服务创新话题、战略管理中的公司技术战略话题等。其中，一个重要的问题是企业的技术能力提升和创新问题，教材多聚焦于海外（发达国家）跨国公司的技术能力提升战略，而关于中国企业的技术能力提升和赶超问题的教学资料甚少。缺少国内案例资源支撑教学，使得学生缺乏对国内企业实践方面的认知。基于此，本文对中国中材集团有限公司（以下简称中材集团）的国际化技术赶超战略问题进行案例研究，为教师理论教学和学术科研提供鲜活的案例支持。

一、中材集团背景介绍与问题提出

案例研究有助于捕捉和追踪管理实践中涌现出来的新现象，是构建和验证理论的有效方法（Eisenhardt，1989），这一特征恰恰与本文所关注的国际化技术赶超问题特性有着很好的契合度。根据研究主题和内容，本文在选择案例时依照以下两点：一是数据的可得性与长期性。中材集团组建于1983年，营运时间较长，且具有良好的信息提供人，方便取得较为全面、长期的资料，保证了国际化战略、技术创新能力等数据的可获得性。二是典型性。从2002年起开始实施"走出去"战略，2004年进入国际市场，短短几年时间，中材集团的国际市场份额从零变为世界第一，在细分市场上占据着强势地位，实现了与国际垄断巨头同台竞技，并最终达到了国际化技术赶超的战略目标。因此，本文最终选取了中材集团作为研究对象。

1. 中材集团背景介绍

中材集团是一家国务院国有资产监督管理委员会直接管理的中央企业，是中国唯一在非金属材料行业拥有一系列核心技术和完整创新体系的企业集团，拥有着非金属材料制造业、非金属材料技术装备与工程业、非金属矿业"三大主导产业"。在玻璃纤维技术、复合材料技术、人工晶体技术、工业陶瓷技术、新型干法水泥生产工艺与装备技术六大领域拥有国内最高技术水平，部分技术在世界上处于领先地位。中材集团致力于成为全球知名高品质非金属材料供应商、世界一流材料工程系统集成服务商和高效非金属矿物及制品开发商。

中材集团的前身——中国非金属矿集团公司，是一家"强科研、薄产业"的科技型国有企业，业务涉及航天、通信、环保、工程、汽车、机械、建材、军工、生活日用品等多个学科和领域，实际上靠研发和技术转让维持企业发展，产业基础非常薄弱。2001 年中材集团成立，新组建的领导班子提出依托现有优势，夯实产业基础，建立拥有自主知识产权的企业发展战略，将集团从科技型企业战略定位转型为"科技型、产业型、国际型"并重，精于主业，退出非主业，整合优良资产，集中优势资源，变技术优势为市场竞争优势。整合后，中材集团形成非金属材料制造业、非金属材料装备与工程业和非金属矿业三大主业。

中材集团现有直属公司和控股子公司 69 家（其中 H 股 1 家，A 股上市公司 6 家，国家级科研设计院所 13 家），在国外 60 多个国家设有分支或研发机构，国内拥有 1 个国家级重点实验室，5 个国家级工程研究中心，在国际上拥有广泛的客户网络。从 2002 年起开始实施"走出去"战略，2004 年进入国际市场。短短几年时间，中材集团的国际市场份额从零变为世界第一，实现了与国际垄断巨头同台竞技，并最终确立了掌控地位的战略目标，争得了国际市场的话语权，赢得了广阔的发展空间。集团的英文名称为 SINOMA，已经成为全球水泥装备制造和工程服务领域的国际品牌。另外，中材集团实施科技创新战略，被科技部、国资委等部门认定为创新型企业。

中材集团自 2008 年以来营业收入逐年增加，2013 年达到了 737 亿元（见图1）。但 2011 年以后，由于受国际经济形势影响，面临"去库存化"和"去产能化"的双重压力，加上劳动力、融资、环境保护等成本的上升，以及受毛利率下降、外币报表并账、人民币汇率波动等因素影响，利润总额严重下跌。在科技投入方面，2013 年中材集团的科技投入金额突破 21 亿元，2010 年以后科技投入比保持在 3% 以上（见图 2）。

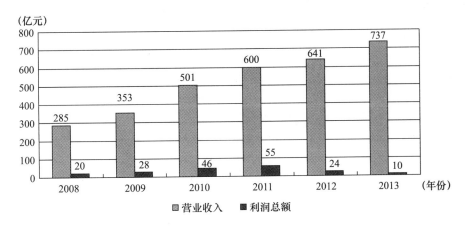

图 1　2008～2013 年中材集团营业收入和利润总额

资料来源：中材集团官方网站《2013 年中材集团社会责任年报》。

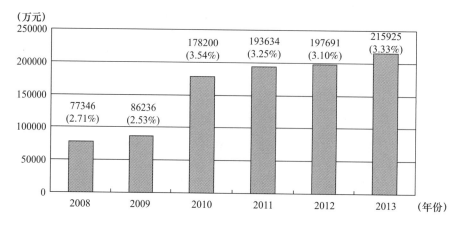

图2 2008~2013年中材集团科技投入金额及比例

2. 问题的提出及研究方法

本文通过对中材集团的调查研究，探究我国企业的国际技术赶超的特点、规律和所实施的战略，从而与国际技术赶超相关理论进行对接和比较，进而提出新观点，发现新规律。

（1）创新能力与技术赶超。在知识经济时代，公司技术赶超的战略重点已经从一般的有形资源转向了潜在的无形资源——创新能力（Romer，1989）。有关创新能力在技术赶超中的作用目前存在两类观点。

一类观点认为，创新能力的作用体现在技术追赶的后期。例如，Hobday（1995）和 Leonard - Barton（1995）认为，后发企业沿着 OEM - ODM - OBM 的线性路线来实现追赶目标。这一路径意味着在追赶的后期阶段创新能力才发生重要作用。

另一类观点认为，创新能力本身会影响技术追赶。Schumpeter（1942）认为，每一个国家都是新型技术经济范式的初学者，后发企业可以在技术前沿领域通过蛙跳（Leapfrogging）或直接创新等方式进行技术赶超，韩国的 CDMA 移动电话企业的技术赶超就能够很好地说明这一点。

不论是如上哪一种观点，都充分说明了在技术赶超的过程中企业创新能力的重要性。

（2）创新能力的影响因素。有关创新能力的影响因素研究主要集中在企业的内外部影响因素方面。在内部影响因素方面，相关研究从组织文化、流程、环境认知、组织战略、公司变革、价值观、领导力、创新氛围等视角进行了研究。例如，Forrest（1991）、Rothwell（1994）、Tidd 等（1997）、Pavitt（2003）、Tang（1998）等进行的研究就是例证。

值得关注的是，最近基于中国企业的案例研究，开始关注创新能力的提升问题。例如，Fan（2006）对中国的通信装备企业进行了案例研究，认为创新能力受内部研发（In‐house R&D）和外部联盟两个方面因素的影响。公司应该聚焦于内部研发，同时辅以外部联盟来提高创新能力，因为外部联盟是内部研发有效性的重要条件。研究进一步提出，中国国内企业应该在追赶的每个阶段都构建自身的创新能力，从而在国际市场上与先进的跨国公司进行竞争。Yang（2012）基于知识基础观的视角，研究了创新意图和创新基础设施对创新能力的影响以及创新能力对增长和赶超的影响。研究结论认为，在赶超学习中，企业应该首先从组织文化上对学习给予承诺，从而形成对学习的一种支持和鼓励，将学习作为一种投资。另外，应该在基础设施方面加以推动，如经济回报以及主动地提高态度等，会鼓励员工积极地向外部学习和赶超。

  综上所述，在西方情景下有关创新能力对技术赶超的影响以及创新能力的影响因素的研究相对较多，并且日渐成熟。但是中国企业在国际化过程中的技术赶超具有自身的特点，需要对其进行调查研究并总结规律，从而与国际技术赶超相关理论进行对接和比较，进而提出新观点，发现新规律。基于此，我们提出如图3所示的研究框架，为下一步探索性案例研究奠定理论基础。

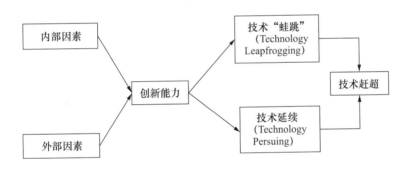

图3　研究框架

  （3）研究方法。作为探索性研究，本文采用了有助于提炼规律的单案例研究方法进行纵向的深度分析。该方法不依赖于原有的文献或以往的经验证据，特别适合于本研究——公司如何进行国际技术赶超。因为其影响过程及机理等问题不十分明确，可供借鉴的其他技术赶超研究中现有观点难以直接运用的情况（Eisenhardt、Graebner，2007）。本文将着眼于从公司创新能力视角打开公司网络互动创新对公司技术赶超的影响这一"黑箱"，在依据中材集团的运行实践对其解构的基础上，遵循 Eisenhardt（1989）和 Yin（2008）等所描述的案例研究方法与程序来归纳并形成理论命题。与此同时，为了尽可能使数据真实、可靠，辅以深度访谈与问卷调研等方法，以强化不同来源数据之间的相互印证与补充。

对企业国际化技术赶超的战略进行深度剖析，同时为避免研究的片面性，提高内部效度，确保所构建理论模型的科学性，本文使用 Miles 和 Huberman（1994）所描述的三角验证法（Triangulation），采取多种方式搜集所需资料（Yin，2008）。一是公开渠道。主要包括网络新闻报道（权威及主流媒体）、相关出版物（公司年报、内部期刊、内部相关规章制度等）及其官方网站等，从而进行关联分析。二是深度访谈和观察。深度访谈是指通过对个案企业管理者和员工进行面对面的谈话来收集分析型数据。三是问卷调研。在访谈的基础上进一步设计了包括母子公司以及公司与组织顾客互动、创新能力、互动能力等的调查问卷，并从中材集团总部向其子公司和组织顾客发放问卷。

二、中材集团的国际化发展历程回顾

近30年间，我国水泥工业发生了翻天覆地的变化，在水泥产能和产业结构调整方面，从过去以立窑生产为主到以新型干法窑生产为主的水泥产业结构转变，实现了产能与产业结构调整双飞跃；在生产技术和装备方面，实现了从技术引进、消化、吸收、仿制到独立研发、集成、创新的"工程化"转变，从简单复制、套用到有针对性的个性化快速设计方法的转变。中材集团的国际化从改革开放初期引进技术开始，到通过 EPC[①] 项目带动国内的技术装备"走出去"，到2014年水泥工程 EPC 业务市场占有率已连续六年保持第一，并且在国际分工型的基础上逐渐加大国际投资和资源配置力度。

本文以2001年、2007年和2011年为时间节点，将中材集团1983～2014年的国际化发展历程划分为四个阶段，并对每个阶段采取的战略进行归纳和总结，如图4所示。

1. 第一阶段（1983～2001年）

在此阶段，集团实施水平整合战略，形成了一个在国际同行业中产业链最为完整、能够进行大兵团作战的组织，为日后参与国际化竞争和技术赶超奠定了坚实的基础；在技术方面，主要以技术引进及改造为主。

---

① EPC 是 Engineering（工程设计）、Procurement（采购）、Construction（施工）的缩写。即按照合同约定，承担工程项目的设计、采购、施工、试运行服务等工作，并对承包工程的质量、安全、工期、造价全面负责，与工程总承包含义相似。

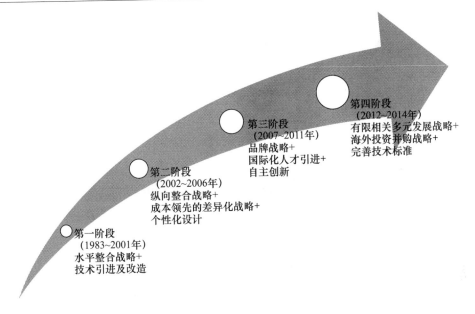

第四阶段
(2012~2014年)
有限相关多元发展战略+
海外投资并购战略+
完善技术标准

第三阶段
(2007~2011年)
品牌战略+
国际化人才引进+
自主创新

第二阶段
(2002~2006年)
纵向整合战略+
成本领先的差异化战略+
个性化设计

第一阶段
(1983~2001年)
水平整合战略+
技术引进及改造

图4　中材集团国际化发展阶段及战略实施

中材集团前身是1983年成立的中国非金属矿工业总公司。在创立和发展初期，集团缺乏在市场经济环境下的运营经验，从而造成盲目地投资、扩张、担保，债务危机等问题层出不穷，集团一度陷入困境。1999年后，原国家建材局把其直属的部分企业及科研设计院所划拨纳入中材集团，使其成为拥有近百家下属企业、3万多名职工、经营50多亿元资产的大型国有企业集团。然而集团内部存在着众多问题：集团下属企业实力相差悬殊，业务庞杂，多数企业缺乏竞争优势；企事业单位各自为政，缺乏统一的企业文化、明确的发展战略和有效的指导约束，基本处于自由发展状态；所营产业链中的一些重要环节分属于不同的企业，各自独立发展，业务雷同的集团内企业相互压价竞争，协调困难；企业体制和机制受到市场经济的挑战，职工队伍不稳定。

针对集团的状况，以谭仲明为总经理、于世良为党委书记的集团领导班子厘清发展思路，实施整体经营布局和资产结构战略性重组。2001年底，中材集团利用资产重组和企业改制，按照打造包括技术研发、装备制造、工程建设等在内的完整的水泥工程产业链的要求，把旗下"各自为政"的水泥工程设计院、水泥工程建设企业和水泥装备制造企业重组为中国中材国际工程股份有限公司。"通过重组，将过去功能分散、产业链分割、相互恶性竞争的各个公司，整合成为一个在国际同行业中产业链最为完整、能够进行大兵团作战、在国内占据绝对产业控制地位的公司。"中材集团董事长谭仲明如是说。

在核心技术研发方面，水泥厂引进技术装备，并进行了技术改造。经过一年多的艰苦攻关，成功完成了技改方案论证、有效性试验研究、大型流态化分解炉研发与应用等工作，成果荣获原国家建材局和江苏省颁发的科学技术进步二等奖。

2. 第二阶段（2002～2006年）

在这一阶段，中材集团快速地“走出去”并站住了脚。中材集团采取纵向整合战略，建立分包商、供应商体系，大大提高了履约能力；同时致力于降低成本，缩短工期，实现了成本领先的差异化战略；在技术方面，中材集团推动了我国水泥工业设计模式从简单复制、套用向有针对性个性化设计方法的转变。

内地水泥业产能过剩问题严重，导致水泥价格大幅回落。中材集团兼中材股份董事长刘志江认为，过剩产能可能需要时间消化，故公司具有前瞻性地部署延伸产业链，引进国外先进技术，进行技术升级和改造，并拓展海外市场，将中材集团打造为全方位的国际性综合水泥制造企业。

此后，中材集团相继开展了多个技术引进项目的消化吸收与再创新工作，结合生产实践经验，开展了国产化进程的深化研究。随后，中材集团完成了“新型干法预分解系统集成优化和工程应用”研究课题，解决了系统优化过程中的规模放大、快速个性化设计的难题，推动了我国水泥工业设计模式从简单复制、套用向有针对性个性化设计方法的转变，并获得2005年度国家科学技术进步二等奖。

中材集团引以为自豪的优势之一，是自身拥有完整的新型干法水泥产业链资源，并据此向业主提供EPC总承包系统集成服务。虽然，我国水泥工程业开拓国际市场已有多年的历史，但因单个企业规模小而散，无法与国际巨头相抗衡。2002年，国内企业在国际市场上的总承包项目数为零，只能做国际巨头史密斯、伯利休斯、洪堡的分包商。中材集团经过科学论证之后认为，进入国际市场必须以技术水平、装备制造能力、科学管控方法和资深行业背景为基础，采用中材集团所特有的具有完整产业链优势的EPC业务模式。相比而言，在欧美发达国家，同行流行外包成风的时候，中材集团提出在全球范围内“交钥匙工程”模式，既作为研发和原创技术的供应商，也提供了工程设计、装备制造与采购，土建建设工程安装、生产调试、备品配件供应及售后服务。董事长刘志江认为是“这种一站式的方法成就了中材国际全球最大的水泥工程系统集成服务商的地位”。

除此之外，中材集团还在工期和成本方面优于竞争对手。“我们的工艺技术跟国外的水平相当，设备上可能略有瑕疵，可能性能相差不会很多，但是，我们做工程的工期比他们短1/3或1/4，而且价格比竞争对手低10%～15%。这样我们总体的性价比很高。”中材集团的某员工在采访中这样说道。由此可见，在工期和成本方面，中材集团具有强烈的自豪感。

凭借业务模式创新和总成本低的优势，中材集团不仅迅速占领了中东、非洲、东南亚市场的最大份额，而且顺理成章地敲开了几大欧洲巨头大本营的市场大门，相继战略性进入法国、意大利、西班牙、美国等发达国家市场。

3. 第三阶段（2007～2011 年）

在这一阶段，中材集团快速拓展海外市场，将自主研发技术成果推向海外；以品牌和服务引导市场需求，进一步巩固和扩大市场份额，在国际上树立了良好的 SINOMA 品牌形象；同时，中材集团实施人才战略，打造了一支非常强的国际化经营队伍。

研发团队开发了多种规模的生产线，并配合国家和公司"走出去"的发展战略，专门针对国外复杂的自然条件和原料、燃料情况进行优化设计，将多种主流规模的全国产化烧成系统技术和装备推向了国际市场，尤其是代表当今世界万吨级水泥烧成系统的高端技术研发和成功应用（SCC 两条万吨级生产线），不仅在国际上树立了 SINOMA 品牌，而且还大大地提升了 SINOMA 的国际竞争力。

2007 年，中材集团承担的中国海外首条日产万吨生产线——阿拉伯联合酋长国 UCC 万吨水泥熟料生产线项目顺利地正式交付甲方运营。该项目是当时世界上单线生产能力最大的生产线之一，是第一条具有中国自主知识产权的日产万吨水泥熟料生产线。项目的建成，打破了欧洲企业长期垄断国际大规模水泥工程建设市场的局面。由此，中材集团 SINOMA 在国际上成为水泥厂工程建设的知名品牌。

2009 年土耳其 Tracim 日产 5000 吨水泥生产线等 8 个海外项目获得了最终验收证书或临时验收证书，成为公司成立以来海外项目承接最多的一年。南非拉法基 RAINBOW 日产 2000 吨水泥生产线等 6 个海外重点项目也顺利投产。大批海外项目的签约投产和验收，丰富了中材国际品牌内涵，树立了其在全球范围的品牌形象，品牌国际化进程加快。2009 年 2 月 11 日，正在沙特阿拉伯进行国事访问的胡锦涛参观了公司承建的 RCC 二线项目，高度评价了该项目，并勉励中材国际（南京）坚持科技创新，发挥自身优势，提高国际市场竞争力。

除了拥有自己的技术核心优势之外，中材国际副总裁、董秘蒋中文认为国际化的人才战略尤为重要。这几年中材集团培养了一支非常强的国际化经营队伍，有几百人的项目经理，他们的外语水平、谈判能力、项目组织能力和与当地社会的沟通能力非常强，这构成了中材集团国际化经营的一个非常重要的基础。例如，2009 年 10 月，中材国际新加盟了 10 名外籍技术人员。公司将这些高技术人员充实到核心技术研发与设计团队中，按照国际标准加以精确定位，使之在市场竞争中发挥"排头兵"的作用。"打破瓶颈的路径很多，但适合中材国际的方法却是有限的。为了做好在世界 50 多个国家的协同工作，对各地的人才培训就变得尤为重要"。中材国际把培训作为一项员工福利,让员工明白培训就是更好的发展,力图让企业文化产生强大的凝聚力,组织机构产生胶合力,在员工综合素质得以提升的同时实现政令畅通,环境和谐。"走出去,引进来",虽然有不同的文化背景,但只要有一个共同的愿景,就能引发共同的努力。"思想上合心,行动上合拍,工作上合力"已成为不同国籍中材国际人的共同标准和要求。

4. 第四阶段(2012~2014年)

集团在此阶段进行了全面扩张,虽然面临严峻的宏观经济考验,集团下属的中材国际工程股份有限公司积极采取措施克服国际市场局部动荡带来的影响,在国际市场继续保持了较强的竞争力。2014年1~6月,共签订各类合同额108亿元,同比下降48%。其中,新签海外合同额81亿元,同比下降45%。在新签合同中,海外合同占75%,其中,非洲占全部海外合同的38%,中东占24%,东南亚占13%,其他区域占25%。与此同时,客户服务类合同额超过10亿元,同比增长148%,公司业务结构调整取得一定成效。① 在这一阶段,中材集团全面实施"有限、相关、多元"的经营战略,以及海外投资和并购战略;此外,技术研发在环保、节能领域不断提升。

中材集团按照"有限、相关、多元"的原则,进入以资本输出为导向的阶段,通过深化与各国的务实合作,强化国际市场话语权。中材集团充分利用国际资源配置能力和国际市场整合能力,相继进入余热发电、协同处置城市废弃物、风电产业、光伏产业等高新技术领域,并获得国内领军、国际领先的地位,为开发更广阔的国际市场奠定了基础。

与此同时,中材集团逐步开始实施海外投资项目。以获取技术、研发能力、品牌、渠道等为目的,通过并购、购买、合作等途径提高外部资源利用层次,以增量协同带动存量经营性资产利用效率的提升,加快推进装备业务在矿业、冶金、化工和电力行业用设备等方面专业化发展水平。2012年1月9日,中材集团下属中材节能股份有限公司与CEMEX集团(菲律宾)SOLID水泥公司签署了余热发电投资协议。该项目是中材节能的第一个国外投资项目,同时也是中国余热发电行业第一个国外投资项目,是中材集团践行"走出去"战略的一个重要里程碑。除此之外,中材国际在海外进行了第一次并购。2013年4月,中材集团以2518万美元设立全资子公司——中国中材国际(香港)有限公司,由其以1.5亿元通过股权收购与增资的方式取得印度LNVT 68%的股权。香港公司主要从事股权投资、项目投资、资产管理等,LNVT公司主要从事水泥工程技术装备业务。收购LNVT将进一步提升中材国际资产和经营的国际化水平,对中材国际在印度

---

① 数据来源于《中国中材国际工程股份有限公司2014年半年度报告》。

市场取得突破、增强在印度市场影响力、加快实现印度市场战略目标具有重要的促进作用，同时也将进一步提高中材国际全球资源配置能力，对中材国际未来财务状况和经营成果具有积极影响。

为了巩固现有的技术优势地位，中材集团还需要在系统优化、节能、降耗、提高环境控制能力、合理利用资源等方面，继续开创新的局面，为此，研发团队正向"第二代"新型干法水泥技术的研发目标挺进。该项系统技术具有持续节能、降耗，在保证环境和设备安全的条件下，能最大限度提升系统处置废弃物的能力和防污染物扩散的控制能力。

三、国际化技术赶超战略分析

从中材集团的发展脉络中可以看出，影响中材集团创新能力的内部因素包括组织结构变革、人力资源、成本控制和技术研发等，而外部因素包括外部联盟。中材集团在每个追赶阶段都不断构建并升级了自身的创新能力，从而在国际市场上与先进的跨国公司的竞争中拔得头筹。

中材集团通过组建以国际水泥工程建设为主业的中国中材国际工程股份有限公司，把过去各自为政的"小股部队"整合成为业务环节有序、优势互补、产业链完整、具有强大系统集成能力的"集团军"。通过整合行业内部的优势资源及装备制造业务，创造了专业化技术服务＋重大装备制造＋工程总承包的新型EPC商业模式。凭借产业链整合优势，进一步实施业务流程再造，全面优化市场营销、技术研发、工程设计、采购、物流、装备制造和监造等流程，强化项目实施一体化，使公司业务模式的优势得到充分发挥，建设周期比海外平均先进水平减少1/3，建设成本比海外平均成本减少1/4。由此形成了一致对外的优势，海外订单规模迅速扩大，市场占有率不断提高，总成本控制能力不断增强，不仅在国际市场竞争中很快获得了主动权，而且企业价值也成百倍地增长。中材集团的规模优势和成本领先优势令竞争对手难以望其项背，为拓展海外市场奠定了坚实基础。

"蛙跳理论"认为，先发国基于原有技术的沉淀成本、资产专用性及技术转换的高机会成本，被锁定在原技术水平上；而后发国因为具有后发优势及受选择性政策干预，更愿意采用那些最初效益不高但潜力很大的新技术，通过更好地把握新技术和机会，可能会赶上甚至超过先进国家（窦伟、吴晓波、孙佳，2007）。中材集团对引进技术装备坚持消化吸收再创新，形成了水泥工程设计、大型装备研发制造、全球资源整合的核心竞争力和低成本的独特优势。新型干法生产设备从全部依赖进口到100%国产化，国内水泥生产线建设工期从3~4年缩短到1~2年，项目成本降低65%，都是技术创新的成果。技术标准的提升是我国水泥业从技术服务输出扩展到资本输出的必由之路，是我国从水泥大国变为水泥强国的必由之路。中材集团在"走出去"之前就拥有自主知识产权的新型干法水泥制造技术；"走出去"之后，通过与欧洲、美国标准的比较，中材集团进一步完善和提高了这一技术标准，推动了我国水泥技术和大型装备质量的进步。目前，中材集团制定的中国标准正成为被国际市场认同的先进标准。

四、案例剖析与启示

参与激烈的国际市场竞争，需要企业锻造和发挥核心竞争优势，提高自身创新能力，以赢得国际市场话语权。中材集团通过实施"走出去"战略，进一步巩固了核心竞争优势，为开拓更广阔的国外市场、继续做大做强奠定了坚实基础。通过中材集团的案例研究，本文对于"走出去"企业的国际化技术赶超战略实践具有一定的启示作用。

1. 清晰的战略思维是"走出去"的基础

企业要客观分析产品的细分市场，并逐步培育企业的核心技术和创新能力，以提高国际化竞争能力。分阶段实施"走出去"战略，根据境外市场变化，有针对性地提出发展思路。清晰的战略部署可有效促进企业境内外业务的快速和健康发展。

2. 技术创新和自主知识产权优势是"走出去"的基础

坚持"走出去"战略，需要加强企业自主创新的意识和能力，鼓励企业和科研院所、大专院校联合开展研发工作并加快研究成果的产业化进程。支持企业通过自主研发和引进技术消化吸收再创新。应在节能、环保的前提下，以国际合作、并购、参股等形式参与国外先进研发、制造，掌握核心技术和关键设备制造。此外，注意完善产品和行业标准体系，加强与国际标准对接水平。

3. 完整的产业链是"走出去"的强大优势

为了强化在全球市场的竞争优势，通过兼并、收购、新建等方式提升装备制造能力，实施产业链流程再造。适时实施一体化战略，强化产业链优势，围绕价值链分析中各环节的价值创造，有步骤、有计划地延伸产业链，保证整合后的产业链结构优于国际竞争对手。

4. 成本领先和差异化是"走出去"的有利条件

成本领先和服务模式差异化是进军国际市场的重要竞争战略。在运营管理中实施成本领先战略，通过提高技术和管理水平实现成本的降低和工期的缩短。在业务模式上实施差异化战略，在有效的产品性能和技术保障前提下，以完整的产业链、优化的业务模式参与市场竞争，为客户提供最优产品和服务，由此提高海外市场的占有率。

参考文献

［1］ Brezis, Paul Krugman, Tsiddon. Leap – frogging in International Competition: A Theory of Cycles in National Technological Leadership ［J］. American Economic Review, 1993, 8（3）: 154 – 165.

［2］ Eisenhardt K. M. Building Theories from Case Study Research ［J］. Academy of Management Review, 1989（14）: 532 – 550.

［3］ Eisenhardt K. M. , M. E. Graebner. Theory Building from Cases: Opportunities and Challenges ［J］. Academy of Management Journal, 2007（50）: 25 – 32.

［4］ Emerson K. M. , Richard M. . Power – Dependence Relations ［J］. American Sociological Review, 1962（27）: 31 – 41.

［5］ Fan Peilei. Catching up Through Developing Innovation Capability: Evidence from China's Telecom – Equipment Industry ［J］. Technovation, 2006（26）: 359 – 368.

［6］ Forrest J. E. . Models of the Process of Technological Innovation ［J］. Technology Analysis & Strategic Management, 1991, 3（4）: 439 – 453.

［7］ H. K. Tang. An Integrative Model of Innovation in Organizations ［J］. Technovation, 1998, 18（5）: 297 – 309.

［8］ Hobday, Michael. Firm – level Innovation Models: Perspectives on Research in Developed and Developing Countries ［J］. Technology Analysis & Strategic Management, 2005（17）: 121 – 146.

［9］ Hobday, Mike. East Asian Latecomer Firms: Learning the Technology of Electronics ［J］. World Development, 1995（23）: 1171 – 1193.

［10］ Joe Tidd, John Bessant, Keith Pavitt. Managing Innovation: Integrating Technological, Market and Organizational Change ［M］. 3rd Edition, John Wiley, Hoboken, NJ, 2005.

［11］ Leonard – Barton D. . Wellsprings of Knowledge: Building and Sustaining the Source of Innovation ［M］. Boston: Harvard Business School Press, 1995.

［12］ Luc Soete. International Difusion of Technology, Industrial Development and Technological Leapfrogging ［J］. World Development, 1985, 13（3）: 409 – 122.

［13］ Miles M. B. , Huberman A. M. . Qualitative Data Analysis: An Expanded Sourcebook ［M］. 2nd ed. , Sage Publications, Newbury Park, 1994.

［14］ Rothwell R. . Towards the Fifth – generation Innovation Process ［J］. International Marketing Review, 1994, 11（7）: 7 – 31.

［15］Schumpeter J. A. Capitalism, Socialism and Democracy ［M］. Harpers & Bro, NY, 1942.

［16］Tidd J. , Driver C. , Saunders P. . Linking Technological, Market and Financial Indicators of Innovation ［J］. Economics of Innovation and New Technology, 1996（4）: 155 - 172.

［17］Yin R. K. . Case Study Research: Design and Methods（4th ed. ）［M］. Beverly Hills, CA: Sage Publications, 2008.

［18］陈波男. 积跬步以至千里——访第三届建材行业十大科技创新人物、全国工程设计大师、中材国际工程股份有限公司总工程师蔡玉良 ［J］. 中国建材, 2014（6）.

［19］陈劲, 吴沧澜, 景劲松. 我国企业技术创新国际化战略框架和战略途径研究 ［J］. 科研管理, 2004（11）.

［20］刘志江. 中材坚持 "走出去" 持续创新　培育竞争优势——中材集团水泥技术装备与工程业 "走出去" 成功之路 ［J］. 中国经贸, 2011（3）.

［21］刘志江. 中材 "走出去" 避内地产能过剩 ［N］. 中国建材资讯, 2013（3）.

［22］谭仲明. 中国企业如何掌握国际市场话语权——中国中材集团探索国际化经营的实践和体会 ［N］. 人民日报, 2011 - 11 - 30.

跨国并购中的知识转移

——沈阳机床并购德国希斯的案例研究

李自杰 梁宇汀 李卓璠[*]

一直以来，"中国制造"都难以让人将其与先进和高质量等词联系在一起，究其原因，中国企业核心技术的缺乏是主要原因之一。与发达国家的公司相比，发展中国家的公司所掌握的技术不够尖端和前沿，拥有的资源也不够丰富（Alvaro、Mehmet，2008）。除此之外，公司母国也会给潜在的客户带来不利的影响（Bilkey、Nes，1982）。因此，发展中国家如何克服这些不利因素的影响，获得有利于提升自身竞争力的资源与技术，是一个值得我们研究的问题。相比于发达国家的公司，大部分发展中国家新兴市场公司都缺乏建立其所有权优势的学习经验等隐性知识及关键资源等显性知识（Alvaro、Mehmet，2008），因此它们在很大程度上依赖于从被收购的发达市场企业的知识转移来建立自己的竞争优势（Sinkovics、Roath、Cavusgil，2011），因此，跨国并购成为发展中国家企业特别是中国企业进行组织学习的主要途径。吉利收购沃尔沃，三一重工收购普茨迈斯特，都是这样的例子。

在过去的二三十年中，中国企业"走出去"进行跨国并购的道路并不顺利。据麦肯锡的统计数据，过去 20 年全球大型企业兼并案例中，成功率不到 50%，而我国海外收购失败率更是高达 67%，而在成功完成并购的企业中，又有 70%的企业未能从并购中获取其预期的商业价值。导致并购失败的原因多种多样，主要包括以下几个：并购前调查不充分、收购溢价过高、文化背景冲突、企业价值冲突、国家的冲突、整合过程难度过大等（Hitt、Harrison、Ireland，2001；Cartwright、Cooper，1996；Nahavandi、Malekzadeh，1988；Schweiger，2002）。然而，在以通过知识转移来建立竞争优势为目的的跨国并购中，除了以上几个通常都会

---

   * 李自杰：对外经济贸易大学国际商学院。梁屿汀：宝马汽车金融（中国）有限公司。李卓璠：对外经济贸易大学国际商学院本科生。

遇到的困难，还有三项重大的挑战：第一，由于中国企业在并购中通常是处于技术和能力弱的一方，并购一个比自身强的企业从本质上说就是一个学习的过程，也是一个转型和升级的过程。选择合适的学习目标对象并做好并购后的战略规划是并购成功的关键，也是难点。第二，由于中国制度背景的影响，中国企业在跨国并购中经常会因各方阻力的干预错过最佳时机，从而导致并购的成本上升甚至失败。如企业的国有背景对决策效率的影响，地方政府对本地经济发展的考虑，主管部门在审批程序上的障碍，这些都是并购过程中需要克服的难点。第三，由于文化和国家的差异，以及发达国家企业对中国企业的偏见和防范，并购后的整合与知识转移会变得相当困难。但若此环节未能做好，整个以知识转移为目的的并购就会功亏一篑。TCL 收购当时世界电视制造业领跑者法国汤姆森的失败就是这样的一个例子。TCL 原本希望通过获得汤姆森的 30000 项有关专利来提升品牌影响力，结果却因为整合过程过于困难最后不得不在两年后又将其卖掉。因此本文主要探讨三个问题：在以知识转移为目的的跨国并购中，如何在并购前做好准备？如何选择合适的并购时机？如何有效地进行后期整合和知识转移？

为了回答以上三个问题，本文采用案例研究法进行分析（Yin, 1994）。在现有理论无法有效回答研究所提出的问题时，以及问题以"为什么"和"如何"的形式提出，而现实中几乎不可能控制所有的变量时，案例研究的方法是最佳选择。而且这一方法在最近研究中国问题时也被管理学者广泛使用。本文选择了沈阳机床（集团）有限责任（以下简称沈阳机床）收购德国希斯公司的案例，选择这一案例主要出于以下几点考虑：第一，机床行业是一个传统技术密集型行业，也是具有基础战略地位的行业，此案是典型的以技术和知识转移为目的的并购案，从而可以起到很强的借鉴作用。第二，中国机床企业一直以来都有海外并购的习惯，是技术并购相对集中的行业，可以给这个行业带来示范和借鉴作用。第三，沈阳机床是一家国有企业，面临的制度背景问题更为突出。第四，沈阳机床和希斯分别处于中小型机床和大型机床两个细分市场，整合与知识转移的难度更大，更具有学习借鉴意义。

案例研究中最常见的信息来源为文献、档案记录、访谈、直接观察、参与性观察与实物证据，应当采用多渠道收集数据、形成证据三角形或完整的证据链，以增强证据之间的相互印证性（Yin, 1994）。本文为了保证案例资料数据的完整性，从以下几个方面获取资料：①对 2004 年时负责并购希斯的沈阳机床的董事长进行深度访谈，并进行详细记录。②沈阳机床的年度报告、公开数据等。③2012 年多次对沈阳机床进行实地考察，并深度访谈了相关副总。

通过对沈阳机床并购德国希斯案例的研究分析，我们得出，中国企业在进行以学习和知识转移为目的的海外并购时的三阶段的 3S 模型。在并购准备阶段，要做好充分的战略规划（Strategic Plan），并以这个战略规划为核心来选择并购目标和布局后续工作。在并购进行阶段，要加快速度（Speed Up），避免战线过长而被各方阻力所干扰。在并购后的整合阶段，要放慢速度（Slow Down），以此来提高对方的合作意愿以及知识转移效果。

一、文献综述

在当今全球化的背景下，越来越多的企业都在通过跨国并购来获取竞争优势，但是并购活动的失败率却居高不下。现有的文献主要从两个方面来解决这一问题：一是在并购前通过对战略规划和并购目标的分析来选择合适的并购对象，从而提高并购活动的成功率；二是通过加强对并购后的整合的管理，来促进知识的转移，进而达到预期的效果。

对于并购前的目标选择，现有文献主要研究双方的组织、战略、文化等方面的匹配度，双方知识库的相似度以及两个企业的相关度。

组织的匹配度主要指双方管理层风格的一致性、组织架构的一致性和绩效薪酬体系的一致性，高组织匹配度可以有效促进并购双方的同化（Datta，1991）。Datta 考察了 173 桩美国制造业的并购案，发现高层管理者风格的不同，不管整合程度如何都会对并购后的绩效产生负面影响。战略的匹配度指并购双方战略的相容和相似程度，一般来说，双方的战略匹配度越高就意味着双方在核心资产和技术上的相似度越高，并购之后更容易产生协同效应。比起本国的并购，战略的不匹配在跨国并购中会带来更多的问题（Meyer、Altenborg，2008）。Meyer 和 Altenborg 研究了挪威和瑞典的两家国有电信企业失败的并购案，指出当并购双方来自不同的国家时，由于不同的政府管理结构的存在，战略的不匹配此时会变得尤为突出和严重。文化的匹配度主要包括双方在信念、价值观、实践活动上的差别程度。Björkman、Stahl 和 Vaara（2007）认为，潜在吸收能力是影响并购后的知识转移的核心因素，而双方文化差异越小潜在的吸收能力就越强。除此之外，文化匹配度的差异最容易引起并购后的人力资源管理上的问题，从而导致并购的失败（Weber，1996）。

在知识转移的过程中，双方知识库的绝对规模、相对规模和知识库的相关程度是影响并购后整合的三个维度（Ahuja、Katila，2001）。Ahuja 和 Katila 选取了全球化工行业中 72 家最大的企业，对它们在 1980 ~ 1992 年的并购进行了分析，发现在非技术并购中，知识库与未来的创新能力没有显著的关系。但在技术性并购中，有以下三个结论：①被收购方的绝对知识库规模越大，并购方的未来创新能力越强；②并购双方知识库相对规模差距越大，并购方未来创新能力越弱；③过强或过弱的知识库相关度都会对并购方未来创新能力产生负面影响。

在选择了合适的并购目标之后，并购后整合的管理也是决定并购活动成败的另一个关键。对于如何进行并购后的整合，促进知识转移，最后产生协同效应，现有文献主要从整合速度、并购后管理控制水平进行考虑。

并购后双方的整合阶段，是应该"快刀斩乱麻"还是应该"慢工出细活"一直没有一个准确的答案。快速整合对于某些并购来说是有益的，然而对于另一些并购来说却是有害的（Homburg、Bucerius，2006）。在对232桩并购案进行调查之后，Homburg和Bucerius发现，并购双方外部相关度低而内部相关度高时，快速整合是有益的；当双方内部相关度低而外部相关度高时则反之。Gadiesh、Ormiston和Rovit则从并购的战略目标上进行了解释。如果并购是为了追求规模经济和绩效上的提高，并购后产生的价值可预期，就应该追求整合的速度；如果并购是为了重新定位产业结构和商业模式，并购后的价值难以预期，就应该牺牲整合速度（Gadiesh、Ormiston、Rovit，2003）。

管理控制水平即并购后对被并购方采取强控制还是弱控制的战略，具体有并购后企业的主导逻辑思想和被并购方的自治程度两个方面。现有理论大多推崇对被并购方实施强控制战略，因为在强管理控制之下，公司与其所并购公司之间的沟通、参观和会议事项都将是更有效率和效果的，并且直接促进了从目标公司到其母公司的知识转移过程（Bresman、Birkinshaw、Nobel，1999）。在被并购方自治的问题上，大多现有研究都认为，高整合度就意味着低子公司自治度，子公司的职能会因不熟悉这些来自母公司的元素而遭到破坏（Zaheer、Castaner、Souder，2011）。在对86桩并购进行研究之后，Zaheer、Castaner和Souder发现，整合与自治并不一定是两个相对概念，当双方的资源更多地呈现出互补性而不是相似性时，就可以同时达到高度的整合与自治。

通过对现有文献的回顾，我们发现，现有的理论和研究对以知识转移为目的的跨国并购已经有了较为深入的研究，包括并购前的目标选择问题、并购后的知识转移和整合问题，但仍存在着以下几点缺失：第一，大多数研究的背景为美国或其他发达国家，研究中国这样的新兴市场国家的很少。中国在发展程度和制度背景上都有很大差别，因此，中国企业在跨国并购中的困难与挑战我们不得而知。第二，现有文献多数是研究大企业并购小企业以获取技术的案例，而中国企业在海外并购中目标多为比自己强的企业，中国企业通过收购来达到技术升级和战略转型的目的。因此，在这样的情况下，要做到成功的并购需要注意哪些还没有一个明确的答案。第三，与发达国家有着成熟的并购程序和经验不同，中国企业在并购过程中也经常会遇到很多阻力和障碍,现有文献很少针对并购过程进行研究。本文通过研究沈阳机床并购德国希斯的案例,期望从中得出一定的结论以补充现有研究的不足。

二、沈阳机床收购德国希斯案例介绍

1. 并购双方背景介绍

沈阳机床于 1995 年通过对沈阳原三大机床厂——沈阳第一机床厂、沈阳第二机床厂(中捷友谊厂)、辽宁精密仪器厂资产重组而组建。1996 年 7 月 18 日在深交所挂牌上市,代码 000410。截至 2014 年,公司资产总额 160 亿元,员工 1.8 万人。作为我国最大的机床制造商、数控机床开发制造基地,沈阳机床有着辉煌的历史:共和国的第一台普通车床、第一台卧式数控车床、第一台摇臂钻床、第一台卧式镗床和第一台自动车床都诞生在这里,沈阳也因此被誉为中国的"机床之乡"。

公司主导产品为金属切削机床,包括两大类:一类是数控机床,包括数控车床、数控铣镗床、立式加工中心、卧式加工中心、数控钻床、高速仿形铣床、激光切割机、质量定心机及各种数控专用机床和数控刀架等;另一类是普通机床,包括普通车床、摇臂钻床、卧式镗床、多轴自动车床、各种普通专机和附件。共 300 多个品种,千余种规格。市场覆盖全国,并出口 80 多个国家和地区。机床产销量、市场占有率均居国内同行业之首。截至 2011 年 12 月 30 日,沈阳机床集团全年销售收入突破 180 亿元,经营规模和数控机床产量已跃居世界第一。目前,公司控股两家上市公司,分别是沈阳机床股份有限公司(SZ:000410)和沈机集团昆明机床股份有限公司(SH:600806,HK:0300)。主要生产基地分布在中国的沈阳、昆明以及德国的阿舍斯莱本。

德国希斯公司(SCHIESS)是一个具有 140 多年悠久历史的世界知名机床制造商,总部位于德国萨克森·安哈尔特州阿舍斯莱本市。其制造技术始终处于世界机床制造领域最高水平,在全世界享有很高的声誉。产品重点服务于国际尖端用户,主要销往欧洲、美国、中国、俄罗斯等国家或地区。在中国的许多大型加工制造企业中都有希斯的重、大型立式车床及落地镗铣床和龙门铣床等设备。

2004 年 8 月 1 日,希斯股份公司(SCHIESSAG)破产。这为沈阳机床实施"打造世界知名品牌、创建世界知名公司"的战略目标提供了千载难逢的机遇。

2. 跨国并购过程

(1)选择目标企业、做好战略规划。并购之前的沈阳机床所生产的机床属于中小规格。原来沈阳的三大机床厂（后合并成为沈阳机床集团有限责任公司）的产品的特点都是中小规格，这是过去计划经济分工所决定的。但集团的领导队伍认为，中大型机床是机床产业非常重要的部分，而且在国家的一些重点行业，这些中大型机床更显得重要。沈阳机床作为一个大集团，需要进入中大型机床这个领域。这是当时的领导者确定的一个核心目标。而进入中大型机床的这个路线，不能从零开始，需要高起点，即选择并购德国技术强大的公司。希斯是世界中大型机床最著名的品牌。选择希斯，引进希斯生产中大型机床的技术，并利用好希斯的品牌与口碑，逐渐实现沈阳机床生产中大型机床、增强企业全球竞争力、跻身世界机床行业前列的目标。

选择并购希斯的目的很简单，也很明确，就是技术与品牌。销售额、经营业绩，利润等都不要。

——沈阳机床集团前董事长　陈惠仁

选择了目标企业，接下来就是战略规划，没有整体的战略规划，收购不能成功，即使成功了也做不好。沈阳机床前董事长陈惠仁在访谈中谈到当时的战略规划："希斯作为技术来源，而产业基础是要放在中国的，而我还不想从零开始打造一个产业基础。因此整个并购策略，第一步并购希斯，第二步并购国内一至两个中大型机床制造企业。然后把希斯的技术与国内并购的企业实行嫁接。"

正是对收购目的如此清晰明确、对收购整体规划的完整构思，才促成沈阳机床最后的成功并购。

没有整体规划，想不好为什么要收购，收购后怎样运营，就不要谈收购。

——沈阳机床副总经理　关欣

（2）抓好机遇，独资收购。2003年10月起，沈阳机床与希斯进行了多次互访、商讨与研究，洽谈合资合作生产重、大型机床。由此可见，在最终并购之前，沈阳机床已对此项目跟踪了近一年。2004年6月25日，希斯提出破产申请。对于这个千载难逢的好机会，沈阳机床领导迅速做出反应，马上开始与（预）破产管理人联系并购希斯资产（共有8家公司有意向并购希斯资产，其中包括4家中国公司。）2004年8月1日，破产法院宣布希斯破产。

由于领导者前期考察充足、规划周全，独自收购已势在必行。沈阳机床是一家国有控股的企业，面临着诸多阻力，严重影响效率。但时任董事长的陈惠仁面对这样一个绝佳的机会，在拒绝了其他公司联合并购的建议的同时，为了把握商机，没有走国有企业负责人做商业活动的通常签证程序，而是凭借个人德国一年内往返的签证，马上飞赴德国与相关人员谈判。2004 年 8 月 19 日，沈阳机床与破产管理人吕迪格·鲍赫（Rudiger Bauch）律师签订了关于沈阳机床并购希斯资产意向书。

沈阳机床利用希斯公司破产这一绝佳时机，以极低的价格收购了德国希斯这一世界级品牌，全部资产由沈阳机床出资，没有政府的资金注入。

（3）签订协议、完成收购。经过半个月的协商谈判，沈阳机床打败了国内其他强有力的竞争对手。2004 年 9 月，债权人会议同意沈阳机床收购希斯资产。2004 年 10 月 29 日，在德国莱比锡市，陈惠仁与德国马格德堡法院清算人吕迪格·鲍赫律师在克劳斯·李其特（Klaus Richter）公证下，签署了全资收购原德国希斯公司全部资产的法律文书，并移交全部资产。2004 年 11 月 1 日起，德国王牌机床——"希斯"的所有设备，开始为沈阳机床集团转动。至此，沈阳机床一举收购了德国萨克森·安哈尔特州阿舍斯莱本市的原希斯公司 8 万平方米厂地、2.8 万平方米厂房、44 台大中型加工设备和全部产品的全套技术，外加"希斯"这个百年老字号的世界机床行业顶级品牌。

以此为标志，沈阳机床走上了跨国经营之路。值得注意的是，这次并购从希斯破产到最终并购前后只用了 3 个月左右的时间。

陈惠仁总结收购的成功经验时说："沈阳机床成功并购希斯有一条最主要的经验就是尊重德国的规矩，按照人家的规矩办事。德国人的特点是守信，讲究计划，重承诺，不喜欢灵活。我们恰恰是在这方面的表现赢得了他们的信任和尊重。"在收购期间，沈阳机床的代表和破产法院签订了一本备忘录，备忘录包含有六个时间节点的工作需要完成，基于"用德国人的思维跟德国人办事"这样的理念，沈阳机床将六个时间节点的工作全部准时或提前做到。德国人对代表越来越尊重，觉得沈阳机床的代表很讲信用，甚至说他们有点像德国人。"所以最后我们成功了，我们的成功就在这儿，我们花了很少的钱。所以说理解和尊重对方的文化是最重要的。"陈惠仁先生如是说。

3. 并购后整合过程

（1）技术转移。收购之后，沈阳机床采取了很多技术转移的方法。其中一个方式，就是希斯公司做出第一台样机，即 α 样机。同时，沈阳机床的人和希斯的人在德国做 β 样机。然后，将这些产品转入国内的园区，先小批量地、有效地做一些需要的产品，然后再做大批量的复制。实现"德国品质，中国制造"这样一个模式。这样，技术与部件被我们利用，开辟了重型机床的领域。

另外，整个德国的园区利用希斯公司技术，在重大型机床方面由原来不大做到现在批量线生产。由于充分利用当地的现有技术资源与研发资源，希斯公司的技术优势得到发挥。

陈惠仁在谈到技术吸收的要点时，借用了中国引进高铁技术成功的精髓："僵化、固化、优化。一开始是僵化，一点点变化都不要给，哪怕是明显的错误，也要照着做，教条主义，通过较长时间的僵化，形成大家的行为规范，在这样长期的固化后，再发挥中国人灵活变通的特点进行优化。通常我们一开始就优化，要做中国特色，结果其实是把最优秀的东西也是最不好实现的东西优化掉了，事实上就给简化了。所以中国做技术引进二十多年都不成功。"中国企业界，特别是机床企业界说德国人、日本人是"方脑袋"，是贬义的。而事实上，从某种意义上说，正是这种"方脑袋"、"一根筋"，造就了德国制造的卓越品质。通过各种手段的融合，最后能学习他们的先进文化，德国人这种文化对机床制造业是最好的文化，即一丝不苟的精神。

（2）调整希斯业务模式。保留希斯公司向重型机床的转型方向，使之在非常高毛利的情况下在特定区域销售，区域主要针对西欧地区，还有其母公司所在的中国这两个地方。集中地域来销售，做高附加值的产品。这样希斯公司就从原来的单一做重型机床转向了核心功能附件、样机制作、高附加值的重型机床三个领域。而所减少的销售额，则通过金融租赁的方式所带来全新发展予以弥补。

（3）"弱控制"解决认同问题与文化整合。收购之初，德方员工如所有被中国企业收购的企业员工一样，对中国企业能否领导好这样一个千里之外的企业，自己在新东家能否过得好产生了强烈的质疑，这个百年历史的品牌到了中国人手里还能否延续其活力？而在并购伊始，沈阳机床的决策者们就意识到：跨国并购绝不是国内并购方式的简单延伸。

在跨国并购中，著名的"七七定律"就曾指出，70%的并购没有实现期望的商业价值，而其中70%失败于并购后的文化整合。因此，简单的技术转移是没意义的，最关键的是双方的融合与渗透。从表面意义的简单的形式的转移，中国企业以前做过的很多。沈阳机床曾经把希斯的图纸原封不动拿过来做，就是这样的技术转移做了二十几年也没做好。不仅是沈阳机床，通过买图纸实现许可证转移，各个企业都花了很多资金。

技术转移须在所有权的前提下，实现中国企业与德国企业最大的融合，人的融合、文化的融合，在这种层面上才能实现技术真正的转移。沈阳机床大致采取两个措施：一是希斯的一些规模相对小一点的（对于中方来说已经是特大的）机床，拿到沈阳机床来做。二是联合开发，即利用希斯的人力资源，中方的人去学习。这种方式的意图就是实现最大的融合。

由于是中国并购发达国家企业，收购后德国政府对中国的企业存有戒心，加上文化差异，整合跟技术转移很困难。沈阳机床针对缓解文化差异主要采取了三项弱控制战略的措施：第一，实现"德国自治"。陈惠仁在德国希斯员工大会上曾专门讲了沈阳机床投资德国希斯"三项最基本的原则"：一是要使德国希斯公司取得新的发展，而不是收购后再将其卖掉从中渔利；二是立足于在阿舍斯莱本发展企业，而不是把企业搬到中国去；三是依靠德国希斯有限公司的管理层和员工做好企业。"三项最基本的原则"归结到一点，就是属地化经营用属地化人才。第二，在沈阳机床内部做出一个独立的企业单元与希斯对接，即建立"沈阳希斯"单元。第三，在制定和实施发展战略上，沈阳机床并没有简单地把发展战略强加给德方管理层，而是首先进行目标认同的心理文化训练。新希斯公司开始运转的 7 个月内，公司经理层每月要开一次会，讨论一个话题：原希斯公司为什么破产？如何防止犯同样的错误？在进行了深入的讨论之后，才确定了新希斯的战略发展目标。

4. 并购后沈阳机床研发能力迅速提升

并购希斯让沈阳机床获得了一个迅速提升自己研发能力的机会。沈阳机床一方面与柏林大学等国外研究机构建立联合实验室，另一方面利用希斯成熟的平台缩短技术上的差距。"多点开花"让沈阳机床摸索出了自己的产品特色，而特色就成为了沈阳机床的标准。

2005 年召开的中德生产技术系统合作项目第 19 次工作会议上，沈阳机床频频亮相：集团与中国同济大学、德国波鸿鲁尔大学共同承担的数字化工厂项目的执行情况顺利通过中期评估；与同济大学、波鸿鲁尔大学共同承担的新合作项目"复杂设备的协同服务"有望获准立项；与北京理工大学、同济大学、德国柏林大学、西门子公司共同申报的"面向未来的中德机床制造业虚拟产品开发网络"也在会议上做了项目介绍。

在沈阳机床厂的研发中心，世界顶级机床设计公司——落申瓦公司的总设计师和机床厂的工程师们，联合设计了 8 个系列的五轴联动机床。

第九届中国国际机床展览会上，沈阳机床集团一举推出 15 台具有自主品牌的高精数控机床，向世人展示了近年中国数控机床的发展成果。

中国机床制造业企业首次携高中档数控加工中心批量进入欧美市场。一系列数据表明，沈阳机床的海外市场正在实现从经济欠发达地区向经济发达地区的转移，出口产品正在从低端产品向中高端产品转变。

三、讨论

机床行业是机械工业的基础性行业，是向机械工业提供加工装备的部门，位于整个产业链的上端，在国民经济中发挥着重要作用。如果一个国家机床工业的发展依赖于国外，不仅意味着制造业加工成本难以降低，更意味着整个制造业在技术上的脆弱性。世界上工业化程度较高的国家都有发达的机床工业部门为其他工业部门提供强大支持。沈阳机床作为国内机床行业的龙头企业，原有产品主要是中小型机床，通过跨国并购德国希斯，成功地获取了先进的中大型机床制造技术。综观整个并购历程，有很多值得借鉴的地方。我们从中进行总结提出了中国企业在跨国并购中三阶段的3S模型（见图1）。

图1　3S 模型

1. 准备阶段战略规划

在跨国并购的准备阶段，企业一定要有清晰的战略规划（Strategic Plan），并以此规划为核心来布局整个并购过程。战略规划简言之就是为什么要进行并购，为什么要跨国并购而不是本国并购，为什么选择这家企业而不是另外一家，在这家企业里我可以获得什么。在沈阳机床的案例中，战略规划就相当清晰。

在过去的十几年中，机床行业处在一个高速增长的阶段，这个阶段的最大特征就是规模的扩张，而沈阳机床就是这里面最突出的典型。然而，近些年随着市场增长的放缓以及体制改革红利的消失，原有的增长模式已经无法适应现有环境，整个机床行业都面临着转型和升级的问题。沈阳机床是在对沈阳原三大机床厂资产重组的基础上组建的，由于过去计划经济体制的问题，沈阳的三大机床厂在国家的计划中都是生产小型机床的，因此由这三大机床厂重组而成的沈阳机床的产品定位自然就是中小型机床。随着我国的工业化程度进一步加深以及后工业化时代的到来，对机床尤其是中大型机床的需求会进一步增加。在"十二五"

规划中,国家加大了对中大型机床的政策扶持力度,以满足航空航天、船舶、汽车、能源设备、轨道交通等重点行业对高端中大型机床的需求。在这样的背景下,沈阳机床做出了进入中大型机床市场的战略决策。从中小型到中大型机床的转变虽然相关度很高,但沈阳机床管理层基于以下两点分析后认为,进入中大型机床的路线应该高起点,不能从零开始。第一,现今机床强国的中大型机床技术已经相当先进,即没有必要从零开始。第二,沈阳机床十几年以来的增长模式都是以规模扩张为主,研发能力相对国际领先企业来说要弱很多,光靠自身能力要在中大型机床市场上有所作为需要一个相当漫长的过程,即不能从零开始。因此,海外并购是转型升级的最佳选择,也就是说,沈阳机床有着明确的并购动机。

在并购目标的选择上,德国希斯是中大型机床中拥有百年历史的顶级品牌,企业掌握了 17 个产品的全套技术,是这一市场中绝对的领导者,也是并购目标的最佳选择。要使并购后成功地进行知识转移,要求双方在战略匹配度和知识库的规模上具有协同作用。在本案例中,双方在产品市场定位、市场地理分布上具有很强的互补性,被收购方的知识库规模很大,双方知识库的相关程度适中(见表1),这些都为并购后的知识转移提供了良好的条件。

表1 双方战略匹配度与知识库规模分析

	沈阳机床	德国希斯
产品定位	中小型机床	中大型机床
主要市场	中国	欧洲
生产基地	中国	德国
知识库绝对规模	一般	大
知识库相对规模差距	较大	
知识库相关程度	适中	

除了明确的并购动机和并购目标,沈阳机床在准备阶段还为并购后的对接和整合制订了计划。沈阳机床计划将中大型机床的产业基础放在国内而不是德国,因此在对希斯实施并购之后,再收购国内一两个中大型机床的制造基地然后进行对接,从而快速进入这一市场。这一计划为整个并购行动的实施确定了一个整体方向,对接下来的工作起到了相当重要的作用。

2. 实施阶段的快速并购

在实施并购的过程中,会受到来自各方的阻力干扰,如竞争对手、被收购方管理层、本国政府部门、外国政府部门、工会等。因此在进行并购程序时,要加快速度减少这些阻力对并购造成的风险。这里的"快"主要指两个方面：一是在并购机会出现以后，要快速接洽，以争取拿下并购机会；二是开始了并购程序以后，要快速开展并购工作，以确保并购的顺利和成功。

在并购机会出现后，企业要快速出击，立即与并购目标开始实质性的谈判，占据先动优势往往可以在并购中取得主动，在同等条件下比竞争对手拥有更大的谈判筹码，从而最后取得并购的成功。在沈阳机床的案例中，当希斯宣布破产之后，立刻有竞争对手向时任沈阳机床董事长的陈惠仁提出：国有企业领导出国进行这样的商业活动，需要复杂的申请和签证，这样并购机会会丧失掉，并以此进一步建议沈阳机床与其联合收购以抓住机遇。但是陈惠仁早已做好准备，提前办好了德国往返签证，第二天就飞赴德国与希斯商谈并购事宜。

在并购过程中，一桩并购在宣布后最后得以完成还是中途放弃，制度环境差异和文化环境差异都是影响结果的原因（Dikova Sahib、Van Witteloostuijn，2009）。对于中国企业来说，以知识转移为目的的并购目标大多是西方国家企业，在这样的情形下制度环境和文化环境的差异是显而易见的。在中国企业"走出去"的过程中，审批程序是企业面临的一个头痛问题，国内烦琐的审批程序使企业贻误最佳时机的例子时有发生。同时，中国企业又由于缺乏跨国并购的经验，对西方的并购程序和法律法规了解不足，并购过程经常节节受阻。若并购方母国政府因政治等因素不愿意让优势资源流入中国而进行行政干预，并购失败的可能性就进一步增大了。降低这些不利因素的影响的最好办法就是提前做好准备、做足功课，用更多的准备工作去克服双方制度上的差异所带来的阻力，以确保并购过程顺利进行，也就是前文所提到的快速并购。在案例中，沈阳机床仅花了三个月就将原本需要六个月的收购过程完成了。充分尊重德国人的办事规矩和风格，以及聘用了专业的中介机构是并购过程得以顺利进行的两个关键因素。

3. 并购之后的慢速整合

并购后的整合阶段是整个并购过程中最关键的一环，能否达到预期的知识转移的目的完全依赖于是否能够成功地进行整合。在整合阶段我们提出要放慢速度，慢速整合主要指两个方面：一是在管理控制战略上要采取弱控制战略，即不要急于将母公司的管理团队、组织架构、经营战略应用到子公司中。二是在知识的转移和吸收上要放慢速度，先全盘照收再改进优化。

现有研究理论大多推崇对子公司实施强控制战略，在强控制战略下更有益于各项工作的进行以及双方的交流，因而知识在双方间的转移也更为顺利。但中国与西方发达国家相比，企业存在吸收能力弱和文化差异大这两大问题，吸收能力是指通过先前的相关知识而获得的识别新信息价值，吸收它，并将其应用于商业目的的能力（Cohen、Levinthal，1990）。大多数中国企业缺乏向发达国家目标公司学习的相关经历。因此，中国企业在跨国收购后的整合中往往会发现，由于吸收能力的不足，它们难以从其收购的发达市场企业中学到期望的管理和技术能力。文化差异是指企业文化之间不相匹配，组织文化方面的相似度较低，带来的直接影响就是双方在知识转移过程中交流存在障碍和无效率。以上两点都会很大程度地影响预期并购目标的达成。弱管理控制可以提高被并购方员工的合作意愿，进而提高母公司的吸收能力，加强并购公司与目标公司间的合作，促进跨境收购后中国公司的知识转移。同时弱控制可以通过暂时减少双方并购初期的大范围交流，缓和跨国收购中常见的文化障碍，从而减轻文化差异对发达国家目标公司向中国公司知识转移过程的阻碍作用。沈阳机床在完成对希斯的并购后提出立足于在当地发展企业，而不是把企业搬到中国去，依靠原希斯公司的管理层和员工做好企业，这一做法给予了德方充分的信心。除此之外，沈阳机床并没有简单地把发展战略强加给德方管理层，而是首先进行目标认同的心理文化训练，通过经常开会共同探讨希斯过去的失误和未来的发展方向的方式，提高了希斯管理层的合作意愿。

中国企业在技术优化工程上一直有着自己的过人之处，善于将外来的技术和专利进行改进和优化，但是这种优化在跨国并购的知识转移中有时候会起到负面的作用。在技术密集型的行业中，发达国家企业经过几十年甚至上百年的发展，形成了独有的一套管理方法和研发体系，这套体系正是其在行业中保持领先地位的核心所在。但在过去，很多中国企业在并购后拿到了先进的技术后就马上开始"中国化"，最后往往把对方最核心和精髓的部分给丢了。我们在访谈陈惠仁先生的时候，他提出了"僵化、固化、优化"的理念。即在整合初期应该带着一些教条主义的思想去学习对方的整套体系，即使有一些与国情不太符合的地方也要照着做，在较长时间的僵化之后，对方的先进体系在企业内固化了下来形成了一套规范，此时再发挥中国人善于变通的优点进行优化，最后做到并购的为我所用，也就是我们所提出的慢速整合。

四、结论

中国企业如何通过跨国并购实现知识转移进而提高自身的竞争力，在国际竞争中有所收获一直是学界、业界乃至整个社会所希望解决的问题。但是现有的文献并没有太多关注中国这样的新兴市场国家背景下的并购，并且对"怎么办"这一问题的回答也相对缺乏。

本文通过分析沈阳机床收购德国希斯的案例，试图从中找出中国企业在通过跨国并购提升自身竞争力的同时，应如何最大程度地促进知识转移以达到预期并购目标。在对案例进行全面分析之后，我们提出并购中三阶段的 3S 模型。在并购的准备阶段应做好充分的战略规划（Strategic Plan），并以这个战略规划为核心来选择并购目标和布局后续工作。在并购进行阶段，要加快速度，避免战线过长而被各方阻力所干扰。在并购后的整合阶段，要放慢速度，以此来提高对方的合作意愿以及知识转移效果。我们希望也相信这些结论可以为中国企业未来的海外并购提供借鉴意义。

参考文献

［1］ Ahuja G. , Katila R. . Technological Acquisitions and The Innovation Performance of Acquiring Firms: A Longitudinal Study ［J］. Strategic Management Journal, 2001 (22): 197 – 220.

［2］ Bilkey W. J. , Nes E. . Country – of – Origin Effects on Product Evaluations ［J］. Journal of International Business Studies, 1982 (13): 89 – 99.

［3］ BjörkmanI. , Stahl G. K. , Vaara E. . Cultural Differences and Capability Transfer in Cross – Border Acquisitions: The Mediating Roles of Capability Complementarity, Absorptive Capacity, and Social Integration ［J］. Journal of International Business Studies, 2007, 38 (4): 658 – 672.

［4］ Bresman H. , Birkinshaw J. , Nobel R. . Knowledge Transfer in International Acquisitions ［J］. Journal of International Business Studies, 1999 (30): 439 – 462.

［5］ Cartwright S. , Cooper C. L. . Managing Mergers, Acquisitions, and Strategic Alliances: Integrating People and Cultures ［M］. 2ed, Butterworth Heinemann: Oxford, 1996.

［6］ Cohen W. M. , Levinthal D. A. . Absorptive Capacity: A New Perspective on Learning and Innovation ［J］. Administrative Science Quarterly, 1990, 35 (1): 128 – 152.

［7］ Cuervo – Cazurra A. , Genc M. . Transforming Disadvantages into Advantages: Developing – Country Mnes in the Least Developed Countries ［J］. Journal of International Business Studies, 2008, 39 (6): 957 – 979.

［8］ Datta D. K. . Organizational Fit and Acquisition Performance Effects of Post – Acquisition Integration ［J］. Strategic Management Journal, 1991 (12): 281 – 297.

［9］ Dikova D. , Sahib P. R. , van Witteloostuijn A. . Cross – Border Acquisition Abandonment and Completion: The Effect of Institutional Differences and Organizational Learning in the International Business Service Industry, 1981 – 2001 ［J］. Journal of International Business Studies, 1991, 41 (2): 223 – 245.

［10］ Fransson A. , Håkanson L. , Liesch P. W. . The Underdetermined Knowledge – Based Theory of the MNC ［J］. Journal of International Business Studies, 2011, 42 (3): 427 – 435.

［11］ Gadiesh O. , Ormiston C. , Rovit S. . Achieving an M&A's Strategic Goals at Maximum Speed for Maximun Value ［J］. Strategy & Leadership, 2003 (31): 35 – 41.

［12］ Harrison J. S. . Synergies and Post – Acquisition Performance: Differences versus Similarities in Resource Allocations [J]. Journal of Management, 1991, 17 (1): 173 – 190.

[13] Hitt M. A. , Harrison J. A. , Ireland R. D.. Mergers and Acquisitions: A Guide to Creating Value for Shareholders [J]. New York: Oxford University Press, 2001.

[14] Homburg C. , Bucerius M.. Is Speed of Integration Really a Success Factor of Mergers and Acquisitions? An Analysis of the Role of Internal and External Relatedness [J]. Strategic Management Journal, 2006, 27 (4): 347 – 367.

[15] Meyer C. B. , Altenborg E.. Incompatible Strategies in International Mergers: The Failed Merger Between Telia and Telenor [J]. Journal of International Business Studies, 2008, 39 (3): 508 – 525.

[16] Nahavandi A. , Malekzadeh A. R.. Acculturation in Mergers and Acquisitions [J]. Academy of Management Review, 1998, 13 (1): 79 – 90.

[17] Schweiger D. M.. M & A Integration: A Framework for Executives and Managers [M]. McGraw – Hill: New York, 2002.

[18] Sinkovics R. , Roath A. , Cavusgil S.. International Integration and Coordination in MNEs: Implication for International Management [J]. Management International Review, 2011, 51 (2): 121 – 127.

[19] Weber Y.. Corporate Cultural Fit and Performance in Mergers and Acquisitions [J]. Human Relations, 1996 (49): 1181 – 1202.

[20] Yin K. R.. Case Study Research: Design and Methods [M]. Sage Publications, Inc. , 1994.

[21] Zaheer A. , Castaner X. , Souder D.. Synergy Sources, Target Autonomy, and Integration in Acquisitions [J]. Journal of Management, 2011, 39 (3): 604 – 632.

跨国并购中的战略规划与知识转移

——中航通飞收购美国西锐的案例研究

李自杰　张　敏　杭　晨[*]

联合国贸易发展组织公布的《2014 年世界投资报告》显示，2012 年以来，中国对外直接投资流量连续名列全球国家（地区）前三位。中国作为新兴市场国家以更加积极主动的姿态参与到国际竞争当中。海外并购作为对外直接投资的重要形式之一，在 2008 年金融危机过后显示出强劲态势。中国在 2011 年就已经成为全球并购资本的第四大来源地，2012 年中国企业海外并购金额达到 654 亿美元，比 2011 年增长了 54%。从并购金额来看，能源及矿产、机械制造和房地产行业位居前三，体现出中国对外投资自然资源寻求型的特征（李磊、郑昭阳，2012）。自 2010 年起，以华为、吉利等为代表的企业在海外并购上呈现多元化的特征，高科技寻求与获取特征显著（严兵、李辉、李雪飞，2014）。国有企业在结构主体中继续发挥主导作用（杨挺、田云华、李欢欢，2015）。截至 2013 年底，在非金融类对外直接投资的 5434 亿美元存量中，国有企业占 55.2%。国有企业不再过度集中在能源及矿产行业，越来越多的国有企业开始关注具有核心技术、研发能力的发达国家市场企业。但是麦肯锡的统计数据显示，过去 20 年全球大型企业兼并案例中，成功率不足 50%，而我国海外收购失败率更高达 67%。在成功完成并购的企业中，又有 70% 的企业未能从并购中获取其预期的商业价值。国有企业并购一般来说金额巨大，成本较高，失败的可能性也更大（张景伟、耿建新，2010）。

在全球产业重组的新时期，技术获取型海外并购是我国企业进行海外并购的主要形式之一。现有的研究主要从三个方面来提高以技术获取为目的的跨国并购成功率：第一，在并购前进行充分的战略规划，选择契合战略和并购目的的并购

---

* 李自杰：对外经济贸易大学国际商学院。张敏：北京昌科金投资有限公司。杭晨：对外经济贸易大学国际商学院硕士研究生。

对象，来提升并购成功的可能性；第二，在并购中积极应对，在公关关系、并购理念和方式上周密布局，降低政治和舆论风险，从而促成并购；第三，增强并购后的整合与管理质量，促成知识转移，进而达到并购目的。

在并购前战略规划与并购目标选择上，现有研究主要从匹配度、相似性和相关度三个角度进行了阐述。企业的匹配度是指两个企业间管理风格一致性、组织框架一致性、绩效薪酬一致性，高的匹配度促进双方的同化（Datta，1991）。就技术获取型海外并购而言，目标行业与母公司核心业务的一致性，即业务相同、相似或上下游行业，更有助于深化母公司业务，产生协同效应（梁超、余芹、曹萌，2012）。Meyer 和 Altenborg（2008）通过研究挪威与瑞典两家国有电信企业失败的并购案，得出较国内并购而言，战略的不匹配在跨国并购中会变得尤为突出和严重。文化的匹配度主要包括双方在信念、价值观、实践活动上的差别程度。Björkman、Stahl 和 Vaara（2007）认为，潜在吸收能力是影响并购后的知识转移的核心因素，双方文化差异越小潜在的吸收能力就越强。除此之外，文化匹配度的差异最容易引起并购后的人力资源管理上的问题，从而导致并购的失败（Weber，1996）。此外，并购双方知识库的绝对规模、相对规模和知识库的相关程度是影响并购后整合的三个维度（Ahuja、Katila，2001）。Ahuja 和 Katila 选取了全球化工行业中 72 家最大的企业，对它们在 1980～1992 年的并购进行分析发现，在非技术并购中，知识库与未来的创新能力没有显著的关系。但在技术性并购中，有以下三个结论：①被收购方的绝对知识库规模越大，并购方的未来创新能力越强；②并购双方知识库相对规模差距越大，并购方未来创新能力越弱；③过强或过弱的知识库相关度都会对并购方未来创新能力产生负面影响。

在风险控制方面，就国有企业海外并购而言，关于政治风险规避与控制研究较多，主要集中在国内。在并购理念与公关关系上，做好东道国商务环境评估、强化自由贸易、兼顾东道国利益、主动公关有助于促进成功并购（吴月英，1994；程立茹，2006；朱兆珍、张传明，2009）。在并购方式选择上，国有企业可以采取更隐蔽的方式并购，如组成企业联合体来增加民营企业成分或借助拥有控制权的私募股权基金来进行操作（朱兆珍、张传明，2009）。此外，综合利用横向资源如咨询公司、投行、海外律师事务所甚至民间机构等来增强并购团队实力（李保民，2013）。

对海外并购后的整合，现有文献主要从整合速度、并购后管理控制水平进行考虑。Homburg 和 Bucerius（2006）通过调查 232 桩并购案发现，并购双方外部相关度低而内部相关度高时，快速整合是有益的；当双方内部相关度低而外部相关度高时则反之。Gadiesh、Ormiston 和 Rovit（2003）认为，应将并购速度与战略目标相联系，当并购是为了追求规模经济和绩效上提高，并购后产生的价值可预期,应提高整合的速度;当为了重新定位产业结构和商业模式,并购后的价值难以预期,应放慢整合速度。并购后管理控制水平包括强控制与弱控制战略。Bresman、Birkinshaw 和 Nobel(1999)认为,强控制下,能够提高母子公司的一致性、沟通等各事项的效率和效果,直接促进从目标公司到其母公司的知识转移。然而 Zaheer、Castaner 和 Souder(2011)的研究表明,高整合度与一致性就意味着低子公司自治度,其职能会因外来母公司的强制介入遭到破坏。此外,李自杰等(2013)通过对比研究发现,弱控制战略通过作用于员工的合作意愿和文化差异来促进中国企业知识转移的进程。

现有的文献已对以知识转移为目的的跨国并购有了较为深入的研究,但仍存在一定缺陷。首先,研究大多集中在发达国家市场,以中国为代表的新兴市场较少。新兴市场经济体通过海外并购等形式在世界经济舞台上扮演着越来越重要的角色,其海外并购过程中遇到的机遇与挑战值得研究。其次,现有研究多数是大企业并购小企业的整合,而中国企业往往技术、管理水平不够先进,海外软实力欠缺。如何并购、整合比自身 "强" 的企业来达到知识转移的目的有待进一步研究。最后,大多对中国企业尤其是国有企业的海外并购研究主要集中在能源或矿业行业,高科技行业的海外并购相对较少。近年来,中国技术获取型海外并购比例增高,高科技甚至是军工等敏感行业都有具有代表性的探索。中国的发展历程与经济、政治背景与发达国家市场有较大差异,研究如何增大特定技术等敏感领域海外并购成功概率具有重要意义。本文通过剖析中航通用飞机有限责任公司(以下简称中航通飞)收购美国西锐飞机设计制造公司(以下简称西锐)这一典型案例,对现有研究的不足之处尝试进行更进一步探索。

案例研究中最常见的信息来源为文献、档案记录、访谈、直接观察、参与性观察与实物证据,应当采用多渠道收集数据,形成证据三角形或完整的证据链,以增强证据之间的相互印证性(Yin,1994)。为了保证案例资料的完整性与真实性,本研究从以下途径获取资料:①2014 年对中国航空工业集团公司(以下简称中航工业集团)相关负责经理的深度访谈;②中航通飞的年度报告、公开通知与数据;③2009~2014 年多家媒体对中航通飞及西锐公司的报道,并进行了印证性对比研究。

经过分析研究,本文得出中国企业尤其是国有企业在进行高科技等敏感性行业海外并购的 SIT 模型。企业须做好战略规划(Strategic Plan),兼顾其全局性、明确性和前瞻性来选择并购目标,使得并购目标的选择、并购和后续经营契合公司总体战略;积极执行资源整合规划(Integrating Plan of Resources),并购前的资源整合使得并购团队面对各方阻力提前做好准备、积极应对,并购后的组织文化整合可以统一母子公司对核心问题的认识,增进理解与合作意愿;多样化、层次化设定技术转移规划（Transferring Plan of Technology）能够确保知识技术转移的效果。

一、公司背景与问题提出

1. 公司背景

中航通飞由中航工业集团、广东粤财投资公司、广东恒健投资控股有限公司和珠海格力集团有限公司于 2009 年 7 月 2 日共同投资设立，是中航工业集团控股、从事民用通用航空产业的大型国有企业，旗下控股中航重机、贵航股份、中航三鑫、中航电测四家国内 A 股上市公司，直接管理 16 家下属单位。中航通飞注册资本为 100 亿元，现有资产 544 亿元。目前公司已在珠海、深圳、石家庄、荆门、贵阳形成了五大通航产业基地，并在珠海基地形成了一个运营总部、研发和市场销售两个中心，以及总装、交付试飞和通航运营服务三个基地。

中航通飞涉及通用飞机制造、通用航空运营、航空及汽车零部件、新材料和装备制造五个领域十大产业，主要研制、生产大型水陆两栖飞机、活塞型通用飞机、涡桨型通用飞机和涡扇型公务机等。目前已批量生产西锐 SR20/SR22 系列飞机、A2C 飞机、运 5 飞机、小鹰 500 飞机、浮空器等产品，其研发与生产的产品弥补了国内多项空白。2014 年公司全年实现销售收入 120.3 亿元，同比增长 17.39%，为中国通用航空产业发展的推动者和引领者。

西锐创立于 1984 年，是小型飞机的全球领先制造商，总部位于美国明尼苏达州德鲁斯市。西锐是仅次于美国赛斯纳飞机公司的全球第二大通用飞机制造企业，也是活塞类通用飞机全球最大的制造企业，产品主要包括 SR20 及 SR22 等型号的全复合材料单发活塞飞机及 SF50 全复合材料单发小型喷气飞机。西锐凭借优异的产品性能和先进的技术，赢得"空中小宝马"称号。其产品逾 65% 销往北美地区，其他为巴西、英国、澳大利亚、法国、德国等国际市场，拥有覆盖全球的产品营销网络和服务体系，产品销往 58 个国家。

从国际环境上来讲，2008 年爆发的金融危机使世界范围内小型飞机市场需求迅速萎缩，全球交付量迅速减少。这严重影响了西锐的经营业绩，公司的发展进入困境。与此同时，在中航工业集团和业界的呼吁下，2010 年 11 月国务院和中央军委公开发布了《关于深化我国低空空域管理改革的意见》，国内将逐步开放低空空域，制约我国通用航空产业发展的障碍将逐步消除，通用航空业也将逐步成为我国战略性新兴产业。这为中航通飞致力于成为"国内一流，世界领先"

的通用航空解决方案提供商创造了绝佳的机会。

2. 问题提出

学界对国有企业在国际化尤其是海外并购进程中的优劣势有不同观点。一方面认为国有企业更容易综合利用国内资源，如并购贷款、政策支持等，在海外并购中展示出强大的资本竞购实力与灵敏的市场发现能力（徐植，2009；毕夫，2013）；另一方面认为国有企业背景、海外中国威胁论、不被认可的市场经济地位与技术、管理能力等因素增加了其并购发达国家市场企业的东道国政治干涉，加大了并购的难度（张景伟、耿建新，2010；李鸿阶、张元钊，2013；程丽茹、李书江，2013）。如中国铝业注资澳大利亚力拓矿业遭遇毁约、中海油并购优尼科失败等都是这样的例子。除了政治因素外，还有一般企业面临的其他因素，如并购前调查不充分、收购溢价过高、文化背景冲突、企业价值冲突、国家的冲突、整合过程难度过大等，国有企业由于制度因素较民营企业更容易出现经营短期化、缺乏灵活性和战略前瞻性（Hitt、Harrison、Ireland，2001；Cartwright、Cooper，1996；Nahavandi、Malekzadeh，1988；Schweiger，2002；张景伟、耿建新，2010）。

在国有企业执行的以技术获取为目的的海外并购中，其不仅面临东道国的政治障碍等问题，更面临是否切实达到技术能力提升的最终目的。这需要解决好三个问题：首先，由于国有企业海外并购金额和规模巨大，并购后的技术学习与吸收是一个系统性工程，选择一个合适的学习目标并做好战略规划变得异常重要；其次，由于发达国家企业对中国企业存在偏见和防范，且并购过程需要经过国外、国内政府部门的审批，国有企业进行技术并购应提早布局以规避或降低政治风险，充分运用国有企业优势，改善由于制度因素等带来的审批、决策效率低下问题，这关系到并购切实执行的时效性与风险性；最后，由于并购后母子公司存在文化、组织制度等方面的差异，如何增进整合以进一步使得子公司经营步入正轨、实现知识转移成为国有企业海外并购不可忽视的重要步骤。

基于此，本文就三个问题展开探讨：在国有企业以知识转移为目的的海外并购中，如何在并购前做好战略规划和目标选择？如何谋篇布局以降低并购的政治风险？如何高效地进行后期整合与知识转移？

本文应用案例研究的方法就上述问题展开讨论（Robert K. Yin，1984）。案例研究有助于探讨特定情况或条件下事件或行为的机理，有助于展开整体性研究（Stake，1995）。尤其是现实中不可能控制所有变量，被研究对象难以从背景抽象、分离出来时，案例研究可以系统地剖析事件，揭示其规律。本文采用中航通飞收购美国西锐的并购案，基于该案例的如下典型性：第一，通用飞机涉及军工等敏感行业，加之中航通飞的国有企业背景，并购所面临的政治风险与海外舆论阻挠压力更大。其成功并购与运营具有极强的借鉴意义。第二，通用飞机行业为技术密集型行业，在中国的发展处于起步阶段。获取先进的技术与知识是此次并购的主要目的之一，可以成为该行业的示范。第三，在并购过程与后续运营中，中航通飞展示了良好的战略规划能力与灵活性，值得借鉴。

二、中航通飞收购美国西锐案例介绍

1. 跨国并购过程

（1）战略布局，大胆规划。通用航空是指除军事、警务、海关缉私飞行和公共商业航空运输飞行以外的航空活动，涉及防灾救灾、应急救援、交通疏导、政府公务等广泛的用途。

中航工业集团早在 2009 年之前就基于国民经济和社会发展规划，并结合自身主要业务发展需要，制定战略性决策——成立中航通飞，来进军中国通用航空行业，并成为行业的领先者。据中航通飞 2010 年提供的数据，全世界共 320000 架通用飞机，75% 在美国，中国通用飞机注册数量为 900 架，国内和国外都有巨大的市场潜力。此外，2010 年 11 月在中航通飞等业界人士建议下，低空空域不断逐步开放的利好政策出台。可以说中航通飞从成立之初就具有一定的战略前瞻性。

"通用航空产业市场前景非常广泛，发展潜力非常巨大。"

——中航协市场研究部部长　朱庆宇

通用航空产业属于技术密集型产业，需要大量先进科技、管理经验与资本支撑。一方面国内的通用航空产业起步晚，基础薄弱，国内企业普遍缺乏核心科技能力与市场、管理经验。2013 年我国的飞行器数量仅为美国的 0.55%，通用航空的主要市场和资源都集中在欧美等发达国家。另一方面中航通飞新设立不久，起点较低，但想要在通用航空这一市场化、全球化的产业有所作为就必须抓住机遇，迅速占领国内通用航空产业发展制高点的同时参与到国际竞争中去。基于以上两点，中航通飞自成立之初就定位于实施领先的发展战略——"坚持在研发制造、通航运营和服务保障全产业链发展，全面提升公司产品和服务价值创造能力，并获得领先发展地位和国际竞争力，引领我国通用航空产业的发展"。为了更快、更好地提升自身产品技术水平、切入到世界通用航空产业链中，海外并购势在必行。

"我们要想快速切进通用航空领域，就要到这个产业最发达的地区去发展，这样我们的技术、管理、理念等一系列短板才能用最短的时间补齐。"

——中航通飞公司总经理　曲景文

明确了公司整体战略以后，中航通飞开始从全球寻找资源，并尝试通过并购、合资等形式整合利用世界重要通用航空资源来增强核心能力，尽快做大做强。中航通飞早在 2009 年就开始跟踪西锐公司。公司内部人员表示，轻型活塞飞机是公司关注的重点领域之一，也是全球及中国市场需求量很大的通用飞机产品，而西锐公司在该领域拥有先进的技术能力、管理层团队以及不断扩大的全球网络和国际化业务，这些正是中航通飞进军国际市场所需要的。

"此次并购是中航通飞实施国际化战略、面向全球布局、构建跨国公司的第一步。并购后，中航通飞将以其为基础在美国建立基地和研发中心，利用西锐公司全球销售网络开拓中航通飞的全球销售。"

"在国际化战略上，公司将在美国、欧洲建立公司或平台，在中国建立总部，三地协同设计、制造，形成中、美、欧三角战略布局。"

——中航通飞前总经理　孟祥凯

收购西锐公司可以加速提升自身技术水平、加快融入高端产业链。接下来中航通飞将以西锐和自身为基础，在欧美市场率先布局，加快国际化进程，跻身通用航空产业之林。中航通飞对自身发展和并购目的有完整的前瞻性战略构思，这为系统性并购西锐提供了有力的战略指导。

（2）尽早接触，增进交流。中航通飞早在成立之初就开始关注西锐公司，十分中意西锐公司的技术能力、营销渠道和品牌影响力，并系统性跟踪西锐公司的发展态势，伺机而动。2010 年 3 月，中航通飞启动谈判。在谈判过程中，一方面中航通飞全面展现了自身的发展理念、战略构想和对西锐公司的重视与发展规划，承诺巩固西锐公司在全球通用航空行业的领先地位，共同开拓全球市场；另一方面中航通飞展示了中国及亚洲市场的巨大潜质，及双方在市场、资金、技术等的互补性，这使得西锐在看到中航通飞诚意的同时，更被中航通飞带来的巨大发展机会所感染。

"我们与通飞公司有着相同的目标，那就是将我们的通用飞机业务推向世界各地。通飞公司为我们带来了新的资源，使我们能够加速飞机开发计划和加快全球扩张。"

——西锐公司总裁兼首席执行官　Brent Wouters

中航通飞有效地传达了自身及西锐的发展规划，并赢得西锐的普遍认可与青睐。西锐董事会主席和共同创始人 Dale Klapmeier 乐观地表示，西锐在被并购后仍可坚持最初的梦想，在世界舞台上能有更广阔的发展空间。2011 年 1 月，双方达成收购协议。

（3）反三角结构灵活并购。在收购过程中，中航通飞首先在美国境内设立两级离岸子公司，即一级子公司和二级子公司。接着二级子公司负责支付现金，以吸收合并的方式收购西锐 100% 股权，西锐代替二级子公司成为新子公司。交易完成后，中航通飞最终拥有西锐 100% 股权。

西锐发展 30 余年，形成自身较为稳定、成熟的组织架构与运作模式。传统的收购如新设合并等形式不仅需要大动干戈重新组织结构，还会造成巨额的资产过户费、税费等。反三角收购在避免上述问题的同时，因该收购方式只需要获得股东会或董事会的批准即可，大大提高了谈判与操作的便利性。

此外，2011 年初正值"中国威胁论"散播最为严峻的时期，美国外国投资委员会（The Committee on Foreign Investment in the United States，CFIUS）和美国国会已开始推动针对中国企业"危害美国国家安全"的预查。华为收购 3Leaf System 被迫停止，中兴通讯也受到调查，二者皆涉及通信等高科技产业。美国国会公布的长达 52 页的《关于华为及中兴通讯引发的对美国国家安全威胁问题》的报告中建议美国的企业避免与这两家中国公司合作。反三角吸收合并作为更为隐蔽的收购方式在承担有限责任的情况下于一定程度上规避了美国对外资的管制，增加了并购成功的可能性。

（4）整合横向资源，加速并购。在聘请财务顾问进行估值方面，中航通飞在参考国际投行对西锐估值的同时，聘请中信证券来结合行业前景等因素提供并购支持。中信证券采取谨慎的态度，给出了从行业前景预测个体未来销售状况的建议，并针对西锐公司财务紧张的现状进行了基于原股东方或管理层的责任导致的非付息债务的抵扣。中航通飞利用中信证券低于之前报价 7000 万美元的估值进行谈判，成功地保护了自身权益，并避免了之后大幅计提商誉减值的尴尬局面。

在突破政府审批方面，中航通飞更是联合各方专业团队为顺利并购保驾护航。2011年3月，一位美国议员写信给美国财政部部长、CFIUS主席盖特纳，表达对中航工业集团旗下公司收购美国西锐的计划强烈反对。中航工业带有军工企业背景，而西锐也有向美国军方提供服务的订单，一时间收购变数重重。中航通飞借助顾问律师团队与专业公关团队来和当地政府、议员、企业、新闻媒体进行沟通互动，积极传递并购的商业目的，最大程度上引导了正面的舆论导向；此外，借助2011年5月9～10日的第三轮中美战略与经济对话的开展，创造有利的政治氛围，降低并购的敏感性。最终中航通飞成功通过了为期75天的CFIUS审查。与此同时，中航通飞利用自身资源和中信证券丰富的经验与渠道，很快获得国家发改委、商务部的支持。各方的积极游说收到较好的效果，被并购公司西锐也积极配合。

"这个并购案将给西锐提供更多发展资金，确保它能复苏并继续发展。"

——德鲁斯市明尼苏达州国会议员　吉姆·奥伯斯塔

"（议员）反对信函中提到的技术已经在中国开始广泛使用，而且与防御无关。"

——西锐公司发言人

借助整理、利用投行、律师、公关等专业团队，中航通飞开展了系统性的游说与沟通，有效在不利环境下减少了并购的不确定因素，尤其是政治阻力。2011年5月23日并购获得美国政府审批，6月24日双方交割完成。

2. 并购后整合

并购并不是最终的目的，在国际航空制造巨头环伺中国通用航空市场的大环境下，"我们没有从头来过的时间，已难以承受买来接近淘汰技术的尴尬"。然而实现先进技术的有效消化、吸收和利用需深入谋划。

（1）支持与尊重解决认同问题。并购之前的谈判接洽中，中航通飞就许诺全力支持西锐在全球中高端市场的进一步发展，保留并持续为当地增加工作岗位。中航通飞还通过反三角吸收合并保留了西锐的主体组织架构和各层员工，并坚持"西锐公司将继续致力于开发和制造全世界最出色和最让人期待的飞机"，母子公司一并致力于产品创新与开拓全球市场。这些举措给予西锐现有地位与研发能力充分的认可与尊重，并赢得西锐创始人、管理层和普通员工的普遍好感。

2008 年的金融危机使得小型通用飞机需求量最大的美国市场迅速萎缩，四座级单发活塞飞机的全球交付量更是减少 60% 以上。并购后全球经济形势依然低迷，西锐的市场表现继续恶化，经营风险频发，资金严重短缺。中航通飞坚定战略，与西锐共同面对困境，给予西锐资金和政策支持。尽管并购初期经营十分困难，西锐依然保障了在产品研发和市场营销费用的足够投入，推进技术和产品创新，大力开发机构和机队客户。西锐先后取得美国空军、法国空军及中国民航飞行学院的批量订单。2013 年初，西锐推出新款 SR（G5）飞机，4 月就收到沙特空军 25 架飞机订单。同年 6 月西锐实现 36.22% 的销售增长，利润同比改善 91.02%，2014 年其在细分市场的占有率由 2013 年的 37% 上升到 46%。正如现西锐 CEO 戴尔所说"西锐公司面临着新的篇章"。

危机时刻的尊重与支持使得西锐业绩飙升，同时增进了双方的信任与认同，为经营期间的整合与技术交流营造了有利的氛围。

（2）统一认识，优化公司治理。并购初期，西锐面临严峻的经营风险，此时加强公司治理和经营的管控，外扩销售、内降成本，改善经营状况，维护股东利益显得异常重要。母子公司在这一点上达成共识，迅速走出困境、改善经营迫在眉睫。

并购后中航通飞首先依照现代管理制度，成立新一届董事会，修订公司章程，说明了股东、董事会及管理层的职责和权限，梳理了公司治理架构；其次以保障股东利益为原则，为了稳定经营，西锐公司在留用大部分核心管理团队成员及关键技术、市场营销人员的基础上，任命了公司创始人之一的戴尔为新任公司首席执行官，已服务 25 年的帕特里克担任西锐总裁兼首席运营官。此外，为了在特殊时期加强决策、管控财务和运营情况，母公司派遣中航通飞有关负责人到西锐担任董事长、运营副总裁、财务副总裁，以强化沟通，更好地维护股东利益。与此同时，中航通飞将人才市场竞争和绩效考核制度融入到西锐的薪酬福利政策中，得到西锐的积极响应——西锐采取了全新的运营数据报告系统和简明高效的经营会议设置，将"降本"计划落实到"百元"级，大大加强了员工的紧迫感和积极性。

针对境外公司的特点，中航通飞设立了规划、预算、考核、股东事务等职能的管理部门与信息渠道，将西锐纳入成员单位管理，使得母子公司的联系规范化、高效化；在销售体系建设上，2012 年西锐飞机亚非销售中心在珠海落成，并派出市场、销售、服务人员到西锐培训，在西锐已有销售体系的基础上进一步完善了全球营销体系的构建。

（3）技术转移。认同问题与子公司控制制度的妥善解决为中航通飞开展技术转移活动酝酿了良好的氛围。中航通飞采取了很多技术转移的方法。

中航通飞相继在国内建设西锐系列飞机生产线来学习技术。2012年下半年，中航通飞华南公司启动首条生产线建设来试生产西锐SR2X系列飞机，并于当年完成了首批国内组装的3架西锐飞机；2013年珠海SR2X的生产质量体系以及SR2X飞机部装生产线建设项目启动。该飞机为西锐的中高端产品，但对于国内制造商来说已属于高端产品。国内的整机试制以及后续的批量生产有助于充分利用西锐的现有技术与经验来进行自我学习。不同于先前中国企业购买图纸反复研究不得其根本，只有这些技术与部件为我所用时，才谈得上学习与掌握。

积极创造技术交流的机会，在实践中学习先进技术。并购不到一年西锐就向珠海派遣了常驻技术顾问，支持"领航150"飞机的航电系统设计，并向母公司工程师提供了复材制造的技术培训；在2013年的"愿景SF50"的研发过程中，通飞母公司除了给予资金支持，还派出国内设计人员参与了发动机短舱与雷达罩联合设计工作，此外，通飞华南公司承担了该款飞机相关部件的制造任务。中航通飞通过技术交流，打通了全复材通用研制与生产流程等重要技术，迅速积累、增进了技术经验与能力。

此外，中航通飞还借助已成立的中航工业通飞研究院吸收、整合现有资源，强化技术研究与创新，增强核心竞争力。研究院不仅多次获得西锐的技术培训，参与到西锐研发项目中，还整合已有技术资源，进一步增强自主研发能力，尽力做到学以致用、"青出于蓝而胜于蓝"。如中航通飞自主研发的"H631"型、"H660"型国产地效翼船和"领世AG300"公务机等产品。

3. 并购后表现

并购后中航通飞的技术研发、制造能力有了跨越式的提升。中航通飞在接收先进的技术输入如现有西锐高端产品的生产装配及技术培训的同时，通过合作交流、共同研发增进了自身的研发创新能力，直接进入世界先进通用飞机制造企业行列。

在2014年11月举办的第十届中国国际航空航天博览会上，通飞的参展飞机及模型高达19架，均为高附加值产品，如大型灭火/水上救援水陆两栖飞机模型、"领世AG300"轻型公务机、"赛斯纳208B"飞机、"小鹰500"、西锐"愿景"SF50，航展当天签约飞机数量145架，多项设计与产品填补了国内空白，充分展现了中航通飞在国际合作及自主研发方面取得的新成就。

一系列数据表明，中航通飞的飞机年交付量已由几十架扩大到几百架，产品研发速度与能力大幅提升。产品不仅在通用飞机的设计研发、生产制造上取得了突破，在流程管理和理念上也收获创新性启发，如成立的"爱飞客"综合体——统筹社会资源，联合地方政府等力量的同时，通过创意经济与"爱飞客"

综合体嫁接，为娱乐飞行、定制飞行、私照培训、会籍产品、飞机销售、飞机托管服务、衍生品销售及其他航空服务。中航通飞向全球化、全谱系、全产业链、全价值链不断发展，走向世界舞台。

三、问题分析与理论解释

通用航空产业是国民经济发展的战略性、先导型高新技术产业，是一个国家现代化、工业化、科学技术和综合国力的重要标志。该产业不仅产业链长，而且呈现出高前向、后向与侧度关联度，其发展能够带动航空制造、航油生产供应、研发设计、飞行器销售、机场建设、通航运营、人员培训、飞机租赁等众多行业的提升。已有研究表明，通用航空产业投入产出比达到1∶10以上，就业带动比达到1∶12，成为带动区域经济发展、引领第四代交通运输革命的关键产业。欧美等发达国家尤其是美国的通用航空产业已成为其他工业部门的重要支撑。中航通飞作为国内一流的通航企业，首次创造性地收购了美国西锐这一整机研发、制造公司，并成功获取了先进技术，切入全球高端市场。回顾整个并购过程，针对前文提出的问题，本文总结出 SIT 模型来为中国企业尤其是国企在高技术等敏感行业并购提供借鉴（见图1）。

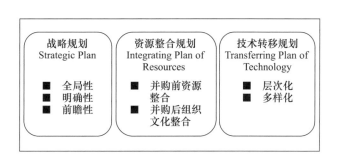

图1　SIT 模型

1. 战略规划

清晰的战略规划（Strategic Plan）是进行海外并购的第一步，对于并购具有指导性作用。它主要说明企业整体的发展目标是什么，为什么要进行并购尤其是跨国并购，为什么选择特定公司并购，想要通过跨国并购达到怎样的效果以及以后阶段规划。

针对以上问题,我们认为在战略规划阶段应注重其全局性、明确性以及前瞻性。

战略规划的全局性有助于企业立足国内外市场、自身与行业环境,设定发展目标,为跨国并购等行动明确方向。国内通用航空起步较晚,大部分用于航空训练与防火救援等领域。一方面国内飞机制造商生产的小型飞机价格相对较低,在缺乏需求刺激的情况下较难形成规模效应;另一方面国外发达国家为通用航空飞机的核心技术掌握者和主要市场,我国高附加值与高技术含量的通用航空飞机几乎全部依赖进口。2007年,通用航空在中国产直升机比例仅为2.4%。中航通飞2009年成立之时,就致力于做"国内领先、世界一流"的通航运营与服务公司,担负着引领中国通用航空产业发展的重任。中航通飞与业界一并积极建议中国政府实行低空开放和产业发展优惠政策;与此同时,其致力于为快速提升自身技术能力寻找途径,产品早日批量进入国际市场。2010年《关于深化我国低空空域管理改革的意见》发布,在低空领域逐步开放的同时,国家制定了战略性产业规划和优惠政策,刺激了潜在通用航空产品需求。为了快速提升自身技术能力、扩大通往国际市场的渠道,中航通飞开始在全球寻找资源。"没有竞争对手,只有合作伙伴",海外并购便是其全球战略布局的重要方式。

战略规划的明确性有助于企业甄别最佳的并购对象,为技术转移创造良好的条件。本案例中,由表1可看出中航通飞与西锐在产品定位、市场分布与渠道有很强的互补性;西锐知识规模很大,二者的知识库相关程度适中。中航通飞"国内领先,世界一流"的领先战略可以从与西锐较高的战略匹配度和较大的知识库规模中受益。

表1 双方战略匹配度与知识库规模分析

	中航通飞	西锐
产品定位	中低端通用航空飞机	中高端通用航空飞机
主要市场	中国	欧美等发达国家
生产基地	中国	美国
知识库绝对规模	偏小	大
知识库相对规模差距	较大	
知识库相关程度	适中	

战略规划的前瞻性有助于企业梳理对并购目标从对接、整合,到后续经营发展的长远打算,可以向目标公司系统性展现企业的并购诚意,取得目标公司信任。与此同时也利于企业早做规划,使得目标公司更好地配合公司总体战略,达

到企业发展与并购的战略目的。通过以西锐为平台,借助其研发与市场优势,中航通飞旨在逐步建立本国研发生产销售、运营与服务基地,美国研发生产、销售基地和欧洲培训与服务基地。三者协同发展,共同开拓全球市场。

2. 资源整合规划

国有企业在发达国家执行高技术含量等敏感性行业企业并购时,并购前往往会受到诸多阻力的干扰,如目标公司管理层、工会、竞争对手、本国政府部门、东道国政府部门、东道国舆论等。中国企业以往的技术获取型海外并购经验显示,并购后不少海外子公司员工担心中国母公司一旦获取先进技术,便会降低对子公司的资金等资源投入,进行裁员,因此配合程度很低,造成技术获取障碍。针对这些问题,并购前后的资源妥善整合(Integrating Plan of Resources)可以确保并购的顺利与成功。

并购前充分借助国内外投行、律师、公关等专业团队辅助,在估值、谈判、沟通与游说上做足功夫,主动构建有利于并购的局面。第一,更为专业的并购团队意味着专业、高效的并购工作,能够以东道国的办事风格做事,遵守其并购程序和法律法规,避免不必要的麻烦。投行、律师团队在并购中有针对性地进行合理避税、风险分散和融资渠道设置及谈判设计,增加了并购成功的可能性。在中航通飞并购西锐时,中信证券的估值极大地维护了企业利益;反三角吸收合并更是在节约成本、增进效率、以较为隐晦方式并购上"一石多鸟"。第二,注重宣传与游说,引领正面的舆论导向。由于政治制度等的不同,欧美国家一直以来因中国日益增长的经济和军事实力而感到恐慌,对并购企业的国有背景质疑不断,更是严格审查中国企业高科技领域的并购。中航通飞在并购期间积极宣传其商业目的,弱化了政治需求,主动进行针对国会、参议院等政府机构的游说,得到了西锐公司、部分议员的支持。正如中国美国商会主席伊莫瑞建议:"中国企业赴美并购时,必须把院外游说当作一项重要功课准备才行。"

并购后母公司对子公司的组织、文化整合直接影响子公司员工对母公司的认同程度、合作态度与经营绩效。组织、文化整合是并购能否取得技术转移预期目标的关键前提。已有研究表明,制度环境和文化环境的差异都可以影响并购的结果。因此整合阶段中航通飞保留了大部分核心管理团队成员与关键技术、市场营销人员,首席执行官、运营官均从原班人马中选拔。母公司还通过反三角式吸收合并保留了公司的主体架构与制度。中航通飞采用弱控制战略对美国子公司进行管理,立足于当地发展企业,依靠原公司管理层和员工做好企业,一方面有助于子公司员工接受,增强了其信心,另一方面提高了子公司员工的合作意愿,进而提高了母公司的吸收能力。此外,中航通飞支持西锐坚持研发创新、注重产品质量的企业文化。在此基础上结合西锐面临的市场现状,积极推动目标认同的文化训练，与西锐管理层就外扩销售、内降成本、改善经营的紧迫性达成一致。母公司在国内建立了专门的管理部门、销售中心来支持西锐运作，并给予资金支持。恰当的整合赢得了西锐的认可与配合，母子公司齐力开拓全球市场。西锐的业绩逐步恢复，并取得细分市场占有量第一的好成绩。

3. 技术转移规划

战略规划与资源整合，尤其是组织文化整合为技术转移打下了基础，然而技术转移在实施层面仍面临两大问题。第一，中国企业面临同海外子公司巨大的知识库差距，技术转移任务庞大。中国通用航空产品研发与制造技术水平较低，起步较晚。很多发达国家的中低端技术，于国内企业来讲为中高端技术，大部分国外的中端产品在国内已经是先进产品。第二，中国企业同海外子公司的技术交流、沟通障碍。由于母子公司双方文化、语言背景的不同，在交流与沟通上存在一定的障碍。技术转移活动设置的层次化与多样化有助于解决上述问题，达到并购目的。

面对西锐公司庞大的知识库，中航通飞放慢脚步，进行层次化知识转移规划，稳扎稳打。最初，中航通飞在珠海建立西锐飞机生产线，在西锐员工指导下完成首架西锐 SR2X 整机制造，并亲身制造另外两架西锐飞机，实际应用相对成熟的技术与机械部件。近一年后 SR2X 总装线建成，开始筹划批量生产。随后多次邀约西锐高级工程师来华给本土工程师做技术培训，面对面交流答疑解惑，并最终设立了常驻技术顾问岗位。在不断增进本土工程师技术水平的基础上，派遣母公司工程师出国参与新产品特定技术研发，实际应用技术的同时，激发其研发潜能与合作交流能力。最后中航通飞在自身研究院强化技术吸收成果，并进行再创造，开发新产品。"生产—技术培训—参与研发—自主研发"的层次化技术转移活动设置，使得中航通飞在有充足时间吸收、强化技术的同时，不断深入，最终在技术研发能力上有所收获。

此外，中航通飞根据本土工程师不同的研发、制造需求，进行多样化的技术转移活动设置，增大学习机会与形式，促进技术能力提升。整机组装与培训，使得工程师技术与实践相结合。外派具有一定基础的工程师到国外工作一段时间则有利于本土员工融入西锐先进的技术研发氛围，增进交流与技术能力，把先进的研发流程与理念带回本国。合作研发与自主研发是工程师操刀实践阶段，能够切实提高研发能力，展现研发水平。大量的交流、学习和锻炼的机会、形式可以弱化沟通、文化差异带来的障碍，切实学习技术，为我所用。

四、启示

随着中国经济、政治、军事实力的不断加强，越来越多的企业到国外整合利用技术资源，进行企业转型与升级；发达国家出于"中国威胁论"等因素对于优势技术资源流入中国的控制与审查越发严格。现有文献较为缺乏在该背景下中国企业"怎么办"的研究。

本文通过分析中航通飞成功收购美国西锐的案例，尝试找出中国企业尤其是国有企业收购发达国家高科技等敏感性行业的有效途径，并对如何最大程度地促进技术转移进行了探讨。经过全面分析之后，本文得出中国企业在进行高科技等敏感性行业海外并购的 SIT 模型。首先，企业需做好战略规划（Strategic Plan），兼顾其全局性、明确性和前瞻性，使得并购目标的选择、并购和后续经营契合公司总体战略，增强协同作用。其次，积极执行资源整合规划（Integrating Plan of Resources），通过并购前的资源整合，并购团队提前做好准备、积极应对各方阻力；通过并购后的组织文化整合，企业能够统一母子公司对核心问题的认识，增进信任与合作意愿。最后，多样化、层次化设定技术转移规划（Transferring Plan of Technology），确保知识技术转移的效果。

参考文献

[1] 李磊，郑昭阳.议中国对外直接投资是否为资源寻求型［J］.国际贸易问题，2012 (2).

[2] 严兵，李辉，李雪飞.中国企业海外并购：新特征及问题研究［J］.跨国经营，2014 (2).

[3] 杨挺，田云华，李欢欢.2014 年中国对外直接投资特征及趋势研究［J］.跨国经营，2015 (1).

[4] 张景伟，耿建新.我国海外并购中国企与民企的比较［J］.会计之友，2010 (4).

[5] 徐植，徐守东，刘希成.金融背景下央企国际化分析：基于并购贷款的视角［J］.现代管理科学，2009 (10).

[6] 毕夫.海外并购中国企业势与谋［J］.对外经贸实务，2013 (3).

[7] 李鸿阶，张元钊.中国企业跨国并购发展格局与路径选择［J］.亚太经济，2013 (2).

[8] 程立茹，李书江.我国企业海外并购的政治风险及防范策略研究［J］.国际商务，2013 (5).

[9] Yin K. R..Case Study Research：Design and Methods［M］.Sage Publications, Inc., 1994.

［10］Stake R. E.. The Art of Case Study Research ［M］. Thousand Oaks, Sage Publications, 1995.

［11］Datta D. K.. Organizational Fit and Acquisition Performance Effects of Post – Acquisition Integration ［J］. Strategic Management Journal, 1991 （12）.

［12］梁超，余芹，曹萌. 技术获取型海外并购战略选择 ［J］. 财务与会计，2012 （1）.

［13］Meyer C. B., Altenborg E.. Incompatible Strategies in International Mergers: The Failed Merger Between Telia and Telenor ［J］. Journal of International Business Studies, 2008 （3）.

［14］Björkman I., Stahl G. K., Vaara E.. Cultural Differences and Capability Transfer in Cross – Border Acquisitions: The Mediating Roles of Capability Complementarity, Absorptive Capacity, and Social Integration ［J］. Journal of International Business Studies, 2007 （4）.

［15］Weber Y.. Corporate Cultural Fit and Performance in Mergers and Acquisitions ［J］. Human relations, 1996 （49）.

［16］Ahuja G., Katila R.. Technological Acquisitions and the Innovation Performance of Acquiring Firms: A Longitudinal Study ［J］. Strategic Management Journal, 2001 （22）.

［17］吴月英. 跨国公司应如何预测和规避政治风险？［J］. 对外经贸实务，1994 （2）.

［18］程立茹. 中国企业海外并购非经济风险的凸显及防范 ［J］. 工业技术经济，2006 （6）.

［19］朱兆珍，张传明. 关于我国国企海外并购战略的理性思考 ［J］. 商业时代，2009 （33）.

［20］李保民，四大制高点：海外并购 "赢" 战略 ［J］. 国企，2013 （6）.

［21］Homburg C., Bucerius M.. Is Speed of Integration Really a Success Factor of Mergers and Acquisitions? An Analysis of the Role of Internal and External Relatedness ［J］. Strategic Management Journal, 2006 （4）.

［22］Gadiesh O., Ormiston C., Rovit S.. Achieving an M&A's Strategic Goals at Maximum Speed for Maximun Value ［J］. Strategy & Leadership, 2003 （31）.

［23］Bresman H., Birkinshaw J., Nobel R.. Knowledge Transfer in International Acquisitions ［J］. Journal of International Business Studies, 1999 （30）.

［24］］Zaheer A., Castaner X., Souder D.. Synergy Sources, Target Autonomy, and Integration in Acquisitions ［J］. Journal of Management, 2011 （3）.

［25］李自杰，李毅，肖雯娟，吴剑峰. 弱管理控制与中国企业的跨国知识转移 ［J］. 科学学与科学技术管理，2013 （7）.

中国铝业公司的国际扩张与战略转型

周　煊[*]

一、中国铝业公司概况

1. 中国铝业公司历史沿革

中国铝业公司（以下简称中铝公司）是中央管理的国有重要骨干企业，从事矿产资源开发、有色金属冶炼加工、相关贸易及工程技术服务等，目前是全球第二大氧化铝供应商、第三大电解铝供应商和第五大铝加工材供应商，铜业综合实力位居全国第一。公司目前设有七大业务板块，即铝业、铜业、稀有稀土、工程技术、矿产资源、海外和贸易板块。由公司控股的中国铝业股份有限公司（以下简称中铝股份）为纽约、中国香港、上海三地上市公司（股票代码分别为纽约 ACH，中国香港 2600、上海 601600），公司还拥有两家国内上市公司——云南铜业（000878）和焦作万方（000612）。作为中国具有高度国际化战略地位的世界级铝工业企业，公司在参与国际化竞争、提升先进产能及关键技术水平、整合产业资源、增强资源保障能力等方面具有突出的竞争优势。2009 年，公司资产总额 3545.5 亿元，员工 24 万人，所属企业 64 家。2009 年，公司生产氧化铝 778 万吨，铝及铝合金 344 万吨，铝加工材 60.95 万吨，铜加工材 14.28 万吨，精炼铜 29.41 万吨，完成销售收入 1356 亿元，再次跻身世界 500 强企业行列。

中铝股份是中铝核心骨干企业，中铝集团注入了其绝大部分优质铝业资产。中铝股份由中铝公司、广西投资和贵州开发作为发起人发起设立的股份有限公司。2001 年 8 月 16 日召开了创立大会，2001 年 9 月 10 日完成了工商注册登记，

---

* 周煊：对外经济贸易大学国际商学院。

注册资本为80亿元。遵循"优化资源配置及资产结构，突出主业，独立运行，债权债务随资产走，避免同业竞争，减少关联交易"的重组原则，中铝公司、广西投资、贵州开发和中国铝业公司于2001年7月1日签署了《重组协议》。中铝公司以其所拥有的贵州铝厂、平果铝业公司、山东铝业公司、中国长城铝业公司、山西铝厂、中国长城铝业中州铝厂、青海铝业有限责任公司、郑州轻金属研究院等相关资产作为出资，出资额合计约925443万元；广西投资以其拥有的平果铝业公司15%的权益等资产作为出资，出资额合计约23734万元；贵州开发以其拥有的贵州铝厂三电解系统24.1%的权益作为出资，出资额约15609万元。中铝股份主要业务包括氧化铝、原铝、铝加工、贸易等板块（见表1）。其2010年相关经营状况如表2所示。

表1 中铝股份的业务板块

业务板块	板块业务内容
氧化铝板块	包括开采并购买铝土矿和其他原材料，将铝土矿生产为氧化铝，并将氧化铝销售给本集团内部的电解铝厂和集团外部的客户。氧化铝板块还包括生产和销售化学品氧化铝（包括氢氧化铝和氧化铝化工产品）和金属镓
原铝板块	包括采购氧化铝和其他原材料、辅助材料和电力，将氧化铝进行电解以生产为原铝，销售给集团内部的铝加工厂和集团外部的客户。原铝板块还包括生产、销售碳素产品和铝合金产品
铝加工板块	包括采购原铝和其他原材料、辅助材料和电力，将原铝进一步加工为铝加工材并销售。铝加工产品包括铸造材、板带材、箔材、挤压材、锻材、粉材和压铸产品七大类
贸易板块	包括在集团内部和外部进行氧化铝、原铝、铝加工产品、相关金属产品及大宗原辅材料等的采购和销售
总部及其他营运板块	主要包括总部管理和研究开发活动

表2 2010年中国铝业股份有限公司板块经营业绩情况

指标 分行业或分产品	营业收入（千元）	营业成本（千元）	营业利润率（%）	营业收入比上年增减（%）	营业成本比上年增减（%）	营业利润率比上年增减（%）
分行业						
铝行业	118374341	110727609	6.46	72.67	64.36	增加4.73个百分点
分产品						
氧化铝板块	26108926	22935493	12.15	63.89	37.01	增加17.24个百分点
原铝板块	52506886	48984626	6.67	24.18	21.19	增加2.30个百分点
铝加工板块	9243041	9036504	2.23	42.40	34.39	增加5.83个百分点
贸易板块	89246262	88355353	1.00	134.20	134.66	减少0.20个百分点

2. 中铝股份的资本市场成长历程

（1）境外发行 H 股并上市。2001 年 12 月 11 日、12 日，中国铝业公司分别在纽约证交所和中国香港联交所发行外资股共计 258824 万股；2002 年 1 月 11 日，根据超额配售权再发售外资股 16165 万股，两次共计发行 274989 万股，其中：发行新股 249990 万股，减持存量国有股 24999 万股，募集资金总额约 402242 万元（按照收款当日中国人民银行公布的港元兑换人民币中间价折算）。发行完成后，公司总股本为 1049990 万股。

2004 年 1 月 6 日，中国铝业公司以每股约 5.66 港元的配售价格发行 54998 万股 H 股，募集资金总额约 330065 万元（按照收款当日中国人民银行公布的港元兑换人民币中间价折算）。发行完成后，公司总股本为 1104988 万股。

（2）第二次境外增发 H 股并上市。2006 年 5 月 9 日，中国铝业以每股 7.25 港元的配售价格发行 64410 万股 H 股，其中：中国铝业新增发行 60000 万新股；同时中铝公司将其所持 4410 万股国有股划转给全国社会保障基金理事会，募集资金总额约 482802.85 万元（按照收款当日中国人民银行公布的港元兑换人民币中间价折算），扣除发行费用 11425.66 万元和国有股存量发行净收入 32274.08 万元后，约为 439103.11 万元。发行完成后，公司总股本为 1164988 万股。

（3）以换股方式吸收合并山东铝业、兰州铝业、包头铝业。中国铝业 2007 年 4 月首次公开发行 123673 万股 A 股，以换股方式吸收合并山东铝业、兰州铝业，同时注销山东铝业、兰州铝业的法人地位。原山东铝业和兰州铝业的全部资产、负债及权益并入中国铝业，以中国铝业作为合并完成后的存续公司，并于上海证券交易所上市。2007 年 12 月公开增发 63788 万股 A 股，换股吸收合并包头铝业。公司首次公开发行及公开增发的股票全部用于换股吸收合并，并未向其他投资者发行股票，且未募集资金。

（4）控股云南铜业。2011 年 1 月，云南省国资委将持有的云南铜业（集团）有限公司（以下简称云铜集团）2% 的股权无偿划转给中国铝业公司。划转完成后，中铝公司将持有云铜集团 51% 的股权，绝对控股云铜集团，并成为云南铜业的实际控制人。2011 年 6 月 30 日，云南国资委以协议转让的形式将其所持有云铜集团 7% 的国有股权转让给中铝公司。资本市场人士普遍认为，继中铝实现了对公司 51% 的绝对控股后，中铝再获 7% 股权符合市场之前中铝持续增资公司的预期。预期中铝有计划通过公司这个平台做大做强其铜板块业务。

从 2004 年收购湖北大冶有色金属公司正式进军铜业领域开始，中铝公司近几年在国内外积极收购铜业资产。在 2007 年，中铝公司就分两次向云铜集团注资近 95 亿元，获得云铜集团 49% 的股权。随后中铝公司成立中国铜业（集团）股份有限公司（以下简称中国铜业），并在 2010 年将旗下的云南铜业、秘鲁铜业、上海铜业、华中铜业、洛阳铜业和昆明铜业总计600亿元的资产全部注入中国铜业。集团70%持有的普朗矿铜资源量430万吨，伴生资源金113吨，银2195吨，钼17万吨。目前，项目已完成了一期矿产资源地质勘探、部分井巷建设等工作。未来注入上市公司值得期待。

（5）2011年再融资计划。中铝股份表示公司将围绕效益优先、存量优先、创新优先、资源优先，以再造竞争新优势为重点，着手进行全方位深层次结构调整。继续推进成本领先战略、坚定不移地推进降本增效、加大资源获取和科技创新力度，以确保实现扭亏为盈。公司在战略规划上明确指出，将在不断延伸产业链、拓展业务领域的同时，继续巩固和优化各项业务，为公司发展注入新的动力。中铝股份将结合有关精神和行业发展趋势，以控制总量、淘汰落后产能、加强技术改造、推进企业重组为重点，加快推进公司战略性结构调整，提升核心竞争力，为公司未来可持续发展打下坚实的基础。

2008年、2009年，受全球金融危机和国内资本市场波动的影响，通过股本融资工具进行再融资受到了一定制约，公司主要的外部融资来源为银行贷款、中期票据、短期融资券等，使得公司资产负债率不断提高，加大了财务压力。中铝公司近年来财务负担日渐沉重。截至2007年末、2008年末和2009年末，公司短期借款分别为58.18亿元、141.88亿元和229.93亿元。2011年，全球宏观经济环境不断改善，对于经济可持续性增长的信心不断增强。随着宏观经济复苏、行业回暖，利用股票资本市场进行再融资的必要性和可行性不断凸显，中铝公司计划进一步优化融资结构，保证相关投资项目的顺利实施，推动公司持续、健康发展。中铝公司在2010年成功扭亏为盈后，迅速重启了2011年资本市场融资计划。中铝股份公司公告称，2011年中铝股份拟定向增发不超过10亿股股份，募资不超过90亿元用于投建新项目以及补充公司现金流，2011年再融资项目情况如表3所示。

表3　2011年再融资项目情况

序号	项目名称	资金需要数量（亿元）	募集资金拟投入数量（亿元）
1	中国铝业兴县氧化铝项目	52.3	48.00
2	中国铝业中州分公司选矿拜耳法系统扩建项目	29.92	24.00
3	补充流动资金	18.00	18.00
合计		100.22	90.00

值得注意的是，此轮募资中约18亿元将用于补充中铝股份的流动资金。中

铝股份称由于国际金融危机的影响，公司 2009 年经营活动产生的现金流量净额由 2008 年的 50.04 亿元下降至 −7.06 亿元，仅依靠经营活动产生的现金流已不能更好地满足公司未来发展对资金的需求，因此需要通过此次募集资金，改善流动资金状况。中铝股份寄希望于本次非公开发行募集资金到位后，公司将能够在一定程度上降低财务费用，提高盈利水平。

3. 骨干企业——中铝股份现状

中铝集团的骨干企业是中铝股份，公司主要从事氧化铝提炼、原铝电解、铝加工产品生产及相关产品的贸易业务。中铝股份 2004~2010 年收入趋势如图 1、图 2 所示。

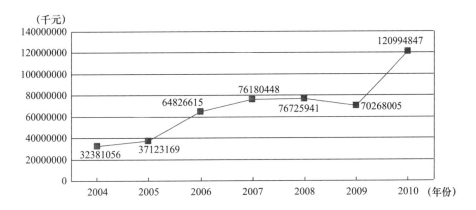

图 1　2004~2010 年中铝股份营业收入趋势

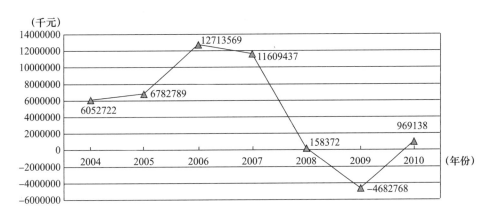

图 2　2004~2010 年中铝股份利润趋势

4. 全球铝工业危机

进入 21 世纪，中国铝工业的快速发展，一方面满足了我国工业化、城市化对铝的消费需求，另一方面也使行业本身进入了结构问题突出、产能过剩严重的微利时代。2009 年，全国电解铝产能突破 2000 万吨，但需求量只有 1300 万吨，产能过剩率达到 35%。电解铝产能严重过剩的结构性问题在这次国际金融危机中暴露无遗，铝行业损失极其惨重。自 2008 年第三季度以来，铝价出现雪崩式下跌，到 2009 年 2 月，跌落到近 50 年来的最低点，国际铝价从每吨 3121 美元下降到 1288 美元，跌幅为 58.7%，国内铝价从每吨 18980 元下降到 10400 元，跌幅为 45.2%；国际市场氧化铝价格从每吨 450 美元下降到 180 美元，跌幅为 60%；最低迷时，铝的销售价格低于生产成本 40%，出现了严重倒挂，生产越多，赔得越多。在这样的严峻形势面前，企业被迫关闭产能，一些企业甚至完全停产，国内氧化铝和电解铝产能开工率均在 60% 以下，除中国以外，全球铝的产能开工率也降到了 50% 以下。国内外铝工业都陷入了历史上亏损时间最长、亏损额最高的困境。

在这个大背景下，中铝公司也遇到了巨大挑战。由于市场售价与生产成本严重倒挂，为减少损失，公司关闭部分产能，其中氧化铝关闭 415 万吨，占总产能的 38%，电解铝关闭 94 万吨，占总产能的 24%，公司由国资委盈利大户变成亏损大户，2008 年亏损 65 亿元，2009 年亏损 43 亿元，公司也在国资委业绩考核中，由连续多年的 A 级企业降为 C 级企业。

除中铝公司外，国际上主要铝业公司也同样出现严重亏损，如美国铝业公司，2008 年第四季度出现 11.91 亿美元亏损之后，2009 年又亏损了 11.5 亿美元，不得不在全球裁员 1.35 万人，裁员率达到 13%；俄罗斯联合铝业 2008 年亏损 59.8 亿美元，2009 年上半年净亏损 7.2 亿美元，并裁员 5%。另外，国际国内的矿业公司及其他品种的金属公司，在同样的金融危机大背景下却能保持盈利，如力拓、必和必拓、淡水河谷等综合性矿业公司和国内生产铜、镍、铅、锌等产品的企业。2009 年，江西铜业公司盈利 23.49 亿元，金川公司盈利 21 亿元，中铝公司的子公司云铜集团也盈利 8 亿元，却唯独铝工业企业仍然在亏损的困境里挣扎。这其中的原因是很深刻的。这也成为中铝公司战略转型的主要原因和动力。

二、中铝公司的战略转型

1. 中国铝业转型思路

在铝业行业出现危机后，中铝公司认识到在后危机时代，全球金属矿业领域已悄然展开了经济结构调整，国际矿业公司掀起了新一轮的兼并重组浪潮。新的竞争形势迫切要求中铝公司必须迎接挑战，把握行业发展规律和全球金属市场竞争格局，把握实施战略转型的难得机遇，及时实施国际化多金属矿业公司战略转型。产品单一的公司，在市场风浪的冲击中，不仅发展受到制约，甚至连生存都会面临严峻挑战。几年前，世界第二、第三大铝业公司加拿大铝业公司和法国铝业公司先后被力拓兼并，世界铝业龙头老大美国铝业公司 2001 年曾经位居全球金属行业第二位，但到 2009 年已退到第十九位，这些都是活生生的例子。

中铝公司深刻认识到，作为国务院国资委领导下的国有重要骨干企业，在参加市场竞争、实现国有资产保值增值之外，还担负着保障国家资源安全、为航天航空等重大科技工程和国防军工项目提供多种金属材料的任务。要担负起这些重要任务，出路只有一条，即必须实施向国际化多金属矿业公司的战略转型。中铝公司将多金属战略细分为铝、铜、稀土、工程技术、贸易、矿产资源和海外业务七大板块。

海外布局的同时，中铝公司也在迅速进行国内整合。为配合战略转型，中铝公司从 2010 年开始将管理架构变更为事业部制，总部从经营管控型变为战略管控型，板块公司成为业务运营中心和利润中心，董事长熊维平与业务板块负责人分别签订了《业绩合同书》。

实施国际化战略，关键是要坚持"围绕战略，突出主业，量力而行，有所为有所不为"的原则，做到走得出、走得稳、走得好。公司在战略转型中注重四个转变，即生产经营由注重铝向注重多种金属产品转变；业务布局由注重国内发展向注重海外发展转变；发展方式由注重投资建设向注重资本运作转变；管控模式由注重产业链条和业务操作管控向注重板块业务协调互动的战略管控转变。通过战略转型，中铝公司将成为以国内外资源为依托，各业务板块生产要素有效配置，国际化经营管理模式有效运营，更具国际竞争力的大企业集团。

2. 具体转型思路的三大要素

（1）国际化要素。即参与产品的国际竞争，参与各种资源的国际配置，实现各种要素的国际流转，公司未来的海外业务要占到 50% 以上。必和必拓集团和淡水河谷集团都在 30 多个国家有运营业务，海外营业收入均超过 80%；力拓集团在 40 个国家和地区拥有分支机构，来自海外的营业收入高达 95%。中铝公司目前海外营业收入的比例非常低，国际化任务还非常繁重。因此，按照国际化战略，在境外再造一个"中铝公司"，是我们"十二五"发展的奋斗目标。

（2）多金属要素。有色金属有 64 个品种，发展多种金属是有色金属企业发展的特点和规律，不能在一条"铝"路上走到黑。作为中央企业，中铝公司要为国家经济发展承担更多的责任，除了发展以铝为主的轻金属、以铜为主的重金属、以钛为主的稀有稀土之外，还要积极发展国家需要、国内短缺的其他金属品种。公司未来对板块业务是开放式的，遵循市场规律和行业竞争走势要求，不断拓展多金属业务领域。

（3）上游资源要素。就是要把矿产资源作为公司的生存之本，发展之基，努力获取国内优质矿产资源，特别是要积极开发海外多种金属的矿产资源，在缓解国内矿产资源结构性矛盾、保证国家资源安全方面有所作为，同时，作为矿业公司，未来非铝的发展方向是在上游业务，尤其是重要矿产资源的勘探、获取、开发。公司未来资源类的上游业务收入和利润要在公司经营发展中起到基础性作用。

中铝公司国际化战略布局，是围绕资源战略，重点开发南美、澳大利亚、非洲和东南亚的有色金属矿产资源。以澳大利亚奥鲁昆和东南亚为依托，形成长期稳定的海外铝土矿资源保障基地；以秘鲁铜矿等项目为依托，形成海外铜精矿资源保障基地；推进与力拓在几内亚西芒杜铁矿合作项目，增加公司新的业务增长点。

三、中铝公司新型战略的推进、挫折与展望

1. 中铝公司两次增持澳大利亚矿业巨头力拓：海外扩张最强音的跌宕起伏

（1）连续两年增持力拓。2008 年 2 月 1 日，中铝公司通过伦敦证券交易所发布公告宣布，截至 2 月 1 日已通过新加坡全资子公司 Shining Prospect Pte. Ltd （简称 SPPL）公司，联合美国铝业公司（"美铝公司"）已获得了力拓的英国上市公司（Rio Tinto Plc）12% 的现有股份。国家开发银行是本次交易的融资安排行。本次交易是中铝公司历史上及中国企业历史上规模最大的一次海外投资，也是全球交易金额最大的股票交易项目，交易总对价约 140.5 亿美元。力拓是仅次于必和必拓公司的全球第二大矿业集团、世界第三大铁矿石供应商。2007 年 11 月初，必和必拓曾提议以 3 股换力拓 1 股进行并购。但由于力拓董事会认为必和必拓的报价太低予以拒绝。按照此前必和必拓提出的换股收购建议，对力拓的估价超过 1400 亿美元，此次中铝公司以 140.5 亿美元获得力拓 12% 的股份，相对而言算是便宜的。此外，中铝公司成为力拓股东之后，令必和必拓收购力拓成功前景更加充满不确定性。SPPL 注册于新加坡，由中铝全资拥有，美国铝业公司出资 12 亿美元，这笔出资通过可转换金融工具（Convertible Instrument）来实现，美铝可选择将这笔资金变成在 SPPL 的持股。

继 2008 年 2 月成功收购力拓股份，中铝公司 2009 年再次伸出橄榄枝。2009 年 2 月 12 日，身陷困境的矿业巨头力拓集团（Rio Tinto）宣布获得一笔 195 亿美元现金注资。资金来自中国国有企业中铝公司（Chinalco），双方的交易将涉及力拓发行可转股债券，以及出售它旗下一些顶级矿业资产的少数股权等。根据双方协议条款，中铝公司将购买 72 亿美元的力拓可转股债券，这些债券将在日后转换成股票。转股后，中铝公司在力拓的股份将从 9% 提高至 18%。其余的注资将来自力拓出售部分资产的少数股权。至周三收盘，力拓在澳大利亚的股票报收每股 52 澳元，在伦敦的股价上涨 3%，每股报收 19.54 英镑。

　　该交易将使力拓有钱偿还其 390 亿美元巨额净债务中的很大一部分。中铝公司还将在与力拓建立的三个战略合作伙伴联盟中投资 123 亿美元，这三个联盟分别涉及力拓的铜、铝和铁矿石部门。这将包括中铝公司购得力拓九项资产的少数股权。这些资产包括澳大利亚的韦帕（Weipa）铝土矿、雅文（Yarwun）的氧化铝精炼厂、博恩（Boyne）的铝冶炼厂、格拉斯顿（Gladstone）的电站、智利的埃斯康迪达（Escondida）铜矿、美国犹他州的肯尼科特（Kennecott）铜业公司、印度尼西亚的格拉斯伯格（Grasberg）铜金矿、秘鲁的拉格兰哈（La Granja）铜矿项目和澳大利亚的哈默斯利（Hamersley）铁矿。

　　中铝公司还将与力拓组建一个 10 亿美元的合资企业，双方各出资 5 亿美元。这个企业将开发几内亚的西芒杜（Simandou）铁矿等项目。作为对其投资的回报，中铝公司将在力拓的董事会获得一个席位，并有权在稍后日期委任另一名董事。对此力拓的一些大股东做出了愤怒反应，因为力拓没有征询他们的意见就与中国投资者达成了上述协议。其中一家股东表示："我完全惊呆了。这在所有层面都是不能接受的。"力拓将需要获得交易所涉国家的监管部门批准，包括澳大利亚和智利。力拓的交易顾问是摩根士丹利（Morgan Stanley）和瑞士信贷（Credit Suisse）。中铝公司的顾问为野村（Nomura）、JP 摩根（JPMorgan）、百仕通集团（Blackstone）和中金公司（CICC）。中铝公司已经就本交易完成了 210 亿美元的融资安排，并已陆续获得了澳大利亚竞争与消费者保护委员会、德国联邦企业联合管理局、美国外国投资委员会等各国监管机构的批准。

　　（2）第二次收购必和必拓的搅局。2009 年 6 月 5 日电中铝公司确认，力拓集团董事会已撤销对 2009 年 2 月 12 日宣布的双方战略合作交易的推荐，并将依据双方签署的合作与执行协议向中铝公司支付 1.95 亿美元的分手费。力拓集团董事会最终决定撤销对双方交易方案的推荐，转为实施配股融资，并与必和必拓集团寻求建立合资企业。力拓集团公司和必和必拓签署了一份非约束性协议，决定成立包括两公司在西澳大利亚州全部铁矿资产的合资生产公司。这一公司将负责现有及未来开采出的西澳大利亚州铁矿资源和债务，其股份将由两公司按

50：50的比例持有。合资公司将使两公司重叠的、世界一流的资源价值得到释放。两家公司都认为目前由特殊生产和发展增值作用创造的净值可高达100亿美元（这是在百分之百的基础上）。如此显著的增值效果主要来自：①将分散的相邻铁矿合并成统一运作的矿藏。②通过缩短铁路运输距离和提高港口的分配效率，来削减成本。③抓住机遇，将产品回收最大化和提高未来运作效率结合起来。④通过发展综合的、较大的及更多资本有效扩张的项目，来优化未来增长机会。⑤将管理、采购和一般开销的活动统一成单一实体。⑥合资公司将会是一个成本中心。它为必和必拓和力拓集团公司的货船提供等额铁矿石。这些铁矿石将通过两公司的销售部门分别销售。为使两公司的贡献值相当，必和必拓将付给力拓集团公司58亿美元作为财政方面的股票型资本，使其在合资公司中所占资本从45%增长到50%。⑦合资公司的高层管理人员将由两家公司本着"择优选聘"的原则共同决定，分别来自两公司的人数基本相同。力拓集团公司现任铁矿执行官山姆·沃尔什将担任非执行业主委员会的首任主席。必和必拓现任铁矿总裁伊恩·阿什比将出任合资企业首任首席执行官。未来的执行长官将由双方共同决定。

力拓集团公司主席杜立石谈到合资公司时说："这个公司将凭借世界一流的资产和基础设施建立无与伦比的铁矿业务。我们坚信它能代表股东们的最大利益，也能为不断扩大的国际市场提供无可比拟的效率。"必和必拓主席唐·阿古斯说："我非常高兴宣布成立合资公司，为我们的股东提供重要的、真正的以及量化的增值利益。这两大资产组合的联合将释放这一世界资源'盆地'的规模效益。"必和必拓首席执行官马里厄克洛珀斯称："这一组合的增值作用非常大，过去十多年两公司一直在寻求联合的多种方式。我很高兴我们已经找到了可以造福两家公司的解决方案。合资公司将世界一流的铁矿资源、基础设施和人力资源结合起来，释放增值作用的巨大效益，对所有股东来说都是最好的结果。"力拓集团公司执行官汤姆阿尔巴尼斯说道："很久以前我们就意识到我们两家铁矿公司是天作之合，联合两家公司释放增值效益是有工业逻辑在内的。能实现这一想法，造福两家公司，我们深感高兴。"

两家公司也会分别承担技术研究与发展活动。协议中不包括HIsmelt等二级处理设施、公司，也不包括在西澳大利亚州之外发展未来的业务。力拓集团公司和必和必拓将在签署的附加协议中双方认同的原则基础上，尽快签署最终的、有约束力的交易文件。合资公司成型的前期准备包括获得监管部门和有关政府部门的许可，以及两家公司股东的认同。

中铝公司对这一结果感到非常失望。中铝公司总经理熊维平表示，自交易协议签署以来，中铝公司一直致力于推进交易进程，在坚定维护我方利益的前提下，保持最大的灵活性，以建设性的态度与力拓集团协商，积极地对 2 月宣布的交易方案条款做出适当的修改，以更好地反映市场变化及股东和有关监管方面的要求。中铝公司表示，本次交易虽然没有最终实现，但是对于中铝公司的长远发展以及国际化战略实施仍然具有重要的意义。通过推进本次交易的实施，中铝公司参与了全球资源项目的运作，加强了与国际矿业公司以及中国金融机构的交流与合作，积累了丰富的海外并购经验，建立并锻炼了一支熟悉国际化运作的团队，展示了中国企业的良好社会形象。这一切都是中铝公司在实施国际化战略道路上获得的宝贵财富，必将在未来公司发展中体现价值。

（3）继续参与配股。刚取消与中国铝业公司 195 亿美元注资交易的力拓公司，2009 年 6 月 17 日公布了其 152 亿美元的配股融资计划，力拓将按每 40 股配发 21 股的比例配售。力拓英国上市公司的配股价为每股 14 英镑，筹集资金约合 118 亿美元；力拓澳大利亚上市公司的配股价为每股 28.29 澳元，筹集资金约合 34 亿美元。

力拓此次配股计划给出了较大折扣，力拓英国公司的每配股除权后的理论价（TERPs）为 22.656 英镑，力拓澳大利亚公司的每配股除权后的理论价为 53.61 澳元，配股的认购价同除权后的理论价相比，分别降低 38.2% 和 47.2%。2009 年 6 月 15 日，力拓英国的收盘价为每股 29 英镑，16 日，力拓澳大利亚的收盘价为每股 73.23 澳元，均成倍高出配售价。

根据力拓计划，中铝公司应该在 2009 年 7 月 1 日前决定是否参与配股，7 月 2 日后，新配售的股份正式上市流通。6 月 16 日后，力拓原有股东若不认购新配售的股票，其配股权可以在市场上交易，出售给其他投资者。据测算，如果中铝公司认购所有配股，需出资约 8.4 亿英镑，按目前汇率计算约合人民币 94 亿元。而一旦中铝公司未出资认购配股，中铝公司以此前的持股数占力拓股份公司的股权比例将下降到 8%，占总股本下降至 6%。

2009 年 7 月 1 日，中铝公司副总经理吕友清向记者确认，中铝公司全额认购国际矿业巨头力拓的配股，出资近 15 亿美元，融资由国家开发银行和中国农业银行安排。中铝公司因此可以保证其在力拓公司 9% 的股权比例不被稀释，进而摊低此前斥巨资入股的成本。吕友清未透露认购出资的具体额度。根据力拓配股计划测算，中铝公司至少应出资 14.2 亿美元（约 8.79 亿英镑），按当前汇率计算应超过 95 亿元人民币。中铝公司内部人士表示，中铝公司确定认购前早已做出决定，并与融资行做出安排，由于汇率波动，在贷款资金上做了充裕的安排。中铝公司此次完成认购后，其持有力拓的股份平均每股成本将从原来的 117.37 美元下降至 84.74 美元，大大降低了 2008 年在高位收购时的资金成本。

2. 海外铝土矿资源扩张：澳大利亚昆士兰奥鲁昆项目的终止

奥鲁昆项目位于澳大利亚昆士兰州北部的约克角，估计资源量约 6.5 亿吨，是世界最大的铝土矿项目之一，也是近几年中国铝业在海外的最大矿产开发项目。法国铝业于 1975 年从澳大利亚政府获得该项目，不过一直未得开发。澳大利亚一直以良好的投资环境自许，因开发有破坏投资环境的风险，奥鲁昆所属的昆士兰州政府以议会条令的形式单方面终止与法铝的合作。2005 年 9 月 14 日，昆士兰州州长彼得·贝蒂（Peter Beattie）在北京宣布，重启奥鲁昆项目的全球邀标。经过一番角逐，2007 年初，中国铝业击败 10 家国际竞标者，正式和澳大利亚昆士兰州政府就奥鲁昆铝土矿项目开发签约。

在澳大利亚奥鲁昆项目的推进过程中，中铝公司一直致力于确保项目最大限度为奥鲁昆社区和土著居民带来收益，为当地经济、文化和社会可持续发展做出贡献。按照公司社会责任方案，惠泽土著居民的项目包括就业、培训、业务开发、社区基础设施建设等，还建立了一项由中铝公司、澳大利亚联邦政府和昆士兰州政府三方共同出资的社区发展基金。中铝公司在海外开发项目中注意树立优秀企业公民形象，赢得了当地政府和居民的高度赞扬。

《昆士兰州政府与中国铝业股份有限公司开发协议》（以下简称《开发协议》）中规定的一体化开发包括四部分，分别是矿山、氧化铝厂、基础设施、土著社区。随着中国铝业前期研究的深入，其发现一体化所涉及的工程项目远超预计，此外，包括煤炭、钢铁在内的原材料价格均有大幅上涨，最终导致投资成本大幅上涨。奥鲁昆项目在运营上的成本增长也是一个很大的负担，铝土矿在加工成氧化铝的过程中需要消耗大量的能源，氧化铝生产成本的 1/3 是电力成本，但奥鲁昆项目附近并没有便宜的水力等电力来源，只能建火力电厂。煤炭价格的高涨使得氧化铝厂的运营成本居高不下。中铝公司副总经理吕友清透露，现在测算下来上涨了 50%，总投资规模超过 40 亿澳元。中国铝业一直试图去掉氧化铝厂，但昆士兰州政府不同意，并强调如果不建氧化铝厂，那么铝土矿将不准运出。过高的成本对中铝公司造成巨大的财务压力，中铝公司不得不终止奥鲁昆项目《开发协议》，但将分解《开发协议》就其中一些项目进行开发。《开发协议》于 2010 年 6 月 30 日期满后自行终止，其后双方继续就奥鲁昆铝土矿资源开发的其他方式进行了探讨。2011 年 7 月 1 日，中铝公司宣布，近日昆士兰州政府终止了上述探讨。截至目前，项目支出账面余额折合人民币约为 3.4 亿元，公司需要评估其可回收金额并做相应的减值处理。

3. 海外电解铝业务扩张：马来西亚砂拉越 33 万吨的电解铝厂项目

2010 年 2 月 9 日，中铝公司和马来西亚 GIIG 控股有限公司在马来西亚首都吉隆坡就组建合资公司签署框架协议，计划投资 10 亿美元，在马来西亚砂拉越州建设年产能 33 万吨的电解铝厂。马来西亚总理纳吉布，前总理马哈蒂尔，联邦政府能源水利部部长陈华贵，砂拉越州首席部长特别代表、砂拉越州计划与资源部部长艾马尔，中国驻马来西亚大使刘健，中铝公司副总经理张程忠以及马来西亚政府官员和工商界人士出席了签字仪式。中铝公司授权代表赵振刚和 GIIG 控股有限公司董事沙瑞尔·沙里夫先生分别在合资框架协议上签字。

中铝公司副总经理张程忠表示，中铝公司此次与 GIIG 合作在马来西亚砂拉越州建设电解铝厂，在加强国际合作方面又迈出了坚实的一步。该项目的实施，将充分发挥中国铝业在技术、管理和市场方面的优势，利用当地丰富的能源，促进砂拉越经济发展。同时，也为中国铝业在更广阔领域参与马来西亚矿产资源和有色金属开发建设打下了坚实的基础。目前，双方拟合资建设的亚洲铝厂有限责任公司已获得马来西亚国际贸易和工业部的许可证，正在与砂拉越州电力部门就电力供应的具体问题展开商谈，为正式组建合资公司奠定基础。亚洲铝厂项目，将由中国铝业公司提供具有自主知识产权的大型预焙阳极电解槽及其配套技术，并以总承包模式参与该项目的建设。

4. 海外电解铝业务扩张：沙特阿拉伯 100 万吨的电解铝厂项目

2007 年 11 月，中铝公司与马来西亚基建及能源集团 MMC 公司、沙特 SBG 集团公司签署协议，将斥资 30 亿美元合资在沙特阿拉伯建设一座年产 100 万吨的电解铝厂。

该电解铝厂将建在沙特阿拉伯的吉赞经济城（Jazan Economic City），预计年生产能力将达 100 万吨左右。在签字仪式上，沙特投资总署向三方颁发了项目许可。中铝公司将持有该冶炼厂开发企业 Sino – Saudi Jazan Aluminum Ltd. 40% 的股份，马来西亚基建及能源集团 MMC 公司将持股 20%，其余 40% 的股份将由包括 SBG 在内的沙特阿拉伯某集团所有。中铝公司将投资 12 亿美元，控股 40%。项目将采用中国技术、设备，由中铝公司分三期建设。建成后的生产管理由中铝公司承担，中铝公司将为该厂供应氧化铝，产品也将部分返销中国。

2006 年 11 月，马来西亚 MMC 公司与合资伙伴 Saudi Binladin Group 赢得了一项价值 300 亿美元的 30 年期合同，共同开发和管理占地 117 平方公里的吉赞经济城；两家公司各占一半权益。吉赞经济城位于沙特阿拉伯吉达以南 725 公里。此次合资建设的电解铝厂项目，也属于该长期合同的一部分。MMC 公司透露，还计划在该地建设一个预计发电能力为 1860 兆瓦的发电厂，以满足冶炼厂的能源需求。预计发电厂建设成本为 20 亿美元。冶炼厂和发电厂定于 2008 年下半年开工建设，并于 2012 年完工。

高油价使沙特阿拉伯和波斯湾地区其他国家获益颇丰，这些国家将这些资金用于推动一系列工业项目的建设，以促进经济多元化，同时创造更多的就业机会，满足人口迅速增长的需要。而为了满足不断增长的全球性需求，特别是中国的需求，铝生产商也需要扩张生产能力。

中铝公司之所以选择在沙特西部红海城市吉赞参与电解铝厂项目的建设，一是看中了吉赞港良好的地理位置、便利的交通条件；二是充分利用吉赞经济城优越的投资政策；三是沙特政府保证将提供优惠的能源供应。该项目是中国铝业"走出去"的又一举措，也是中资企业目前在沙特最大的投资。公司未来的工作重点主要放在氧化铝上游资源铝土矿在海外的资源获取上。而业内人士认为，中国铝业此前在海外资源开发的重点在氧化铝，目前所拥有的资源储量已相当可观，此次与国外企业在海外建设电解铝厂，可以将海外的氧化铝资源进行有效配置，同时避开国内电解铝行业日趋激烈的竞争。

5. 海外铁矿扩张：再度联手力拓

2010 年 3 月 19 日，中铝公司宣布，将与国际矿业巨头力拓矿业集团成立合资公司，双方已就位于几内亚的世界级铁矿西芒杜项目签署了非约束性合作谅解备忘录。西芒杜项目涉及对位于西非几内亚的世界级大型优质露天铁矿的开发和运营。力拓通过项目公司对西芒杜项目的可行性评估投入了可观的时间和成本；已正式公布的西芒杜项目基于 JORC 标准被证实及推断的铁矿石资源量总计为大约 22.5 亿吨，铁矿石的品位预计为 66% ~67%。预计该项目首期达产后，铁矿石产能将不低于 7000 万吨/年。

2010 年 7 月 29 日，中国铝业与力拓、力拓大西洋（力拓之联属公司）签署了开发和运营位于西非几内亚境内的西芒杜项目。根据联合开发协议，中国铝业将在未来 3~5 年内逐步分批收购合资公司共 47% 的股权。合资公司将持有西芒杜项目公司 95% 的股权，剩余的 5% 的股权由国际金融公司持有。中铝将投资 13.5 亿美元，获得该合资企业 47% 的股份，实际拥有西芒杜项目 44.65% 的权益。中铝公司副总经理吕有清介绍，中铝公司与力拓将各自向合资公司董事会委派 3 名董事，力拓负责项目运营，中铝公司派员参与管理。中铝将视需要引入铁路、港口、钢铁企业和金融机构等中方联合体成员，共同参与该项目的建设和开发。

该协议还设了一项条款，即几内亚政府有权行使选择权，即购买项目公司最高达 20% 的股本。按照新的协议，若几内亚方面全面行权，且力拓、中铝公司和国际金融公司维持在合资公司、项目公司所持持股比例，则中铝公司在西芒杜项目的持股比例由原来的 45% 降至最终的 30%。和解协议还提到，力拓与几内亚政府就西芒杜项目的税收及特许费用安排以及铁路线建设计划达成协议。

分析人士指出，力拓是在遇到资金问题和非洲国家政局不稳定所带来的风险难以掌控情况下，想到中国和非洲国家关系不错，把西芒杜铁矿这只烫手的山芋交给中铝公司来打理的。几内亚政府曾要求力拓在一周内撤走在当地的矿山设备，否则将暂停其经营活动，并指控力拓从事颠覆活动，扰乱几内亚治安，力拓抗议几内亚政府剥夺其铁矿项目开采许可权的决定。

2011 年 4 月 27 日，矿业巨擘力拓通过旗下子公司 Simfer S. A.（以下简称"Simfer"）与几内亚政府签署了一项《最终协议》。力拓称，该协议的签署为力拓获得在几内亚的采矿权提供了保障，也为该项目于 2015 年年中实现投产铺平了道路。至此，中铝公司和力拓在西非国家几内亚境内的西芒杜铁矿石项目上的合作在等待了近 9 个月之后终见曙光。据力拓介绍，此次签署的协议涵盖西芒杜矿区南部的 3 号和 4 号区块的采矿权，即力拓所指的在几内亚拥有的有待开采的铁矿石资源的区域。根据力拓的计划，希望西芒杜项目在 2014 年底前投产，2015 年年中前开始铁矿石发货。而西芒杜项目首期达产后，铁矿石产能预计达到 7000 万吨/年，并优先供应中国市场。

此次《最终协议》的签署，扫除了中铝和力拓的合作障碍。力拓称，《最终协议》的条款不会因为几内亚政府目前或将来修改《采矿法》出现的变化而受到影响。根据协议，几内亚政府将有权持有该项目最多 35% 的权益，其中 15% 的权益无偿获得。几内亚政府计划设立一家国有采矿公司来持有其在该项目中的权益。接下来，力拓计划总投入 100 多亿美元用于矿山和相关的基础设施建设。而中铝公司也将通过陆续注资的方式全面展开与力拓在西芒杜铁矿项目上的合作。若几内亚政府行使选择权，将使中铝公司在该项目的持股比例由原来的 45% 降至最终的 30%。

6. 海外铜业拓展：拭目以待

在收购力拓的行动中，中铝公司彰显了获得铁矿石资源的意图。中铝公司还力争在境外获取比较多的铜资源。根据这样的目标，中铝公司与南美南部、非洲的铜矿带国家，以及蒙古等国都在进行接触。国务院国资委在北京召开了"中国铝业公司调整专家论证会"。专家们达成共识：国家需要铜，市场缺少铜，中铝公司完全具备整合国内铜业、又好又快发展铜业的优势条件，应尽快将铜列为中铝公司的主业之一，将中铝公司建设成为具有强大国际竞争力的大型综合性有色金属矿业跨国公司。

中铝公司 2007 年 8 月成功收购了加拿大秘鲁铜业公司的核心资产特罗莫克（Toromocho）铜矿项目。该项目拥有铜当量金属资源量约 1200 万吨，是全球拟开发建设的特大型铜矿之一，其铜资源量约占我国国内铜资源总量的 19%；该铜矿建设规模为年产铜精矿 90 万 ~ 100 万吨（含铜金属量 20 万 ~ 25 万吨），相当于我国矿产铜年产量的 1/4，按此规模可运营 36 年以上。该项目建设总投资达 20 亿 ~ 25 亿美元，将成为我国对秘鲁最大的矿业投资项目。

2010 年 12 月，中铝公司秘鲁特罗莫克（Toromocho）铜矿项目通过了环境与社会影响评价报告，标志着该项目进程再次取得突破性进展，项目主体建设开工在即。通过环评报告后，下一步的主要工作将逐步转移到现场施工的组织和管理，加快推动项目主体的建设，并有条不紊地推进落实其他专项辅助工程，如石灰石矿、供电、新镇建设、码头建设等。到 2012 年形成年产 100 万吨铜精矿的产能，产品全部销往中国。虽然矿山建设尚未启动，中国铝业公司已投入约 4000 万美元用于污水处理厂的设计、施工和建设，长期地、根本性地解决当地矿区 70 年来的水污染问题。

补充资料：五矿集团收购 OZ 的成功案例

与中铝同为中央企业的矿业龙头——中国五矿集团，当之无愧是中铝最大的竞争对手。在海外扩张的这轮 PK 中，五矿集团收购澳大利亚 OZ 矿业公司的成功与中铝注资力拓的失利相比，显然更胜一筹。

金融危机导致海外资产价值缩水，为中国企业海外并购提供了机遇。金融危机直接导致国外公司资产价格的大幅下降，从而引发全球经济衰退，并造成对资源、能源产品的需求下降，因而促使相关的资源、能源产品的价格也随之大幅下跌。这为以金融并购和资源、能源并购为主的中国企业提供了良好机遇。同时，中国巨额外汇储备也为国内企业海外并购提供了资金支持。

在这一背景下，五矿集团很好地把握了时机，成功进行了海外并购，开始了其国际化经营之路，这次并购案也成为了近年来我国国有公司成功收购国外矿业资产最大最为成功的案例。

1. 五矿集团与 OZ 的基本情况

五矿集团成立于 1950 年，是以金属、矿产品的开发、生产、贸易和综合服务为主，兼营金融、房地产、物流业务，进行全球化经营的大型企业集团。1992 年，公司被国务院确定为全国首批 55 家企业集团试点和 7 家国有资产授权经营单位之一。1999 年，被列入由中央管理的 44 家国有重要骨干企业。2010 年，在世界企业排名第 332 位。

OZ 是澳大利亚大型矿业集团之一，总部位于墨尔本，是澳大利亚第三大多金属矿业公司，拥有世界第二大露天锌矿等多种资源。其在澳大利亚昆士兰的锌矿每年产量就在 50 万吨左右，是全球第二大锌生产商。公司生产锌、铜、铅、黄金、银还有少部分的镍，公司在澳大利亚、亚洲和北美都有发展项目。由于无力偿还近 5.6 亿澳元的债务，OZ 矿业在 2008 年下半年陷入债务危机，并自 2008 年 11 月 28 日起停盘。

2. 收购过程及结果

五矿集团成功收购 OZ 过程中的重要事件如表 4 所示。

表4　五矿集团收购OZ的重要事件列表

时间（2009年）	事件
2月16日	五矿集团通过旗下的五矿有色金属股份有限公司宣布，以26亿澳元现金收购OZ100%的股权
3月27日	澳大利亚财政部以OZ公司的Prominent Hill铜金矿资产位于南澳大利亚伍默拉军事禁区为由，否决了五矿集团全面收购OZ公司的方案
4月14日	五矿集团放弃全资收购澳大利亚矿业公司OZ并修改收购协议，其中不包括OZ旗下的Prominent Hill铜金矿，收购金额也缩减到了12亿美元
6月11日	股东投票通过了OZ矿业公司以13.86亿美元的对价向中国五矿集团出售铜、铅、锌和镍矿资产，以及其他处于勘探和开发阶段的资产
6月18日	由中国五矿集团公司旗下的五矿有色金属股份有限公司全资拥有的MMG公司在澳大利亚墨尔本OZ矿业公司总部宣告成立，这标志着中国五矿集团收购澳大利亚OZ矿业公司部分资产的交割最终完成

3. 成功经验

（1）合理的战略结构，强大的企业实力。首先，五矿集团是内外贸易结合、贸易和实业结合，外贸占20%，内贸占40%，其余为实体经济，这样的战略结构使其有迅速的市场判断和较强的整合能力。其次，公司拥有煤炭、焦炭等政策性专营产品的出口权和"专项"铜的统一进口代理权；且其钢材进出口居全国前列；焦炭、煤炭、铁合金等原材料，钨、锑等金属出口均居全国前列。最后，黑色金属产业链基本形成，公司完成向"资源开发+生产+贸易"的一体化综合钢铁服务商的转型，业务的稳定性和抗风险能力有所提高。

（2）充足的财务支持，完善的收购准备。中国企业海外并购失败，大部分原因在于没有在并购前对自身的财力、物力、技术、人才等实力进行相关的调整和准备。五矿集团在收购OZ矿业时，做了充分的事前准备。五矿集团的对手是澳大利亚本土投资机构RFC公司、加拿大皇家银行以及麦格理集团。虽然它们名气很大，但是，这两个提案分别在股东大会前数日遭否决，原因是无法保证在6月底前偿还OZ矿业的债务。而五矿集团提出的"股权收购+偿债"的"一揽子"解决方案是最有建设性的意见。同时，五矿集团在股东大会召开前两个小时同意将交易金额再调高15%，技术上为其锁定最后的成功加重了砝码。

（3）处理好与东道国政府的关系。由于央企身份，容易引起东道国对市场活动背后中国政治意图的警惕。因此，面对澳大利亚政府的政治阻挠时，企业会显得势单力薄，缺乏发言权和议价能力。因为任何央企绝不可能与一个国家实体抗衡，而收购为东道国带来的经济效益也无法与国家战略意义相提并论。这一问题是央企在海外并购中的固有劣势。

然而，五矿集团在并购案中很好地化解了这一矛盾。中国五矿集团公司总裁周中枢表示："这是一个多赢的交易，中国五矿在发展自身业务的同时，也将为澳大利亚的就业、税收及当地经济发展做出积极的贡献。我们会践行对澳大利亚财政部做出的交易承诺，并为加强中澳两国双边经贸关系做出积极努力。"

通过这次成功的收购，为国有公司今后在海外并购提供了很多可资借鉴的经验。专家将此次交易的成功视为"一个标志性的时刻"。

李宁公司的国际化困境

范黎波*

进入 21 世纪以来，世界体育产业迅速崛起，从一个只能依靠国家财政支持才能维系生存的边缘产业，发展到今天的完全商业化、市场化，促进国家经济发展的支柱产业，被誉为永远的朝阳产业。体育产业已然成为西方发达国家国民经济中不可或缺的一部分。

中国的体育用品行业从 20 世纪中期开始发展，经过数十年的不断探索与提升，基本从单一的国营企业形式发展到现在的"国家、集体、外资、个体"等各类形式的企业模式。中国本土的体育用品公司已经从开始简单的代加工业务，走上了今天依靠自有品牌文化、健全的产品体系和产业链模式经营的健康、快速的发展道路。

随着我国加入世界贸易组织，体育用品行业逐渐成为了完全开放的市场。中国市场俨然成为了国际市场的重要部分。越来越多的世界品牌不再仅仅将中国视为劳动力输出国，而是将其看作市场角力的主战场。行业竞争的加剧促使本土体育用品企业纷纷实行国际化战略，"走出去"的压力日渐紧迫。

本文通过描述国内著名的体育用品公司——李宁公司的国际化历程，分析中国市场体育用品行业竞争格局，指出李宁公司在国际化浪潮中的战略转向原因以及面临的困境。本文希望通过对该企业国际化战略的深入剖析，探索解决问题的新路径，能够对行业内相关企业提供参考和借鉴，对于当前我国体育用品企业完成企业转型、提升品牌形象并走向国际市场，有较强的现实意义。

一、公司的背景资料

李宁公司成立于 1985 年，是中国第一家本土体育用品公司。自 1994 年以

---

* 范黎波：对外经济贸易大学国际商学院。

来，李宁品牌一直保持中国体育用品市场的最大份额。2002 年，耐克公司把李宁列为全球 10 大竞争对手、中国市场的第一竞争对手。至此，李宁开始在国际品牌和本土品牌的竞争夹缝中艰难前行。2003 年，耐克首次超过李宁，2004 年，又被阿迪达斯甩在身后。2009 年李宁再次超过阿迪达斯。

李宁公司品牌的发展相当迅速。目前旗下拥有品牌包括知名的李宁品牌、超过 160 年历史的法国顶级户外品牌——艾高 AIGLE、国际领先的乒羽品牌——红双喜以及倡导"快时尚"的大卖场品牌——ZDO 新动。在 2009 年 7 月，李宁公司以 1.65 亿元收购羽毛球品牌凯胜，加速发展羽毛球项目。品牌中最重要的国际知名的李宁品牌，产品已由单一的运动服装发展成为多系列的运动服装和运动鞋（如篮球、羽毛球、跑步足球、网球、健身系列等），运动配饰及运动生活产品等。

在李宁公司的积极发展下，产品的专业化属性也在逐步提升。2002 年，李宁与杜邦公司（现英威达公司）建立合作，开始广泛应用莱卡面料。2004 年 2 月，第一款专业足球鞋"Tie"问世。2004 年 8 月，李宁公司与美国 EXETER 研发公司 Ned Frederick 博士合作，共同致力于李宁运动鞋核心技术的研发，9 月，第一款专业篮球鞋 FREEJUMPER 问世。2006 年 9 月，李宁公司国内首先推出鞋产品科技平台——"李宁弓"减震技术。

在长期竞争过程中，与本土主要竞争对手福建晋江品牌相比，李宁公司不具备产业集群的竞争优势，而集群带来的是成本降低以及资源配置优化。与跨国公司相比，耐克、阿迪达斯已经将它们的强势延伸到李宁最重要的二三线阵地。李宁公司有些腹背受敌了

2008 年美国金融危机发生以来，许多公司进入挣扎时期，然而比众多公司更挣扎的是李宁公司：市场定位错误、品牌重塑失败、销售下滑、库存积压、高管离职、利润陡降等困境让李宁公司有些应接不暇。从行业现状看，似乎也看不到什么希望。2012 年上半年，李宁、安踏、361°、特步等 42 家上市服装企业存货总量是 483 亿元人民币，按它们的市场销量，足够这些企业在市场销售三年，产品大大剩余了。现实总是残酷的。与努力方向清晰的挣扎公司相比，李宁公司的挣扎似乎很难"找到北"。

李宁公司成立于 1985 年，是中国第一家本土体育用品品牌公司。

1993 年，李宁公司实现盈利。

1997 年，李宁把公司交给陈义红打理，开始"隐退"。

2001 年，36 岁的张志勇出任北京李宁有限公司总经理。

2003 年，李宁在中国保持了 9 年的领先位置被耐克和阿迪达斯先后超越。

2004 年 6 月，李宁公司在香港联交所挂牌上市。

2008 年 8 月，"体操王子"李宁作为北京奥运会火炬手点燃奥运会主火炬。

2009 年，大力推进国际化战略并在新加坡、中国香港开设李宁牌羽毛球产品专卖店。

2009 年，李宁公司实现了一个梦想般的目标：在中国市场销售额超过阿迪达斯，距另一个世界级巨头耐克也仅有一步之遥。

2010 年，李宁公司推出品牌重塑计划，不仅启用了新的品牌标识，沿用多年的品牌口号也从"一切皆有可能"变为"让改变发生"。但一切改变得并不顺利。2010 年底危机开始显现：以前一直以 20%～30%速度上涨的订货额突然滞涨转跌，这导致 2010 年 12 月 20～21 日，李宁公司的股价暴跌超过 20%，市值蒸发超过 45 亿港元。

2012 年 1 月，机构投资者 TPG 及 GIC 认购了李宁集团发行的可换股债券。其中，TPG 认购 5.61 亿元，GIC 认购 1.89 亿元。

2012 年 7 月，李宁公司宣布张志勇退任行政总裁，不再担任董事会执行委员会委员。公司业务则由创始人、执行主席兼执行董事李宁、执行副主席兼执行董事金珍君暂时接管。

李宁公司上市以来的业绩趋势如图 1 所示。

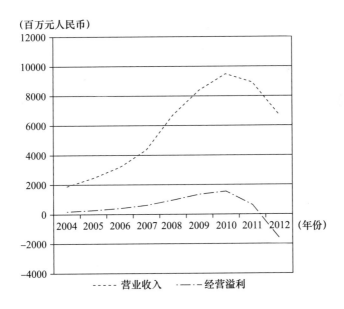

图 1 李宁公司上市以来业绩趋势

二、具体案例的描述

1. 中国体育用品行业

体育用品是指运用于体育活动并能满足使用者需求的一种特殊生活消费品的总称。随着我国国民经济的持续稳定增长以及进一步积极开拓国际市场，体育用品的出口也取得了迅猛发展，但是应该看到，我国体育用品业带有传统产业的劳动密集型、处于价值链低端、加工贸易占绝大部分等诸多特征，其出口贸易存在着一些亟须解决的问题。

中国体育用品拥有全球 65% 以上的体育用品生产份额，已成为全球最大的体育用品生产制造基地，可以说是世界上最大的体育用品生产和出口的国家，但 10 年来情况已经发生了很大的变化。2002～2004 年，由于美元的贬值，造成人民币的被动贬值，促使我国体育用品出口出现了大幅度的增长，年均增速为 20% 以上，从 2005 年至 2011 年，由于人民币兑美元的升值速度加快，我国体育用品出口增长速度大大减缓，出口贸易额呈萎缩的态势。特别是金融危机爆发以来，我国体育用品企业出口订单大幅下滑，利润缩水，导致几千家中小体育用品企业破产，同时也致使 2008 年的增长率是近 7 年来我国体育用品出口增速最低的一年。随着经济的复苏，体育用品产业逐渐回暖，根据海关统计，2010 年我国体育用品类产品出口数量为 50.76 亿（个、千克），同比增长 26.97%；出口金额为 106.76 亿美元，同比增长 24.69%。由于体育用品 2009 年出口下降幅度较大，2010 年出口额与 2008 年相比增长 10.98%，呈现恢复性增长的态势。中国体育用品 2002～2012 年出口趋势如图 2 所示。

随着我国加入世界贸易组织，体育用品行业逐渐成为了完全开放的市场。中国市场俨然成为了国际市场的重要部分。越来越多的世界品牌不再仅仅将中国视为劳动力输出国，而是将其看作市场角力的主战场。

奥运热潮之后，由于对形势的错误判断，体育用品行业产能全面过剩，库存严重积压，出现了关店潮（见图 3），体育用品销售的终端渠道点的数量在 2012 年减少 10.27%。2010 年体育服饰行业收入/净利润增速大幅下滑，出现负增长，其中，李宁品牌销售额从 2010 年的 95 亿元下降到 2011 年的 89 亿元，净利润同比大幅下降 65.2%，出现首次负增长。六大体土体育用品品牌（李宁、中国动向、安踏、特步、匹克、361°）的市场份额在 2012 年之后逐步下降，其中，李宁从 2010 年的 9.7% 下降至 2013 年的 5.1%。

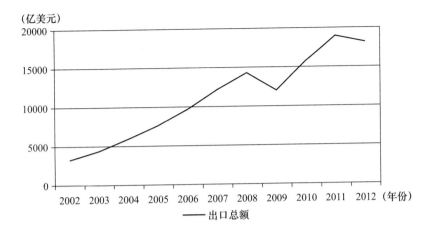

图2　中国体育用品2002~2012年出口趋势

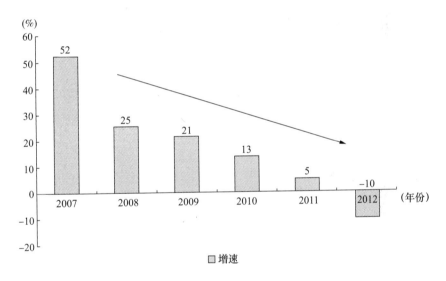

图3　2007~2012年体育用品门店扩张减速与2012年的关店潮

2. 李宁的并购历程

（1）收购KAPPA在大陆的代理权。2002年2月，李宁公司与KAPPA品牌实际拥有人、意大利BasicNet集团签订特许权协议，在中国内地独家经销KAP-PA牌产品及相关产品技术，代理期限为5年。具体的代理运营由李宁公司的子公司——北京动向来运作。此时陈义红主管北京动向，负责KAPPA品牌的运营。2005年7月，李宁公司将北京动向的股权全部转让给了陈义红的私人公司——上海泰坦（附带拥有的KAPPA品牌独家代理权）。通过这次交易，陈义红成为北京动向的绝对大股东。2005 年末，KAPPA 品牌母公司 BasicNet 集团现金流状况不佳，中国动向（北京动向股权转让后的更名简称）趁机以 3500 万美元的代价买断 KAPPA 在中国内地及澳门地区的品牌所有权和永久经营权。为解决资金不足，陈义红进行资本运作，摩根士丹利作为战略投资者向中国动向提供了 3800 万美元资本金，并获得 20% 公司股权。中国动向由此步入上市坦途。最终，年轻的中国动向在股市上的表现，也许会让老牌的李宁公司感慨错失了 KAPPA 这条"大鱼"，为自己增加了一个强劲的竞争对手。

（2）并购红双喜。2007 年 11 月 15 日晚间，李宁公司发布公告称，通过其间接全资附属公司上海悦奥体育用品有限公司，以总价约 3.05 亿元人民币（约合 3.2 亿港元）收购上海红双喜股份有限公司共 57.5% 股权，该公司拥有著名乒乓球品牌"红双喜"。悦奥此次共收购了四家企业持有的红双喜股份，分别是冠都实业有限公司（17.5%）、上海科成企业发展有限公司（10%）、上海元珲实业投资有限公司（20%）、上海双晟置业有限公司（10%）。收购完成后，红双喜公司将成为李宁公司间接非全资附属公司。而另外 42.5% 的股份则由另外两名股东持有。

根据中国会计准则，红双喜公司于 2005 年及 2006 年 12 月底的税前盈利分别为 2210 万元及 3848.3 万元，同期税后盈利分别为 1884.2 万元和 2505.2 万元。红双喜公司于 2006 年资产净值为 1.34 亿元。此次收购价超出净资产 3 倍多，李宁公司方面表示，除了净资产外，还考虑到"红双喜"品牌的价值和商誉。李宁公司的分支正在扩大，但在李宁公司的收入构成中，依然是李宁品牌一家独大，占比在九成以上，因此，做大像红双喜这样的第二大品牌已成为李宁公司和红双喜公司的当务之急。

在李宁公司入股成为大股东后，上海老牌乒乓球器材生产企业红双喜公司尝试融入李宁遍布全国的近 7000 家零售门店，并欲借助李宁公司的研发力量，开发乒乓球鞋、服装产品，突破规模瓶颈。

（3）收购意大利运动品牌乐途（Lotto）在中国大陆 20 年品牌代理权。2008 年 7 月，李宁公司与意大利运动品牌乐途签署协议，以不低于 10 亿港元的价格，获得该品牌在中国为期 20 年的独家特许权。

乐途是个有专业运动色彩的品牌，1970 年起源于意大利，一直在足球领域占据重要地位，其技术含量、品牌影响和资金实力等，特别是在欧洲不逊于其他品牌。乐途拥有的形象代言人皮埃罗、科瓦切维奇、阿加西等在中国都具有很大的影响力。

乐途同意根据特许协议，授予李宁公司在中国就特许产品的开发、制造、营销、宣传、推广、分销及销售使用乐途商标的独家特许权，特许权有效期为 2008

年 7 月 31 日至 2028 年 12 月 31 日。乐途已经在中国内地开展业务，设有乐途（南京）、乐途（上海）两家公司，其中，乐途（南京）主要在中国从事附有乐途商标的产品设计、研发、采购、分销及营销，乐途（上海）主要在中国从事附有乐途商标的产品零售。

除了独家特许权，李宁公司还将以不超过 2500 万元的价格，收购乐途（南京）、乐途（上海）两家公司的资产、存货及物业的商誉，由此，李宁公司可以获得一些零售网点（在北京及上海的百货商店内，乐途占用 18 个销售专柜）。

此次交易完成后，李宁公司除了自身品牌及 AIGLE 品牌（户外体育运动产品），旗下又增加了一个国际品牌。

（4）并购凯胜。2009 年 7 月 6 日，李宁公司正式对外宣布，收购了一家羽毛球器材制造商的全部股份，涉及金额 1.65 亿元，这是继 2007 年，李宁公司以 3.05 亿元收购著名乒乓球品牌"红双喜"合计 57.5% 股权后的又一大手笔。收购金额约为 1.65 亿元，采用现金收购方式，全资收购，100% 控股。被收购对象是石狮凯胜体育用品有限公司（该公司创办于 1991 年，总部位于福建，主要从事羽毛球拍、羽线、球鞋、运动服装的生产）。该公司主页上显示，凯胜体育在福建和广东两地设有生产基地，厂房面积达 15000 平方米。销售网络遍及国内各大城市，以及东南亚、欧洲等地。凯胜品牌是目前中国羽毛球器材市场的三大品牌之一。李宁公司宣布收购凯胜体育用品公司，是公司向细分体育领域进行垂直渗透的又一力作。凯胜体育在业内拥有成熟的品牌和丰富的资源，这次收购增强了李宁公司的研发和生产能力。进入羽毛球体育用品领域可使李宁公司的业务差异化更为突出。与 Yonex 和胜利等专业羽毛球品牌相比，李宁公司的分销优势为公司提供了快速扩张和市场整合的基础；而公司的产品差异化亦避免了其与耐克、阿迪达斯和安踏等其他运动服品牌的直接竞争。李宁公司和凯胜可在研发、分销网络、促销资源等方面产生协同效应。同时，两者具有互补性的定位也可吸引不同的客户群体。

3. 李宁公司的国际化

从 1992 年巴塞罗那奥运会开始，每届奥运会上李宁公司都会赞助国内体育代表团。通过奥运平台，李宁公司将自己的主力品牌推向了世界舞台。1999 年，李宁公司成立国际贸易部，以发展海外经销商。由此开始了李宁公司的首次国际化尝试，为此他们在塞纳河边拍摄了经典的体操主题广告，并请来了韩国设计师设计服装、意大利和法国设计师设计鞋。当年 8 月，组团参加在德国慕尼黑举办的 ISPO 体育用品博览会，除了树立国际品牌形象，主要目的之一是与海外经销商接触，以便征战欧洲市场。同年李宁公司在西班牙桑坦德开设了第一家海外旗舰店。2000 年，"李宁"已在西班牙、希腊、法国等 9 个欧洲国家拓展了自己的特许经销商。

2001 年，公司开始尝试赞助国外体育队伍。在当年 11 月举行的世界体操锦标赛上，除了中国代表团外，李宁公司还赞助了法国、西班牙等代表团。此外，李宁公司在各大赛事上赞助的国家还有意大利、捷克等，涵盖了足球、篮球、体操等运动项目。

这些赞助显然带动了李宁公司的最终目标：市场国际化。李宁公司在海外开辟了特许经销商制度，"李宁"牌开始打入国际市场。

2003 年，李宁公司在国内行业老大的位置已经被耐克取代，而阿迪达斯也虎视眈眈。激烈的市场竞争，让李宁公司不得不反思自己的国际化战略。提出了李宁的国际化分两步走：第一步是品牌国际化，第二步才是市场国际化。品牌国际化所用的时间其实很长，因为李宁公司在最开始的时候有两个举措：一是在国外招聘和建立自己的研发中心和设计团队，二是聘用国际上著名的广告团队、创意团队，为"李宁"这个品牌服务。当然，并不是说品牌国际化和市场国际化是截然分开的，而是在进行品牌国际化的同时，可以逐步试水市场的国际化。

具体的实施路径是：①2004～2008 年，专注国内市场，打造国际品牌形象；②2009～2013 年，国际化准备阶段，专注加强国际化能力，为全面国际化打基础；③2014～2018 年为全面国际化阶段，有步骤地实现市场国际化，达到海外销售占总销售收入的 20%。

李宁品牌通过不断地调整与发展，正式以专业化和国际化姿态参与国际化竞争。2002 年，李宁品牌与美国杜邦、3M 等国际知名企业建立了稳定的合作关系，并与韩国、法国等一些企业进行多形式合作；2004 年 2 月，第一款李宁牌专业足球鞋——铁系列问世，8 月，又与西班牙篮球协会签约，成为 2004～2008 年西班牙男女篮球队指定运动装备赞助商，9 月，第一款李宁牌专业篮球鞋 Freejumper 问世；2005 年 1 月与世界顶级赛事 NBA 签约，成为 NBA 官方市场合作伙伴，3 月，李宁牌专业轻质透气跑鞋 Runfree 问世；2006 年 1 月 10 日签约 NBA 克利夫兰骑士队后卫达蒙·琼斯，3 月与国际男子职业网球选手联合会 ATP 签约，成为 ATP 官方市场合作伙伴，4 月与越南足球协会签约，在未来 3 年内为越南国家男女足球队以及越南国家 U23 男子足球队提供装备，8 月又与赢过 4 枚 NBA 总冠军戒指的沙奎尔·奥尼尔签约。2007 年 4 月，李宁公司在荷兰南部城市马斯特里赫特又开设了一家专卖店，这是李宁公司在荷兰的第一家店。

2007 年，李宁一举拿下西班牙奥委会，西班牙篮球队也曾穿过李宁公司赞助的服装登上世锦赛最高领奖台。

2008 年，奥运会在北京召开，虽然赞助金额不敌阿迪达斯而失去北京奥运会官方赞助商的资格，但李宁手擎火炬在空中奔跑并点燃奥运会主火炬的形象，就似在全世界数十亿观众面前播放了一条史无前例的超值广告。尽管一次促销未必能成就一个国际品牌，但除北京奥运外，中国运动品牌至少在 10 年或 20 年之内，再也遇不到这样国际化的历史机遇。而接下来李宁公司的一系列措施，无不围绕 2008 年展开。

更加精彩的是，在举世瞩目的 2008 年奥运会男篮决赛上，美国梦八队和第 15 届世锦赛卫冕冠军西班牙男篮进行了精彩的对决，随着西班牙男篮队员球衣上的醒目标志——"李宁"牌出现在更多消费者视线里，赞助商李宁公司也随之成为关注焦点。西班牙队最后登上了奥运会男篮亚军之位，而季军阿根廷队队员，同样身穿"李宁"牌球衣进行了整个奥运比赛。这场比赛被誉为中国品牌的一次成功的四两拨千斤的营销战术，也是中国企业进行的体育营销中国际影响力最为广泛的一次。

2008 年北京奥运会确实缩短了国内运动品牌和国际大品牌的差距，但品牌的细分和纵深发展对本土品牌来说还是个"瓶颈"。显然，李宁公司不能在大球项目上跟耐克、阿迪达斯抗衡，只有在小球项目上突破——李宁公司选择了羽毛球，2009 年早些时候顺利签约赞助中国羽毛球队并于 4 月跟随"苏迪曼杯"和中国羽毛球队亮相，李宁公司在羽毛球上开始发力：同年 6 月底以 1.65 亿元收购凯胜（Kason）品牌羽毛球拍、运动服装及运动配件等业务；7 月 21 日，李宁公司在新加坡新近落成的 ION Orchard 商场开设了新加坡首家旗舰店，占地 1497 平方米。李宁公司的羽毛球系列产品高调进入市场，也标志着李宁公司在东南亚市场上的征程开始。羽毛球是东南亚及新加坡最受欢迎、最普及和最有影响力的运动之一，也是新加坡最受欢迎的五大运动之一，其普及和受热衷程度可媲美美国人对待篮球和英国人对待足球。实际上，东南亚是全球羽毛球运动的最大市场之一。以前进军欧洲市场，李宁公司主要是通过经销商的方式。这次进军东南亚市场，李宁公司在新加坡注册了一个控股公司，通过这个公司来打开东南亚市场。李宁公司 2009 年在东南亚地区开设最多达 100 家相关门店。这些门店将设立在新加坡、马来西亚、印度尼西亚等东南亚国家及地区，并且都是以羽毛球运动为主要诉求的产品。

然而，李宁公司的国际化发展并没有预想中那样顺利。李宁公司的海外占比一直在 3% 以下徘徊。这对李宁公司来说，是远远不够的。目前尚处于国际化的初级阶段。

李宁公司 2005～2012 年国际市场收入情况如图 4 所示。

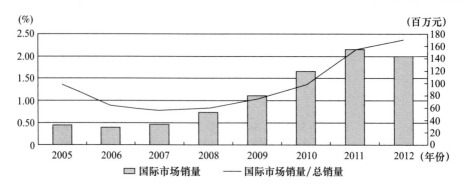

图4 李宁公司 2005~2012 年国际市场收入情况

4. 李宁公司国际化历程简介

（1）创业初期（1990~1992年）。1990年，奥运冠军李宁在退役之后得到健力宝创始人的帮助，于广东三水创立"李宁"品牌。因李宁的明星效应以及奥运领奖服的事件营销，在国内尚无竞争对手的李宁品牌在创立初期就大获成功。

（2）国内发展阶段（1993~1996年）。1993年，李宁公司在国内推行了特许专卖店的销售渠道，此后的3年，李宁公司的销售收入以每年超过一倍的速度增长，1996年达到6.7亿元。就在这一年，李宁公司总部由广东迁往北京。李宁公司通过广泛的体育赞助，确立了自己中国体育用品老大的江湖地位。

（3）战略调整阶段（1997~1998年）。因亚洲金融危机的影响，李宁公司在1997年的业绩出现了滞涨。为了改变这个局面，李宁公司着手自建分销网络。1998年，李宁公司将研发提升到了重要位置：在广东建立了亚洲一流的设计中心。此外，李宁公司积极调整产品策略应对市场变化。

（4）二次发展阶段（1999~2001年）。李宁品牌进一步改进和完善企业各方面的资源与管理系统，并把"品牌国际化"提上战略议程。1999年，李宁品牌与不同领域的顶级品牌建立战略合作，成为中国第一家实施 ERP（国际化）的体育用品企业；2000年，李宁公司在西班牙、希腊、法国、捷克、比利时、保加利亚、意大利和南美等99个国家和地区拓展了特许经销商，6月，又赞助法国体操队；2001年7月，李宁公司签约意大利及法国顶尖设计师，10月，李宁公司第一家海外形象店在西班牙桑坦德开张。李宁品牌的这一系列发展战略措施旨在增进其专业化和国际化水平，以应对中国"入世"后国内市场进一步开放，大量跨国知名品牌的入侵压力，为品牌实现国际化奠定坚实基础。

（5）品牌国际化阶段（2002年至今）。李宁公司与杜邦、3M 等跨国公司建立了合作伙伴关系。并通过一系列代言赞助和代言，扩大了自己在世界范围的品牌影响力。

李宁公司的国际化销售多年维持在 1.5% 以下，2011 年和 2012 年的情况有所增长，也仅仅在 2% ~ 2.5%。这是与李宁公司想要成为国际体育用品商的诉求不相称的。李宁公司的产品虽然范围广，但是深度严重不足，例如，美国实体门店只有一家，欧洲也比较少。主要直营门店都布局在羽毛球运动比较有优势的国家，如新加坡、马来西亚、印度尼西亚等。因此，李宁公司的国际化才刚刚起步。

李宁牌被全球所认识，是在 2004 年雅典奥运会。当年吉诺比利、斯科拉、奥伯托等一干 NBA 球星所率领的阿根廷男子篮球身着李宁提供的球衣，击败由科比领衔的美国梦之队。这让李宁牌有了被世界记住的机会。2008 年，李宁公司创始人——"体操王子"李宁，作为北京奥运会主火炬手点燃奥运火炬时，李宁牌的国际影响达到了前所未有的高度。此届奥运会上，由李宁公司赞助的欧洲劲旅西班牙男篮与由 NIKE 赞助的中国男篮的对抗，也成为了一段谈资。

5. 李宁公司的国际化模式与布局

李宁公司在国际化的过程中采取了先难后易的模式，采取的是先从发达国家入手，建立品牌知名度和美誉度。待布局完成以后，再以高姿态进入其他发展中国家。

现在李宁公司在国际化运作上面的情况分三类：第一类是欧洲模式，即出让特许经营权；第二类是东南亚模式，即自营乒乓球、羽毛球系列优势产品；第三类是美国模式，即收购海外电子商务网站进行网络销售。

李宁公司海外的第一家门店开在了西班牙的桑坦德。李宁公司在西班牙的经营方式是特许经营，而不是 OEM。包括后来在美国开店，也不是十分顺利。目前李宁公司先难后易的战略设计实际上已经失败：欧美发达国家的门店不是关张，就是举步维艰。

李宁公司首次尝试国际化源于一次经营危机。1997 年，李宁公司已经成立 8 年，此前一路凯歌，稳坐国内行业首位。而当年，受亚洲金融风暴影响，业绩大幅下滑。李宁公司就此意识到跨国公司抵抗区域性经济危机的能力较强，于是开始试水国际市场。

李宁公司在美国的布局始于 2005 年，经过多年的努力和姚明带来的"中国旋风"，NBA 开始接纳中国品牌，李宁公司成为了 NBA 官方合作伙伴。2005 年迈阿密热火队夺得总冠军后，李宁公司开始接触热队后卫达蒙·琼斯。2006 年 1 月，李宁公司签下已转投克利夫兰骑士队的琼斯，合同约定其须穿着李宁牌篮球鞋出场比赛。同年 6 月，李宁公司与奥尼尔签约，以"SHAQ"名字为标志生产李宁产品但只能在大中华地区销售。2008 年，李宁公司在波特兰设立研发中心，做运动鞋测试。2010 年，李宁公司在该市珍珠区开设专卖店，销售篮球、羽毛球和中国功夫系列产品。2011 年与美国一家做电子商务的私募基金成立了李宁数码公司，李宁公司占 20% 股权。负责美国市场的销售。

李宁公司在欧洲的布局始于 1999 年。当年 8 月，李宁公司派遣员工赴德国南部城市慕尼黑 ISPO 体育用品博览会参展，并试水海外市场。2000 年，通过特许经销的方式，公司在欧洲 9 个国家开始推广品牌，布局销售渠道；2007 年又在荷兰开设专卖店，也是以同样的经营方式。为了在欧洲树立品牌形象，与此同时，李宁公司在国际赛事上不仅赞助中国队，还赞助一些欧洲国家的体育队伍，项目涉及足球、篮球、体操等，例如，2001 年 11 月的世界体操锦标赛上赞助法国、西班牙代表队，以及 2007 年篮球世锦赛上赞助西班牙队，这些举措都帮助李宁公司在欧洲赢得了消费者的眼球，树立了企业形象，逐步走向国际化。

李宁公司进军东南亚市场是在 2009 年收购以生产羽毛球拍见长的凯胜体育以后。当年，李宁公司在新加坡新设控股公司，通过这家公司，李宁公司完成了在东南亚地区 100 余家门店的布局。李宁公司通过专业化羽毛球设备销售迅速打开了局面。与此同时，李宁公司新加坡办事处、旗舰店相继成立。东南亚市场的开拓标志着李宁公司先难后易的国际化战略的调整。

6. 李宁公司的国际化战略的实施

（1）品牌形象的改变。李宁品牌 Logo 与 NIKE 有几分类似，而 Slogan 简直就是 ADIDAS 的翻版。这在国际市场上很难不与中国"山寨文化"联想到一块。为了适应国际化战略的推进，李宁公司在 20 周年庆之际果断换标，标识运用于李宁品牌的全线产品，并指导全球范围的直营店、加盟商进行门店换标工作。更换后的商标更具现代感。旧版是字母"L"，新版在延续这个感觉的基础上，更像汉字"人"，这使商标中蕴含了中国元素（见图 5）。

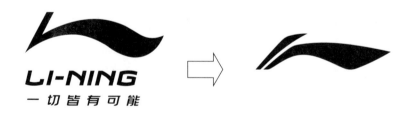

图 5　李宁公司 Logo 变化

李宁品牌以前的广告语是"Anything Is Possible"（一切皆有可能），而 ADI-DAS 为"Impossible Is Nothing"。改口号为"Make The Change"就是为了突破自我，重新体现一个敢作敢为的品牌内涵。而定位为"90 后李宁"是其做出这一改变的另一个原因。

（2）研发国际化。李宁公司的研发费用数量低于 NIKE 和 ADIDAS，这也是为何李宁公司在供应链治理成本相近的情况下，却无法获得相同市场地位的重要原因。李宁公司早在 2002 年，以运动材料为突破口，与杜邦、3M 等跨国公司建立合作关系，从基础研究领域提升产品品质和专业表现。2004 年，李宁公司与中国香港中文大学合作进行数据采集和分析，并于同年在中国香港成立了研发中心，设计服装。2008 年，李宁公司在美国设立研发机构，致力于高端技术研制，并承担样品测试的相关工作。李宁公司的主要研发技术与产品如表 1 所示。

表 1　李宁公司主要研发技术与产品

名称	特点
"气缓震"科技	加入 PU 块的缓震科技，鞋的使用寿命更长，性能不错
双密度系统	运动鞋前后脚掌的反弹效用不同
"李宁"弓	通过拱桥和拉杆相结合的独特结构对运动鞋减震
飞甲篮球鞋	外观设计像青铜器，由达蒙·琼斯推广
半坡系列篮球鞋	仰韶文化成功植入球鞋

（3）人才国际化。国家竞争的核心是人才，企业亦是如此，李宁公司在国际化的早期就意识到这个问题。2004 年，公司为了培养国际化的专业管理团队，创建"学习与发展中心"（Learing/Development Center），还提出了培养管理人才的三年计划：在 2006~2008 年，分别培养出色的经理人、行业标杆经理人及国际化经理人。李宁公司希望成为一个包容的公司，才能成长为更大规模的国际化企业，因此，多元文化在这里被倡导和营造，国际顶尖人才也会聚于此。公司从全球范围内招聘，吸引优秀的职业经理人加盟，这其中部分来自于国际知名体育用品公司，亦有高管从其他行业来到李宁公司（见表 2）。在李宁公司的中级管理层和高级管理层中，1/3 是海外人士，足见李宁公司在国际化战略目标上的决心。

表 2　李宁公司部分空降高级管理人员（2010 年）

时任职位	姓名	原公司	原行业
首席产品官	徐懋淳	NIKE	体育用品
首席财务官	钟奕祺	戴尔	计算机
品牌首席运营官	伍贤勇	宝洁	消费日用品
销售副总裁	叶学峰	雅芳	化妆品

时任职位	姓名	原公司	原行业
鞋类副总裁	吴伟国	NIKE	体育用品
创意总监	何艾伦	NIKE	体育用品
设计师	迈特·瑞克斯	华纳兄弟	电影

人才的国际化,不仅体现在广泛吸收海外管理人员,使得具有国际背景的员工比例显著增长,还在于引入人才之后,如何让他们发挥作用。在这个问题上,企业文化是关键,李宁公司努力把中国文化与国际精神相融合,帮助外籍高管迅速适应企业环境,协调内部管理,推进国际化进程。

另外,在管理人才方面,李宁公司采取了国际通用的方法,而非遵循一般中国企业的人情管理。李宁公司成立"学习与发展中心",以帮助公司培养管理人员,胜任力模型作为工具得到广泛运用;在人才测评体系上,360°问卷方式提供科学、全面的考察,帮助李宁公司了解员工,并制定员工的职业规划;在培训方面,李宁公司能够按照员工岗位的不同、级别的不同而分别对待,又旁征博引其他卓越企业的经验,积极培养国际化管理人才;针对20%的核心员工,TOP2008人才发展流程规范了人才选拔、培养、评估与晋升的过程,而其他员工还有IDP人才发展计划对他们进行考核,并结合360°考核和PDP的评估。

(4)广告国际化。广告是实施品牌战略的关键环节,体现企业战略意图和文化导向,对塑造企业形象、提升品牌知名度和传播企业文化具有重要作用。因此,品牌的国际化一定会映射在广告国际化上,这也是李宁公司所体现的。[①]

广告国际化的第一个体现在于广告语的变化上,李宁公司曾经七次改变广告语:"中国新一代的希望"(1990年),"把精彩留给自己"(1997年),"我运动我存在"(1997年),"出色,源自本色"(2000年),"运动之美,世界共享"(2001年),"一切皆有可能"(2002年)和"Make the Change"(2010年6月)。在这个过程中,尤其是最后一次广告语的推出,李宁公司品牌国际化的战略显露无遗,最后一则广告语以英文出现,又富有变革精神,表达了其走国际化道路的决心。广告国际化的第二个体现在于对体育赛事和运动队伍的赞助上,其赞助对象和比赛项目不再限于中国队和传统项目,而是贴近海外市场,拥有国际视野和胸怀。广告国际化的第三个体现在于代言人,这点非常关键,也很容易体现企业的战略意图。20多年来,担任李宁公司代言人的国内知名体育明星如李小鹏、刘亚男、张劲松、孔令辉、李铁等逐渐变为海耶斯(NBA火箭队)、奥尼尔

---

① 王欢. 中国体育用品品牌国际化的现状、对策及展望 [J]. 商业研究, 2004 (14): 144 – 178.

（NBA 热火队）、巴朗（NBA 全明星控球后卫）、伊辛巴耶娃（俄罗斯撑竿跳高女王）、柳比西奇（网球运动员）、安德烈亚斯（挪威运动员）等；从单一的中国人代言人到云集全球的体育明星，李宁公司在国际市场重塑自己的形象，即国际化的运动品牌。李宁公司国际化的赞助与代言如表 3 所示。

表 3　李宁公司国际化的赞助与代言

时间	事件
2004 年 8 月	与西班牙篮球协会签约，成为 2004～2008 年西班牙男女篮球队指定运动装备赞助商
2005 年 1 月	与世界顶级赛事 NBA 签约，成为 NBA 官方市场合作伙伴
2006 年 1 月	签约 NBA 克利夫兰骑士队后卫达蒙·琼斯
2006 年 3 月	与国际男子职业网球选手联合会 ATP 签约，成为 ATP 官方市场合作伙伴
2006 年 4 月	与越南足球协会签约，在未来 3 年内为越南国家男女足球队以及越南国家 U23 男子足球队提供装备
2006 年 8 月	与赢过 4 枚 NBA 总冠军戒指的沙主尔·奥尼尔签约
2007 年 1 月	李宁公司携手雅典奥运会男篮冠军——阿根廷男篮，成为第一个同时拥有两家世界冠军篮球队的中国品牌
2007 年 3 月	李宁公司签约瑞典奥委会，这是第一个与外国奥运代表团签约的中国品牌
2009 年 3 月	俄罗斯撑竿跳高女王伊辛巴耶娃与李宁签约
2009 年 5 月	冠名赞助苏迪曼杯世界羽毛球混合团体邀请赛
2010 年	签约被誉为"标枪王子"的挪威运动员安德烈亚斯·托希尔德森
2012 年 12 月	李宁与 NBA 球队迈阿密热火达成了合作协议
2013 年	签约 NBA 球星韦德

（5）渠道国际化。在海外不同的市场上，李宁公司采取了不同的分销策略进入。在欧洲市场，如荷兰、俄罗斯、西班牙等，李宁公司采取品牌许可的方式，具体以专卖店为主；根据李宁公司的授权，当地经销商从事销售环节，甚至囊括设计、生产、销售的所有环节，而李宁只负责贴牌和在当地的广告活动，西班牙市场就是如此。在东南亚市场如新加坡，李宁公司直接进入，采取自营的方式，自营专卖店的店员从当地招募；这种方式更加贴近消费者，离市场更近，但是不利于大规模扩张。另一个途径则是收购国外的电子商务渠道，进行网络经营；在美国市场，李宁公司与私募机构 Aquity Group 成立合资公司——李宁数码公司，负责网上商店的运营，www.li‑ning.com 是李宁公司产品在美国进行销售的主要渠道。

7. 李宁公司的国际化困境

李宁公司从 1999 年提出国际化战略，到现在也有十几年的时间，但是其品牌国际化的程度是很低的，我们不能单纯地说品牌国际化是不成功的，但至少可以肯定其中存在着许多的问题，也导致了李宁品牌近几年出现的一系列状况。先是股价大幅下跌，2010 年 12 月 20 日，李宁公司股价就因机构大幅减仓而暴跌，一日之内跌去 23%，市值蒸发近 45 亿港元。而后是创造一个订单最差纪录：2011 年第二季度订单最差纪录，订单总值按批发出货计算同比下降约 6%，订单增幅在国内运动品牌上市公司中位居末位。虽然正式提出品牌国际化战略到 2010 年已经将近 10 年，但是其海外市场收入占比仅为 1.4%（2010 年），与国际上提出的海外销售占总销售比重的 20% 的标准还有很大的差距。所以，种种迹象表明，李宁公司目前存在着很大的危机，其品牌国际化战略存在着很大的问题。

为配合其品牌国际化战略的实施，2010 年在其品牌成立 20 年之际，对外宣布，更换李宁品牌全新的 Logo 和口号，还对其目标消费群体进行了改变，定位为"90 后李宁"。李宁品牌重塑是针对内外环境变化的最好回答，但品牌重塑不是为标识、口号寻找一个简单载体，更不能把载体的极端瞬时特征作为品牌重塑的方向。两年来，"90 后李宁"大有被"90 后"幻象迷失方向的趋势，更可惜的是，讨好的不买账，买账的没讨好。而且从目前来看，此次换标并不太成功，因为自 2011 年以来，李宁产品同比销量下降了 30% 左右。李宁的品牌重塑过程，创意转换出现偏差和混乱，典型莫过于"90 后李宁"。这是重塑过程中，引发讨论、争议和混淆的一句口号。

在引进人才国际化进程中，李宁同样遇到了问题：引进人才比例过高，而且来自各行各业，相互之间很难协调配合。虽然李宁公司很早就意识到人才在品牌国际化中的重要性，也在这方面做了很大的改变，不惜花大价钱从全球知名企业聘请优秀的人才，空降到李宁公司，为李宁公司的发展注入了新鲜的活力。但是最近几年由于公司业绩下滑，出现公司高管陆续离职的局面。品牌重塑半年多以后，由于业绩不佳让 CMO（首席品牌官）方世伟、COO（首席运营官）郭建新、Lotto（乐途）事业部总经理伍贤勇等公司核心高管陆续离职。2011 年底，副总裁兼 CPO（首席产品官）徐懋淳、政府及对外公共事务部（下称"公共事务部"）总监张小岩亦获确认离职。方世伟和徐懋淳属于"空降兵"，且均为短短两年内即在李宁公司内部"连升三级"，被擢升至副总裁；郭建新、伍贤勇和张小岩倒均为李宁"旧部"，他们的离职对李宁公司的发展产生了很大的影响，也不得不认真考虑李宁公司人才管理中存在的问题。

李宁公司签下的"专业"明星运动员的表现也颇有微词。从奥尼尔、琼斯到伊辛巴耶娃，要么过气，要么缺乏影响力，希望通过明星号召力来提升品牌形象的模式始终难以奏效。李宁公司签约的运动明星与耐克、阿迪达斯签约的相比，在个人影响力、号召力等方面存在着很大的差距，对品牌的发展作用甚微。

三、问题分析与理论解释

1. 竞争格局分析

（1）理论基础。

1）资源基础理论。资源基础理论认为，企业竞争优势（以在产品市场上获得超出正常平均的收益来衡量）的源泉是企业所控制的战略性资源。它以两个假设作为前提：①企业所拥有的战略资源是异质的（所以某些企业因为拥有其他企业所缺乏的资源而获得竞争优势）；②这些资源在企业之间不能完全流动，所以异质性得以持续（竞争优势得以持续）。其基本思想是把企业看成是资源的集合体，将目标集中在资源的特性和战略要素市场上，并以此来解释企业的可持续的优势和相互间的差异。

• 战略群分析

战略群的概念是由 Hunt（1972）最早提出来的，Hunt 在对美国家用品产业的研究中，将高产业集中度的低利润率现象归因于企业追求不同战略的结果，Hunt 引入战略群作为一个分析概念，基本思路是把战略特征相似的企业划分为一个战略组。战略群是由一系列具有更多同质性的企业所组成的，彼此之间的影响较产业中的其他企业要大得多。多个企业被归为同一群组并不是因为它们是一样的，而是因为它们彼此之间具有可比性但又不同。

战略群组研究主要关注群组间的竞争以及群组与绩效的关系，认为战略群组的出现加剧了行业内的竞争，战略群组的作用大小主要取决于行业内战略群组的数量及分布、它们之间的战略距离以及市场的依赖程度。群组的数量越多，越势均力敌，它们之间的竞争就越激烈；群组之间的战略距离，即差异化程度越小，竞争越激烈；市场的依赖性，即群组的目标市场越相似，竞争越激烈。可用来定义战略群组的指标如表4所示。

表4 可以用来定义战略群的指标

可控指标	市场产品投资	价格、广告、销售费用、产品线宽度、竞争定位、产品 R&D 前向/后向整合、能力利用情况，成本结构、生产过程 R&D、资金投资及其变化率

不可控指标	政治环境 技术 宏观经济 法律或规制结构	权力制度、权力机构、政治形势、科技体制、科技水平，国内生产总值、就业水平、物价水平、利率、法律、法令及法规

2）多点竞争。Edwars（1955）最先提出了多市场接触（Multimarket Contact，MMC）的概念，他认为，厂商在多个市场上接触最终会降低竞争强度。典型的多点竞争文献认为，多市场接触与新市场进入之间呈倒 U 形的关系，即公司寻求与竞争对手保持中等水平的多市场接触而避免过低或过高的多市场接触。多市场接触的程度越高，越有可能形成竞争者之间的相互容忍的情形（Baum、Kom，1999）。多市场接触之所以会产生相互容忍的情形，Edwars 认为，大企业常常会在几个市场上同时面对一两个竞争或潜在竞争对手，因此每一个企业都会把一个主要的市场作为自己的势力范围，希望通过避免进攻其他企业的势力范围而使竞争对手也不会对自己的势力范围发起进攻。

3）竞争对手分析。陈明哲（1996）把行业结构理论和资源基础理论相结合，通过引入两个企业层面的理论构念——市场共通性和资源相似性——提出了一种新的竞争对手分析的概念模型，以便将一个行业中的不同参与者区分开来。①进攻与反击。进攻是指某家企业发动的具体的、可能导致占据竞争对手市场份额或者降低对手预期收入的竞争行动。反击是指竞争对手为维持市场份额或者利润状况所采取的反击行动。②市场共通性。市场共通性（Market Commonality）是指某竞争对手 B 在市场中表现出来的与目标企业 A 重叠的程度。③资源相似性。资源相似性（Resource Similarity）是指与目标企业 A 相比，某一竞争对手 B 所拥有的类似的战略资源的种类和数量。

4）竞争对手分析框架。进一步用市场共通性与资源相似性指标构成直角坐标系，再次综合这两个指标，对竞争对手进行二维分类，形成竞争对手分析框架，如图 6 所示。其中的矩形及三角形表示资源类型，它们之间的交叉程度表示市场共通性。

上述维度两两交叉形成了四个象限，图 6 整体说明了企业间的关系，每一种竞争关系都可以归类于其中一个象限。第 I 象限代表目标公司 A 和与之拥有高资源相似性和高市场共通性的竞争对手之间的关系。图 6 用几何图形来表示资源相似性，用交集的阴影大小表示市场共通性程度。

（2）李宁公司竞争对手分析。体育用品行业的竞争主要是国内品牌间竞争以及国内品牌与国际品牌的竞争。现有竞争者中国际品牌包括 ADIDAS、NIKE

等；国内品牌包括李宁、安踏、匹克、特步、361°等。本文选取以上企业作为李宁公司的企业间竞争对手进行分析。

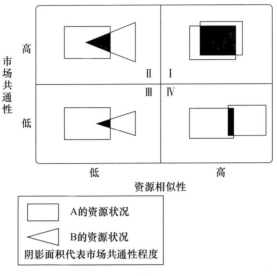

图6 竞争对手分析框架

根据陈明哲的竞争对手分析框架，分别从市场共通性和资源相似性两个维度对李宁公司的市场格局进行分析。

1）指标选取。

第一个指标是市场共通性。根据体育用品行业特点，本文主要把市场分为高端市场、中端市场以及低端市场，以各品牌在国内一二三线市场的份额作为市场的区分，具体衡量指标选取各品牌分别在一二三线市场的门店数量，如表5所示。

表5　市场共通性指标

序号	企业名称	一线市场门店数量	二线市场门店数量	三线市场门店数量	门店总数
1	耐克	737	1105	2218	4059
2	阿迪达斯	764	1196	2532	4492
3	李宁	632	1360	4366	6358
4	安踏	631	1140	4857	6628
5	361°	361	877	3506	4744
6	特步	448	1467	4437	6352
7	匹克	319	641	2686	3646

第二个指标是资源相似性。根据资源基础理论和动态能力理论，组织间的异质性以及组织赢得竞争优势的基础，在于组织内部特异的、难以模仿的资源和能力。对体育用品行业而言，企业竞争所依赖的资源主要包括品牌价值、渠道掌控能力和市场营销能力等。本文选取上述三个变量衡量体育用品行业的资源相似性。其中，品牌价值按照当年世界运动服十大品牌、国内十大运动服品牌排名打分和十大运动鞋品牌排名打分之和的平均值，第一名10分，第十名1分。渠道掌控能力选取应收账款占年销售的比例作为观测指标。市场营销能力选取营销费用占营收比作为衡量指标。具体如表6所示。

表6　资源相似性指标

企业名称	品牌价值（十亿美元）	应收账款占年销售的比例（%）	营销费用占营收比（%）
耐克	9.3	0.13	0.24
阿迪达斯	8.3	0.14	0.25
李宁	6	0.24	0.176
安踏	5	0.09	0.137
361°	2	0.22	0.109
特步	0.33	0.2	0.113
匹克	1.66	0.21	0.142

2）数据处理方法。根据陈明哲（1997）提出的市场共通性和资源相似性方法来研究中国体育用品行业的竞争对手，并根据体育用品行业具体概况对指标赋予全新的含义，最后的数据处理由 Excel 软件和 Spss11.0 软件实现。具体概念和方法如下：

市场共通性计算公式如下：

$$M_{ab} = \sum_i \left[(P_{ai}/P_a) \times (P_{bi}/P_i) \right]$$

其中，M_{ab} 为 B 企业相对于 A 企业的市场共通性；i 为 B 企业与 A 企业都参与生产经营的市场选择，包括一二三线城市；P_{ai} 为 A 企业在 i 线市场的门店数量；P_a 为 A 企业的总门店数量；P_{bi} 为 B 企业在 i 线市场上的门店数量；P_i 为所有企业在 i 线市场上的门店数量。

资源相似度的计算方法与市场共通性类似。

3）市场共通性和资源相似性指标结果。根据 Chen（1997）的公式进行市场共通性和资源相似性指标进行测算，得出相关结果如表7和表8所示。

表7 市场共通性

企业名称	耐克	阿迪达斯	李宁	安踏	361°	特步	匹克
耐克	—	0.133699	0.17401	0.177177	0.125378	0.170745	0.096954
阿迪达斯	0.120811	—	0.174157	0.177839	0.126093	0.171402	0.0974
李宁	0.11109	0.123044	—	0.183004	0.131174	0.175591	0.100729
安踏	0.108504	0.120527	0.175549	—	0.132634	0.175527	0.101969
361°	0.107274	0.119395	0.175801	0.185308	—	0.176877	0.102143
特步	0.109108	0.121212	0.175757	0.183154	0.132101	—	0.101057
匹克	0.107936	0.120001	0.175655	0.185367	0.132904	0.176061	—

表8 资源相似性

企业名称	耐克	阿迪达斯	李宁	安踏	361°	特步	匹克
耐克	—	0.251782	0.183427	0.151448	0.063743	0.014328	0.054302
阿迪达斯	0.280176	—	0.183325	0.151092	0.064183	0.015077	0.054901
李宁	0.276456	0.248301	—	0.149431	0.066642	0.018208	0.057358
安踏	0.280181	0.251194	0.183423	—	0.064231	0.015024	0.054853
361°	0.264661	0.23948	0.183588	0.144155	—	0.028587	0.065563
特步	0.21547	0.203757	0.181682	0.122129	0.103543	—	0.10063
匹克	0.260985	0.237122	0.182906	0.142503	0.075893	0.03216	—

通过两组数据对比发现,竞争不对称性有可能存在于一对竞争者之中。任何两家公司都不可能具有同样的市场共通性以及资源相似性程度。由于市场共通性和资源相似性中存在竞争不对称性,公司 A 对公司 B 发起进攻的可能性将不同于公司 B 对公司 A 发起进攻的可能性。关于反击的可能性的命题同样成立。

4)李宁公司竞争对手分析。下面以李宁公司为目标企业,以市场共通性为纵轴,资源相似性为横轴,绘制出竞争对手分布图,以此来分析该公司及其竞争对手(如表9和图7)。

表9 李宁公司竞争对手市场共通性与资源相似性指标

序号	企业名称	市场共通性	资源相似性
1	耐克	0.11109	0.276456
2	阿迪达斯	0.123044	0.248301
3	安踏	0.183004	0.149431

序号	企业名称	市场共通性	资源相似性
4	361°	0.131174	0.066642
5	特步	0.175591	0.018208
6	匹克	0.100729	0.057358

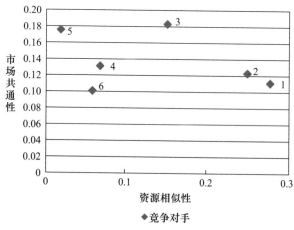

图7 竞争对手 VS 李宁公司

从图7可以看出，李宁公司有3个竞争对手群：（1、2）为第一类竞争对手；（3）为第二类竞争对手；（4、5、6）为第三类竞争对手。耐克、阿迪达斯与李宁有较高的资源相似性。安踏与李宁有较高的市场共通性。

第一类竞争对手（高资源相似性，中等市场共通性）：耐克、阿迪达斯。耐克与阿迪达斯作为国际体育用品行业巨头，自进入中国市场以来，依靠其高品牌价值与产品优势牢牢占据国内高端市场。作为本土行业龙头的李宁公司则是国内中低端市场的霸主。在战略选择上，李宁选择进军高端市场，而阿迪耐克则开始涉足国内体育用品行业中低端市场，因此尽管二者主要的产品市场不同，其市场共通性呈上升趋势。资源方面，阿迪达斯、耐克作为国际化企业，具有极高的品牌价值，其营销能力与渠道整合能力也是首屈一指。李宁作为国内首先实行国际化战略的运动服装企业，与阿迪达斯、耐克有着较高的资源相似度也就不足为奇。

第二类竞争对手（高市场共通性，中等资源相似性）：安踏。同样作为本土企业，安踏的产品市场主要集中在二三线城市，与李宁有着较高的市场共通性。作为后起之秀，安踏一直将李宁视作标杆企业，短时间内还难以达到李宁的品牌价值。与李宁公司将战略重心向高端市场转移不同，安踏坚定不移地走"草根路线"，二者的资源相似性并不高。

第三类竞争对手（中等市场共通性，低资源相似性）：361°、特步、匹克。第三类竞争对手实力相对较弱，主要聚焦于中低端产品市场，企业资源优势也难以和李宁公司抗衡。

较强的竞争对手有可能根本没有感知到来自较弱的对手的威胁。但那些较弱的对手却把那些较强的竞争者视为主要目标。作为行业内的标杆企业，阿迪达斯、耐克一直是李宁公司的追赶目标，被李宁公司视为主要竞争对手。然而，李宁公司在向前看的同时，对排在身后的竞争对手敏感程度并不高。2011 年，安踏的营业额超过李宁公司，一举成为本土行业龙头。不知不觉中，安踏已经悄然成为李宁公司的头号竞争对手。

（3）李宁进入新市场的战略分析。根据多点竞争理论，公司进入竞争对手所在的市场可以对竞争对手形成潜在威慑，而多市场接触水平的提升更加深了公司对这种作用的认识，由此加强了进一步扩大多市场接触的动机（即进入竞争对手所在的市场）；同时公司也能利用多市场接触的"熟悉"作用，利用这些相对更熟悉的竞争对手的信息并通过进一步扩大多市场接触而增加"熟悉"程度，能降低公司的信息成本（特别是在不确定性程度较高时）。因此，当公司与新市场中已有公司的多市场接触水平处于较低到中等的水平时，公司进入那个市场的可能性会随着公司之间多市场接触水平的提升而提升。

中国加入世界贸易组织以后，国际公司在华迅速发展，耐克、阿迪达斯迅速占领了国内体育用品行业的高端市场，而李宁作为本土行业的龙头，其主要产品市场集中在二三线城市，以中低端产品为主。截至 2008 年，李宁公司与耐克、阿迪达斯的多市场接触水平相对较低。2008 年奥运会之后，李宁公司得到迅速发展，营业额突飞猛进，李宁公司开始积极寻求变革。而此时耐克、阿迪达斯公司销售业绩出现下滑，开始向中低端市场发展。在这种情况下，李宁公司与耐克、阿迪达斯的市场接触增多，面对国际化企业的市场入侵压力，同时为了寻求企业获得新的突破，李宁公司最终选择进入高端市场，同耐克、阿迪达斯一争高下。

从资源基础理论的观点出发，资源相似的公司可能更易于形成默契串谋而降低公司之间的竞争强度。因此，从这一层面来看，资源更相似的公司可能由于更易于相互协调、形成默契串谋而降低竞争强度。由此导致更低的新市场进入率。显然，耐克、阿迪达斯这对长期竞争的国际化企业，具有高度相似的市场共通性与资源相似性，这种由长期相互竞争而产生的"默契"，使得国内体育用品行业的高端市场有着很强的进入壁垒，李宁公司难以进入高端市场分一杯羹。

李宁公司由于市场重心的转移，调配了大量资源用于进入高端市场，这势必会减少李宁公司在中低端市场的投入，同时由于对竞争者的反应迟钝，使得安踏等"第三集团"得以迅速发展，不断蚕食中低端市场。在中低端市场上，虽然李宁公司在品牌优势、产品设计和技术创新方面远超国内其他众多品牌，但是李宁公司高于其他品牌30%的价格使其渐渐减少中低端消费者市场的份额。高端市场久攻不下，低端市场竞争惨烈，使得李宁公司陷入了"前有堵截，后有追兵"的艰难困境。

2. 李宁公司国际化战略分析

李宁公司制定了阶段性发展目标：2004～2008年专注国内市场，打造国际品牌；2009～2013年为国际化准备阶段，专注加强国际化能力；2014～2018年为全面国际化阶段，有步骤地实现市场国际化，要在2018年跻身世界五大体育用品品牌，实现20%以上的收入来自于海外市场。

在推行国际化的过程中，李宁公司主要采取多元化战略。其多元化战略主要体现在四次并购历程上：2002年2月，李宁公司取得了Kappa在中国大陆的经销权和技术；2007年11月，李宁公司作价3.2亿港元收购上海红双喜57.5%的股权；2008年7月，李宁公司取得Lotto在中国为期20年的独家特许经营权；2009年7月，李宁公司作价1.65亿元全资收购石狮凯胜体育用品公司。李宁公司的品牌架构如图8所示。

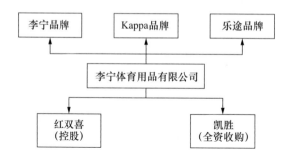

图8 李宁公司的品牌架构

（1）理论基础——多元化战略。企业采用多元化战略，可以更多地占领市场和开拓新市场，也可以避免单一经营的风险。

产品的多元化，是指企业新生产的产品跨越了并不一定相关的多种行业，且生产多为系列化的产品；所谓市场的多元化，是指企业的产品在多个市场，包括国内市场和国际区域市场，甚至是全球市场；所谓投资区域的多元化，是指企业的投资不仅集中在一个区域，而且分散在多个区域甚至世界各国；所谓资本的多元化，是指企业资本来源及构成的多种形式，包括有形资本和无形资本诸如证券、股票、知识产权、商标和企业声誉等。

一般意义上的多元化经营，多是指产品生产的多元化。多元化与产品差异是不同的概念。所谓产品差异，是指同一市场的细分化，但在本质上是同一产品。多元化经营则是同一企业的产品进入了异质市场，是增加新产品的种类和进入新市场两者同时发生的。所以多元化经营是属于经营战略中的产品—市场战略范畴，而产品差异属于同一产品的细分化。同时，对企业的多元化经营战略的界定，必须是企业异质的主导产品低于企业产品销售总额的70%。

（2）李宁公司的多元化战略选择。企业实行多元化战略能够产生协同效应，通过并购所产生的战略互补与文化的适配，李宁公司希望借助多元化战略实现产品营销渠道的扩展，建立多品牌优势，从而创建有价值的竞争能力的协作方式实施相关的价值链活动，以达到国际化的目的。

原产业环境的竞争性是企业实施多元化战略的驱动因素，同时，政府政策与行业特点成为企业选择多元化产业的主要依据。根据以往研究文献，影响公司实施多元化战略的因素主要包括外部环境、技术能力、管理能力和资源整合能力等。通过前文对我国体育用品行业竞争格局的分析可知，李宁公司面临较强的外部竞争压力。中国加入世界贸易组织为阿迪达斯、耐克等外国企业制造了相对宽松的环境，随着我国市场改革的不断深化，本土市场越来越开放，反而使本土企业李宁公司的制度优势逐渐消失殆尽。随着市场竞争愈加激烈，李宁公司原有市场占有率与利润率不断下降，这推动李宁公司积极寻找新市场来维持企业的高速增长，追求更大的发展空间和更好的经济效益。

1）李宁公司收购 Kappa 大陆代理权。2002 年 2 月，李宁公司与 Kappa 品牌实际拥有人、意大利 BasicNet 集团签订特许权协议，在中国内地独家经销 Kappa 牌产品及相关产品技术，代理期限为 5 年。具体的代理运营由李宁公司的子公司北京动向来运作，陈义红为负责人。2005 年 7 月，李宁公司将北京动向的股权全部转让给了陈义红的私人公司上海泰坦（附带拥有的 Kappa 品牌独家代理权）。通过这次交易，陈义红成为北京动向的绝对大股东。

2）李宁公司并购红双喜。2007 年 11 月，李宁公司发布公告称，通过其间接全资附属公司上海悦奥体育用品有限公司，以总价约 3.05 亿元人民币（约合 3.2 亿港元）收购上海红双喜股份有限公司 57.5% 股权，收购完成后，红双喜将成为李宁公司间接非全资附属公司。而另外 42.5% 的股份则由另外两名股东持有。红双喜于 2006 年资产净值为 1.34 亿元。此次收购价超出净资产 3 倍多，李宁公司方面表示，除了净资产外，还考虑到"红双喜"品牌的价值和商誉。

通过借鉴学习阿迪达斯捆绑足球、耐克捆绑篮球和慢跑，李宁公司选择与两个运动项目绑定——乒乓球和羽毛球。红双喜是国有老厂，其品牌价值很高，具有年代符号。同时红双喜有冠军内涵，也是行业的标杆。李宁公司希望通过并购红双喜进入乒乓球市场，拓展营销渠道，同时借助红双喜的品牌价值提升李宁品牌的自有价值。

不过，李宁公司此次并购动机总的来看是追求经营的协同效应，但其中也存在着进入新领域，规避单一产品、单一品牌经营风险，对抗竞争对手等其他因素。同时还存在着争取奥运市场的短期目的。由此可见，李宁公司对红双喜的并购是多方面因素作用的结果。这一结果反映出了李宁公司此次并购的针对性不强，不一定是以公司战略发展为目的实施的关键性动作，其间还很有可能存在某种投机因素。因此，此次并购后李宁公司虽有可能短期获利，但未必能对公司长远发展产生积极作用。

3）李宁公司收购乐途在大陆代理权。乐途同意根据特许协议，授予李宁体育在中国就特许产品的开发、制造、营销、宣传、推广、分销及销售使用Lotto 商标的独家特许权，特许权有效期从 2008 年 7 月 31 日至 2028 年 12 月 31日止。除了独家特许权，李宁公司还将以不超过 2500 万元的价格，收购乐途（南京）、乐途（上海）两家公司的资产、存货及物业的商誉，由此，李宁公司可以获得一些零售网点（于北京及上海的百货商店内，乐途占用 18 个销售专柜）。

收购乐途有利于强化李宁公司的多品牌战略，李宁公司旗下除了李宁这个主品牌外还拥有另外五大子品牌，分别是以超市为主要渠道面对中低端市场的新动品牌、以户外运动为主面向中高端市场的艾高品牌、以乒乓网球器材为主的红双喜品牌以及分别与 ATP 和 SHAQ 的联合品牌。2007 年，李宁公司子品牌新动和艾高总的销售收入仅占李宁集团总收入的 2.4%，以至于李宁集团也不得不在报表上承认这些品牌的表现"未尽理想"（来源于李宁 2007 年年度报告原话，由于红双喜和新动属于新收购品牌或新推出品牌，故此处主要指艾高品牌）。

4）李宁收购凯胜。2009 年 7 月，李宁公司以 1.65 亿元现金全资收购石狮凯胜体育用品有限公司。凯胜品牌是目前中国羽毛球器材市场的三大品牌之一。在福建和广东两地设有生产基地，销售网络则遍及国内各大城市，以及东南亚、欧洲等地。

与 Yonex 和胜利等专业羽毛球品牌相比，李宁公司的分销优势为公司提供了快速扩张和市场整合的基础；而公司的产品差异化亦避免了其与耐克、阿迪达斯和安踏等其他运动服品牌的直接竞争。李宁通过并购凯胜弥补产品线（中低端羽毛球用具、鞋服）；羽毛球用具制造需要专业化程度高，持有凯胜的厂房，是出于公司长期战略的考虑。

四次并购之后，中国动向已经成为了中国第六大运动品牌。李宁公司为自己培育了一个不大不小的竞争对手；红双喜并未融合到李宁公司的渠道当中，李宁专卖店的渠道并不适合红双喜。中国"饭菜"难以做出世界"味道"；2012 年 6 月，李宁公司宣布与 Lotto 的合作由 20 年变为 10 年。这将有助于李宁公司把资源聚焦在核心业务上；作为李宁公司羽毛球战略的重要组成部分，凯胜还活着。原因在于，凯胜本身自有渠道完善。搭上李宁公司属于"借船出海"。

李宁公司渠道基本上是外包模式，渠道与耐克、阿迪达斯共有，即李宁公司的供应商既代理了李宁也代理了其他国际品牌，这造成了李宁公司对渠道的掌控力较弱。相比之下，国内竞争对手的代理商基本上都只做一个品牌，渠道控制力更强。李宁公司对销售渠道改造难度不小，且有着投鼠忌器的现实困难。现阶段来看，李宁公司亟须做的是稳住大渠道商，不让其流失外逃，而绝不能大面积清洗客户。

李宁公司的扩张战略仍然是脱离了公司管理、运营、技术研发和市场营销的实际发展阶段，并且由于技术和管理等方面的无法跟进，导致渠道和营销网络体系建设过分扩张不但没有产生效益，反而遭遇了危机。

3. 认知惯性对李宁国际化战略的影响

（1）理论基础。

1）管理认知。管理认知是企业战略决策者在进行战略决策时所用到的一组知识结构。企业战略决策者的这组知识结构是"一组相关信息的集合"，管理认知通过提供信息搜寻功能、信息解释功能和行动逻辑功能来影响企业战略决策，进而影响企业绩效并决定企业是否具有竞争优势。管理认知在本质上是一种模式，是企业战略决策者在长期经营过程中形成的主体对特定事物的已经基本成型并影响对象行为的心理特征，是主体对事物根深蒂固的信念、假设和概括，它影响着主体如何理解世界以及如何采取行动。管理认知模式经过长时间形成，存在于企业战略决策者的潜意识中，具有稳定的特征，只有在经受巨大的冲击时才有可能发生改变。管理认知模式一旦形成，将以类推、试验、解释和认同等机制来帮助企业战略决策者构建战略问题、提供解释进而做出战略决策。

2）认知惯性。Hodgkinson（1997）以"认知惯性"这一术语来表述管理认知模式难以改变的特性，他指出，战略决策者管理认知经过企业长期经营、不断的绩效反馈、沉积和内化所形成，比较稳定。管理认知模式形成后，战略决策者会过度地依赖这种思维模式去感知环境信息和解释环境信息，以至于忽略外界环境的变化，甚至当环境发生巨大变化或根本性的变化时，企业仍然感受不到这种变化，这就是管理认知的认知惯性特性。认知惯性制约着企业战略行为对环境变化的动态适应，是企业战略路径依赖和能力刚性产生与存在的原因。

3）管理者过度自信。管理者过度自信促进了上市公司实施多元化战略的倾向。20 世纪 60 年代，心理学领域中的过度自信问题是企业管理者普遍存在的认知偏差现象。过度自信是指高估决策收益或成功可能性，而低估决策风险或失败概率的心理偏差。当管理者过度相信未来的发展前景并且非常自信地认为自己不会犯错误时，他更可能会制定错误的战略决策。因此，管理者的过度自信可能也是导致非科学多元化战略决策的重要原因之一。

（2）李宁公司认知惯性对其战略决策的影响。李宁公司快速扩张导致领导层认知惯性和组织惯性。强大的货币资本扩张为李宁公司整体扩张战略提供了基础，同时也出现了风险和隐患——李宁公司过早地进入了资本扩张的下一个阶段，其技术和管理水平以及渠道建设无法跟上国际化扩张战略的需要，和国内最大的竞争对手安踏相比，李宁公司的国内市场地位并没有坐稳，第一阶段的资本扩张还未完成。快速步入第二阶段的李宁公司，其资本扩张困境突出地表现为两个方面：一是门店快速扩张模式缺乏竞争力；二是模仿耐克"轻资产运营模式"难以实现品牌超越。

李宁公司由于急于实施品牌化和国际化战略，在销售渠道等方面大刀阔斧改革，并且只强调新店数量，依靠数量取得市场占有，但这一过程忽视了经销商的利益，也缺乏对整体市场的合理布局。

2008 年北京奥运会使李宁公司销售达到了巅峰，这同时也造成了领导层的过度自信。短暂的繁荣使得李宁公司高层们误以为实行全面的国际化战略时机已经到来。这种高层的认知惯性直接导致李宁在战略资源配置上出现了摇摆不定的情况。在李宁公司的国际化历程中，关于"运动"还是"时尚"的战略选择始终不清晰，尽管李宁公司实行了多元化的战略，却无法集中资源进行市场的深度发掘，最终导致李宁公司在"运动"和"时尚"两个领域都缺乏竞争优势的结果。在消费者群体定位的选择上，李宁公司在销售业绩大增之后果断采取了大变革，将目标群体由之前的中老年消费者转向"90 后"新生代。一方面，由于缺乏先进的技术与营销，李宁公司并没有博得"90 后"的青睐；另一方面，大幅度的价格提升又导致中老年市场份额的大量流失。在李宁公司的国际化历程中，频繁更迭的管理层以及管理者们的认知惯性和组织惯性，致使李宁公司的市场定位一直处于混乱状态，战略资源无法得到合理的配置。

四、案例启示

通过对竞争对手的分析可以看出，目前李宁公司在体育用品行业中处于"不上不下"的尴尬位置。高端品牌耐克、阿迪达斯牢牢掌控高端市场，已经开始向中低端市场进军；国内新晋企业安踏、361°、特步、匹克等在中低端市场激烈竞争，步步紧逼，与李宁公司的差距越来越小。

多市场接触在决定产业的竞争态势上起到十分重要的作用。市场进入的速度和强度能够反映行业的竞争强度，在多市场接触水平不足以形成相互克制时，公司之间多市场接触水平的提升使两者进一步扩大多市场接触的可能性更高，即公司有更强的插足对方市场的欲望。随着国内市场的不断开放与成熟，李宁公司与国际品牌耐克、阿迪达斯的市场接触由之前的互不干扰变得日趋频繁，国际巨头要向下延伸，李宁公司要往上走，竞争对手带来的压力与实现自我突破的愿景使李宁公司最终选择了向高端产品市场进发。

市场接触确实会对企业的行为产生影响，即使是同一个竞争对手，当公司与该竞争对手的多市场接触水平发生变化时，公司对它的关注度也会发生变化。而且与竞争对手多市场接触程度的变化导致公司可能在资源分配方面（即在不同市场的布局）做出调整，使资源从原先市场中转移一部分至竞争对手所在的市场中。这对于企业在竞争策略上有很大的启示。因为公司可以通过有意地增加多市场接触水平诱使竞争对手将资源转移至对自己有利的地方，这样公司不至于引起对手激烈报复。因此能以较低的成本提高利润，这比在市场上发动价格战之类的竞争手段无疑要高明很多。

李宁公司的国际化战略意图是实现自我突破，成为国际化企业，而其主要战略选择则是向体育用品行业高端市场发起进攻。这一重大战略转向迫使李宁公司内部的资源进行重新调整，包括渠道、营销、人力等资源重心由原来的中低端市场向高端市场的转移。一方面，面对李宁公司发起的进攻，高端市场的耐克、阿迪达斯依赖自身强大的品牌价值和技术优势，制造了很高的进入壁垒，这无疑对李宁公司的资源产生了牵制作用，使得其在中低端市场的竞争优势下降。另一方面，体育用品行业中低端市场原本就竞争激烈，李宁公司的松懈使得其竞争地位产生动摇，国内企业纷纷借机抢占中低端市场份额，耐克、阿迪达斯由于在高端市场牵制了李宁公司的战略资源，亦能为其在中低端市场的行动营造一个相对宽松的环境。

中国目前从事体育产业投资的企业，在并购中有时只片面地追求规模，而缺乏利润最大化目标下的并购动机。我国从事体育产业公司缺乏明晰的与企业长远发展相匹配的并购动因。

管理层的认知惯性和组织惯性往往会导致组织战略角色的错位与过度自信。李宁公司一方面根植于本土，被国人寄予深厚的民族情感，而另一方面公司却一直努力摆脱这种地域品牌的束缚，致力于打造国际化体育运动品牌形象，然而由于李宁公司最近几年偏重于品牌建设，而忽视了决定品牌发展的基础力量，李宁公司的这些策略只是从表象上进行了改变，然而深层次的问题并没有得到改变，实质性问题也没有得到解决，如忽视了产品升级和技术进步以及国外体育用品行业"领导者"的成长路径和阶段等。

大连机床集团跨国并购

范黎波[*]

一、大连机床集团概况

大连机床集团公司（以下简称大连机床）是新中国成立（1949 年）初期建立的中国十八家机床企业之一，浓缩、见证和记录了"中国制造"企业股权改革、经营机制转化和国际化经营进程中的许多经典故事。现在，大连机床已经由单一机床产品发展为机床产品全线覆盖的制造商，产品包括普通机床、数控机床、柔性制造系统、立卧式加工中心、高速精密车床及机床附件、汽车动力总成及传动部件和龙门刨铣床等，共计 500 多个品种，成为中国机床行业的领军企业（Leading Firm）之一。生产制造基地包括位于大连经济技术开发区的双 D 港数字化机床制造工业园（2004 年 10 月建成并完成搬迁）、大连瓦房店区的机床装配基地和山西铸造件工厂。

在计划经济阶段，大连机床被政府指定为专用机床产品制造商，中国政府在"六五"计划（1981~1985 年）和"八五"计划（1991~1995 年）期间分别向大连机床投资 1 亿元和 2.2 亿元人民币，开发与中国汽车产业发展配套的"组合机床"和"柔性单元"。

2000 年后，大连机床在企业股权重组和战略创业等领域取得了重大进展，通过管理层收购，公司治理结构进一步优化。与此同时，在经营规模不断扩大的基础上，通过国际合资企业和跨国并购，大连机床在技术引进与创新以及国际市

---

    * 范黎波：对外经济贸易大学国际商学院。

场开发方面取得了长足发展。2004 年，大连机床生产的 DMTG 牌数控机床获中国名牌产品。

1. 历史沿革

1947 年 2 月，关东公署旅大实业公司接收始建于 1935 年的政记铁工厂，并更名为广和铁工厂，此为大连机床厂的雏形。

1948 年 8 月，经过整编东久、芝华等十二家公营铁工厂，以广和铁工厂为基础，成立了广和机械工厂，隶属于关东实业公司，这是大连机床厂的前身。

1951 年，广和机械工厂改名为东北机械第十八厂，归东北人民政府工业部机械局领导。

1953 年 3 月，更名为大连机床厂，隶属于国家第一机械工业部第二机器工业管理局领导。

1995 年 11 月，以大连机床厂为核心，合并了大连市机床工具行业的主要企业，组建了大连机床集团。

2000 年 8 月，原机械工业部所属的大连组合机床研究所整体并入大连机床集团。

2001 年 4 月，大连机床与数控车床的世界顶级制造商——德国因代克斯公司合资成立了大连因代克斯机床有限公司，联合生产各类高性能数控车床。

2002 年，收购美国英格索尔生产系统有限责任公司。

2003 年，收购美国英格索尔曲轴加工系统有限责任公司。

2004 年 3 月，大连机床采取"管理层收购"方法，从国有企业改制为混合所有制企业。改制后，管理层开始系统思考借鉴和采用汽车流水线的概念，实现了普通机床和可以标准化的机床产品的流水线生产问题，使得公司产能大幅度提升，产品性能和质量更加稳定。改制后，国家开发银行为大连机床投入 6.65 亿元 15 年期贴息贷款。

2005 年，投资兴建数控功能部件产业基地，这是目前中国数控机床功能部件行业中产品品种最全、起点最高、技术最先进的政府确认和批准的第一批数控功能部件产业化基地。

2006 年，投资兴建大连瓦房店祝华工业园，主要生产小型普通机床、数控机床以及炮塔铣机床等产品。

2007 年，投资兴建沈阳中美钻镗机床有限公司，生产摇臂钻和镗床。

2008 年，大连机床的产品开始出口英国、德国、美国等国家和地区，在国际市场上正在形成初步竞争能力。

2009 年，大连机床建成世界机床行业的首条机床整机装配线。

2. 研究开发

大连机床的研发与创新体系是"一个中心、八个研究所和三个实验室"。拥有 1 家国家级技术中心，下设自动化装备所、加工中心研究所、数控功能部件研究所、车床研究所、数控车床研究所、数控系统技术研究所、数控应用试验所、工艺所八个研究所和计算机室、标准化室、结构优化室三个实验室，在美国和德国还设有三个技术分中心。目前，研究中心已形成由博士后、博士等 160 余名国内外高级工程技术人员和 1000 多名国内工程技术人员组成的技术开发队伍。

截至 2013 年 12 月底，大连机床拥有专利 150 项，其中，发明专利 37 项。拥有"直线导轨机械滑台"、"矩形导轨机械滑台"、"十字滑台"等 168 项专有技术。大连机床每年能够研制出 300 ~ 500 台组合机床、柔性制造单元以及用这些机床组成的自动线与柔性制造系统和 100 个左右的通用机床（包括立、卧式数控车床与车削中心，车铣复合机床，立、卧式加工中心，龙门式加工中心，大型铣镗机床）。

大连机床数控关键功能部件产品覆盖了机械主轴、电主轴、滚珠丝杠副、直线导轨副、伺服动力刀架、刀库、成套数控系统，已经广泛应用于机床、汽车、化工、起重、军工、航天、船舶机械等多个领域。通过与瑞士 IBAG、德国因代克斯、BOSCH 力士乐、杜马等世界一流的数控功能部件生产公司合资、合作以及与大连理工大学、华中科技大学、西安交通大学、沈阳工业大学产学研相结合，集成创新，高起点发展了具有国内领先、国际先进水平的各种数控关键功能部件和数控系统。

3. 企业上市

通过上市进入资本市场，增厚公司资本实力，提高管理水平，完善公司治理机制和结构。

2003 年，公司开始改制，计划完成改制后上市。

2007 年，大连机床计划利用中国香港回归十周年契机在香港上市，充分利用已经收购的海外企业和已有的普通机床、数控机床（简易式）和部分加工中心业务整合重组，搭建一个国际化经营平台。上市遇到了以下阻力：一是政府对行业龙头企业海外上市存在顾虑；二是一些业务由于存在国家安全问题，购销合同和金额无法对会计师事务所公开。

2008 年，大连机床开始酝酿上市，上市推荐机构银河证券投资银行业务出现了问题，导致上市受到影响。

2010 年，公司上市推荐机构更改为中国金融公司，2011 年中国资本市场 IPO 上市关闸，大连机床上市进程再次搁浅。现在，由于受国内宏观经济环境下行、公司产品结构调整、融资受阻等因素影响，资金链极度紧张，以致有短期兑付危机，上市之路还很漫长。

4. 质量、工艺与成本

与德国制造相比，"中国制造"在稳定性、安全性、可靠性等领域存在明显差距，这是一个不争的事实。与德国企业合作以来，大连机床深感德国专家在机床制造领域的重要性和卓越才能，于是通过相关渠道引进和聘请了一位德国专家。现在，大连机床质量检测中心主任是一位德国人。德国专家的工作作风非常坦率，经常直接面对问题，为大连机床解决了许多质量问题。例如，齿轮噪声问题是机床产品的一个系统性问题，通过一个环节一个环节的技术攻关，大连机床已经取得了重大突破。

大连机床致力于提高生产率水平，持续改进投入—产出比，取得了积极进展。其基本做法是：①普通机床产品实施流水线作业方法，提高了产品的标准化水平。②高端机床产品坚持引进与自主开发并重政策。从利润率看，普通机床的利润率在4%左右；数控机床（简易式和全机能式）在18%～24%；加工中心在20%～45%；龙门刨铣床在40%以上；专用机床在40%以上。

在技术工艺方面，运动系统（电控与液压系统）在高端机床产品的成本中所占比重为30%以上，也是机床产业的核心技术，另外就是机床的功能部件和刀具等技术环节，客户很看重这些技术环节和工艺。最近几年，大连机床在功能部件领域取得了许多重要突破，已经开始产业化运作，不仅自己适用，而且还面向市场销售。在运动系统方面，大连机床还在引进、消化和开发过程中。

> 中国汽车企业最大的遗憾是发动机技术与国际水平存在差距，所以做不强。当然，这与机床产业的相对落后不无关系。数控机床的核心技术是运动控制系统和轴承，其中，运动控制系统最为核心，占一台机床成本的30%，加上轴承等关键部件，一台机床的成本中，约50%的关键部件被跨国公司控制，因此需要通过引进、消化、仿制，一步一步地突破。

二、合资公司与跨国并购

大连机床拥有全资、合资、控股及参股子公司40多家，其中与德国、日本、韩国、美国、瑞士等国家合资公司8个，并购美国英格索尔2家子公司（全资），并购控股1家德国公司。

大连机床的国际合作是从1993年启动的。所有国际合作关系几乎都围绕技术这个主线展开：与美国英格索尔公司合作（专用机床）；与德国因代克斯公司合作（龙门刨铣床）；与以色列依斯卡公司合作（电阻轴）；与美国海宁格公司合作（机床外部防护）；与日本 DKK 合作（卧式加工中心）。

1. 与英格索尔合资与并购

20 世纪 90 年代初，大连机床开始寻找合作伙伴。最终选择了与总部设在美国伊利诺伊州的英格索尔公司合作，这家公司不仅技术具有领先性，而且有合作意愿。当时，这家公司委托了在北京的一家投资公司协助寻找合作伙伴。

1998 年，大连机床与英格索尔签订了合资协议。英格索尔当时的产值为 2 亿~3 亿美元，与大连机床 20 多亿元人民币的产值也比较接近。2003 年，大连机床开始 100% 股权的并购谈判，最终以 2 亿美元完成了收购。从合资到并购，前后历经 8 年时间。这期间，双方联合投标和中标了几个重要项目，包括一汽大众、上海大众等装配线业务。参与当时合资谈判的左先生（当时为企业常务副总裁）认为，合资与并购是双赢局面，美国企业过上了好日子，中国企业上了一个新台阶。两个企业在业务和市场方面有很多合作，尤其是当美国企业订单不足时，中方企业就会将业务转移给它。美国企业已经成为中方企业的技术和技能培训基地。所有这一切，有一个不可忽视的原因：双方管理层自 1999 年以来都没有发生变化，已经建立了稳定的合作关系和融洽的私人关系。

（1）全资收购英格索尔生产系统。美国英格索尔生产系统有限责任公司（以下简称生产系统）原隶属于英格索尔铣床集团公司管辖，2002 年 10 月被大连机床收购，注册资本 1135 万美元。生产系统的注册地为美国伊利诺伊州罗克福德市艾迪大街 1301 号。厂区占地 3 万平方米，建筑面积 1 万平方米，拥有生产检测设备 125 台/套，员工 67 人（2014 年）。生产系统的主要产品包括专用机床及集成制造系统、加工中心及柔性制造系统、自动化中大批量制造系统。生产系统的组合机床和柔性制造线技术具有世界领先水平。

1996 年，大连机床与生产系统就合资一事开始谈判。双方在控股权问题上产生了争执和矛盾：生产系统决不让步；大连机床也不愿意控制权掌握在别人的手上（既有政策原因，也有企业自己的原因），最终双方合作谈判破裂。

2002 年，生产系统陷入财务危机。原董事长不惜代价，投资新产品研究开发，由于过度投资，加上技术上过于超前阻碍了商业化顺利推进。该董事长去世后，企业经营状况急转直下，而他的子女们对经营机床产业又没有太多的兴趣，企业走到了破产边缘。随后，生产系统被其母公司列入对外转让和出售名单。消息发布后，来自德国、意大利和美国的机床制造商纷纷表达了收购意愿。

在众多收购者中，大连机床承诺以现金方式收购，并把研发、营销、装配等全部保留在当地。基于这些共识，谈判过程颇为顺利。在达成收购协议前夕，生产系统再次提出了提高收购价格的要求，使得大连机床进退两难。最终生产系统做出让步。大连机床以现金收购方式完成了对生产系统的收购。

> 截至 2013 年 12 月 31 日，生产系统总资产为 3742.51 万美元，净资产为 693.76 万美元。2013 年实现营业收入 4639.28 万美元，净利润 424.25 万美元。截至 2014 年 9 月 30 日，生产系统总资产为 3567.22 万美元，净资产为 907.79 万美元。2014 年 1～9 月实现主营业务收入 3017.27 万美元，净利润 214.03 万美元。

(2) 全资收英格索尔曲轴加工系统。美国英格索尔曲轴加工系统有限责任公司（以下简称曲轴加工系统）原隶属于英格索尔国际公司管辖，2003 年 7 月被大连机床收购，注册资本 428 万美元。其注册地为美国密执安州米德兰市百年街 3505 号。厂区占地 3 万平方米，建筑面积 7000 平方米，拥有生产检测设备 57 台/套，现有员工 54 人。曲轴加工系统是美国曲轴加工设备主要的制造商，是世界六大曲轴加工设备制造商之一。曲轴加工系统以制造曲轴磨削前各工序设备为主，包括淬火机床及曲轴深度滚压机床，是一个能够提供曲轴加工系统交钥匙工程的制造商。

2003 年 7 月，英格索尔铣床集团公司宣布整体破产。之后，曲轴加工系统以招标方式进行破产拍卖，大连机床参加了由破产法院主持的拍卖。在这一次拍卖过程中，大连机床最强劲的竞争对手之一是英格索尔曲轴公司前总裁找到的一家美国当地的财务公司。最终，经过总计 6 轮的举牌，大连机床以 304 万美元收购了曲轴加工系统的所有权，包括土地、房屋、设备、专利以及其他知识产权。在拍卖会结束的 24 小时后，破产法院宣布了收购成功的竞标结果。

在参与拍卖过程中，大连机床董事会和高管层对收购的价格和收益都做了详尽分析，而且给参加拍卖现场的项目负责人充分授权，在一定价位之下不需要请示，不用犹豫；如果高出了授权范围，需要随时请示，董事会和管理层承诺随时讨论并给予答复。

> 截至 2013 年 12 月 31 日，曲轴加工系统总资产为 6674.87 万美元，净资产为 1212.53 万美元。2013 年实现营业收入为 4360.75 万美元，净利润 542.46 万美元。截至 2014 年 9 月 30 日，曲轴加工系统总资产为 6741.95 万美元，净资产为 1514.24 万美元。2014 年 1～9 月，实现营业收入 3104.81 万美元，净利润 301.71 万美元。

并购交易完成后，曲轴加工系统进行了一系列的新产品开发，向绝大多数重要的汽车和柴油发动机制造商提供设备和整线工程，包括通用汽车公司、福特汽车公司、兰德·柔佛/宝马、戴姆勒克莱斯勒、约翰·迪尔、凯特皮勒、康明斯发动机、依维柯及国际卡车和发动机等。

（3）并购后的整合。英格索尔是专用机床产品制造商，为美国汽车公司做配套，与美国汽车工业发展相伴而行，旗下拥有多家子公司。大连机床于21世纪初期先后收购了英格索尔两家子公司，获得96项专有技术、9项专利技术、两家公司的技术开发力量以及英格索尔的商誉、商标等无形资产。

> "让美国人管美国事"，这种管理方式的精髓在于将复杂的思考转化为简单的语言。

除了从技术和专利中受益，大连机床尝试性地通过固化、优化和细化管理体系，努力从跨国并购中获得最大功效。

美国社会和企业对中国企业是有抵触情绪的，对大连机床也不例外。原因可能是，美国公众和企业界认为，大连机床技术、管理水平都很低，可能会搬走设备、拿走技术、接手客户、辞退员工，最终企业宣布破产（这种忧虑并非杞人忧天，中国企业海外并购中有这样的案例）。

大连机床在两家被收购美国企业采取了固化的本地化管理体制，没有采用中外联席总经理制。强调海外子公司在发展战略等大问题上按中国母公司的章程和董事会的决策程序行事，但在具体的经营管理上自主，母公司全力支持其发展。

在制造工艺和市场开发领域，大连机床积极推动互补互助互学。并购后，在保证质量的前提下，大连机床利用中国企业低成本优势，协助美国公司降低成本，取得了积极进展。不仅如此，大连机床自己无法制造的产品，如数控系统，通过美国子公司在国外采购，采购价格比直接进口价格要降低很多。

在美国公司的技术支持和帮助下，大连机床的研发能力和产品开发能力大幅度提升。在大连机床承建的上海柴油机厂汽车生产线项目中，美国子公司为大连机床设计、制造了多项产品，提升了项目的技术水平。

2004年3月，生产系统参与上海通用汽车公司柔性生产线改造项目的国际投标，大连机床作为母公司充分利用地缘优势、国内资源优势为其提供支持和帮助，最终击败了来自德国和日本的竞争对手，中标该项目。在随后的项目实施过程中，为解决生产系统公司人员短缺、生产成本高昂等问题，大连机床派出了电气工程师、钳工等参与项目，又提供了机械、加工中心的基础部分和大量的通用零部件。这种联合开发、联合生产不仅大大降低了项目的工程成本，也为中国的技术员工提供了参与国际项目的机会，技术水平得到了提升。

2. 与德国因代克斯公司建立合资企业

2001 年 4 月,大连机床与德国因代克斯公司合资成立了"大连因代克斯机床有限公司",联合生产各类高性能数控车床。德国因代克斯公司专业从事自动裁切机的开发和生产,曾于 1997 年收购了自动机床制造商——德国特劳布公司。合资公司由德国负责生产、技术和质量管理;合资公司以组装业务为主,引进了德国公司的技术和质量标准。现在,大连机床的"加工中心业务板块"就是在中德合资的机床上发展和成熟起来的。

3. 收购德国兹默曼公司 70% 的股权

德国兹默曼有限公司(以下简称兹默曼)成立于第二次世界大战以后,是一家专门为航空航天、汽车、模具制造业等产业提供大型龙门五面铣床的制造商,主要客户包括通用、福特、波音、大众、丰田以及中国一汽、沈飞、成飞、哈飞等,产品有龙门式五面铣床、数控铣床、铣削中心等。自 2000 年以来,产品市场以中国、美国和德国为主,其市场份额为中国、美国各占 40%,德国和其他地区占 20%。截至 2013 年,已有 20 台五轴、六轴联动的龙门式五面铣床落户于中国航空航天和汽车行业的大厂家。兹默曼在技术上具有创新能力,在经营上具有强劲发展趋势,是近 10 年来德国最成功的机床制造商之一。

在确定收购兹默曼之前,大连机床最先关注的德国企业是瓦德里西公司。瓦德里西公司是美国英格索尔集团旗下的子公司。

2003 年 10 月,由当时身为常务副总裁的董庆富带队,对英格索尔瓦德里西公司进行拜访。虽然这次任务仅是事先拟定的考察性拜访,但是大连机床没有因此有丝毫懈怠,甚至还分别邀请了美国和德国的律师和财务顾问联合参与这次行动。促使大连机床如此重视的理由在于瓦德里西公司在世界机床业的显赫地位。考察中,大连机床不仅对瓦德里西公司进行了详细的考察,同时,为了对比也顺路考察了生产类似产品的其他德国企业,兹默曼就是其中一家。在大连机床此次考察回国后不久,因为某种特殊原因,不得已放弃了收购瓦德里西的打算。2004年,大连机床将收购目光聚焦到了兹默曼。兹默曼的产品结构也更适合大连机床。兹默曼产品中的 40% 销往中国、40% 销往欧洲、20% 销往美国。中国市场已成为兹默曼的主要市场。

考虑中国的市场已经占到兹默曼产品销量的 40%,兹默曼管理层也意图在中国寻找合作伙伴,协助其承担售前售后服务。此外,兹默曼生产的龙门五面体加工中心每台造价在 130 万欧元左右。造价如此之高的设备,作为私有企业,随着企业的发展壮大,在融资方面也出现了一定的困难。这种困难不是兹默曼不能承接工作,而是无法先做库存,因为很多企业下了订单之后所能给出的交货期都非常短;如果提前做库存,就需要比较可观的流动资金,不这样就导致企业缺乏竞争力。大连机床高管层曾经透露说，在德国生产龙门式铣床的人工费用能占到总成本的 40% 多，德国的人工费用是中国的 13 倍。

基于降低成本和市场开发需求，兹默曼决定与大连机床开展合作。在商议合作意向过程中，双方在控股权问题上产生分歧。兹默曼的要求是大连机床可以参股，但不能控股；或者可以逐步控股。大连机床控股的态度很明确，认为控股权问题没有商量余地，付款方式可以商量。经过多轮反复的谈判，2004 年 7 月 28 日，双方终于签订了合作意向书。而关于控股权问题兹默曼也不再提起。之后履行的就是一些既定的程序，大连机床聘请国内外财务专家、律师对兹默曼进行了尽职调查。

大连机床高管层认为，尽管兹默曼规模不大，但技术先进，产品结构齐全，其主要的三类产品龙门式五面铣床、数控床身型铣床、铣削中心技术都是大连机床所需要的，而且发展状态良好，是非常理想的并购对象。大连机床成功控股兹默曼后，引进了世界先进水平的五轴龙门铣削加工技术，把新公司作为境外科研开发和资本运作的基地，为大连机床产品进入欧洲市场构筑平台。

最终，大连机床利用兹默曼作为境外研发和培训基地，引进和开发适应中国及国际市场需求的产品，弥补了国内市场不足。与此同时，大连机床也充分利用兹默曼的销售网络，构筑欧美市场的销售平台，扩大产品及零部件出口。

2011 年，大连机床按照既定计划，推进资本市场上市计划，兹默曼最终提出了股份回购计划并得以实现。根据相关信息显示，主要的原因有两个：第一，德国企业抱怨大连机床将技术转化为军工产业领域的速度太快。第二，由于大连机床规划上市，按照中国证券管理监督委员会的要求，为防止关联交易和同业竞争，兹默曼资产也被要求上市，需要将资产从集团公司转移到股份公司，兹默曼管理层表示反对，于是提出了股权回购要求。

三、机遇与挑战

2012 年前，大连机床专心致志做"机床主业"，营业收入超过 150 亿元人民币。现在公司开始谋求多元化发展，方向如下：

（1）以现有车、钻、镗床及车铣、镗铣等强势产业为基础，在机床产业内扩张。通过对兹默曼重大型机床制造技术的引进消化和吸收再创新，大力发展重大型数控机床制造能力，向航空、船舶、电力等市场领域扩张；瞄准 IT、3C 行业等产业，组建半导体应用装备研究所，大力发展微机床产品；基于大连机床自身拥有的系统集成能力和精密制造技术，进入工业机器人制造领域，推进产品人机智能化。

（2）向产业上下游扩张。在机床上游产业方面，立足于自主创新，研制开发动力头、刀架刀库、数控转台、高速防护、精密丝杠等数控机床关键功能部件，解决制约瓶颈，实现技术突破；同时以自主研发的数控系统为主要途径，进入运动控制领域。在机床下游产业方面，针对蓬勃发展的汽车零部件制造、航空零部件制造市场需求，发挥自身的设备成套解决方案制造优势，建设汽车零部件、航空零部件制造基地，实施数字化 DNC 机床联网，提高加工效率和产能。借助国家推动职业教育大力发展契机，在教育部和中国机械联合会领导下，联合国内众多高等院校和职业院校，牵头成立职教集团，推进机床产品占领教学产品市场。

（3）实现功能扩张。参考通用、西门子等国际大公司运作模式，在现有经济规模达到百亿元的基础上拟组建财务公司、融资租赁公司，进入商务金融产业，全面推进金融运作进程，通过金融运作推动主营业务发展。

（4）产品服务模式转变。基于物联网技术推出的"三平一云"信息智能化服务平台，即为客户提供的由智能控制服务平台、物联网服务平台、即时通信平台有机关联组成的管家式"云服务"体系。

（5）与教育部门合作，发展职业教育。公司已经与天津大学实习工厂建立了合作关系；与工信部合作，发展机床回收加工业务。

（6）通过战略联盟推动国际化规模扩张。公司已与保利集团合作，共同开发俄罗斯市场。

四、相关资料

大连机床集团跨国并购中相关数据资料如以下图表所示。

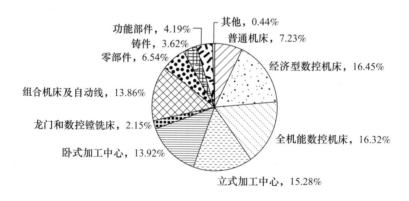

图 1　2013 年大连机床营业收入占比

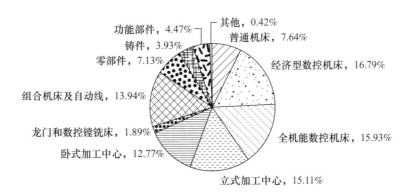

图 2　2013 年大连机床营业成本占比

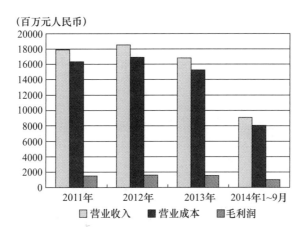

图 3　2011 年至 2014 年 9 月大连机床主要财务数据

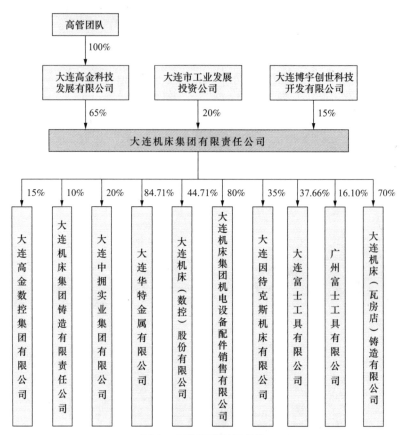

图4 大连机床股权结构

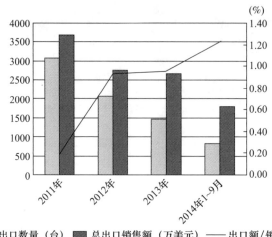

图5 2011~2014年9月大连机床海外销售情况

表1   大连机床（数控）股份有限公司主要控股子公司

序号	企业名称	持股比例（%）	注册资本（万元）	与数控公司的关系	业务范围	是否纳入合并范围
1	大连华根机械有限公司	100	71686.00	控股子公司	中高档数控机床生产	是
2	大连华凯机床有限公司	100	2600.00	控股子公司	立卧式加工中心	是
3	大连大力电脑机床有限公司	100	4176.00	控股子公司	全机能数控机床生产	是
4	大连华根精密机床有限公司	100	1500.00	控股子公司	精密机床生产	是
5	沈阳中美钻镗机床有限公司	100	6000.00	控股子公司	机床生产	是
6	美国英格索尔曲轴加工系统有限责任公司	100	428万美元	控股子公司	曲轴加工设备	是
7	美国英格索尔生产系统有限责任公司	100	1135万美元	控股子公司	柔性制造系统	是
8	瓦房店永川机床附件有限公司	100	300.00	控股子公司	卡盘制造；机械加工	是
9	大连机床营销有限公司	85	2000.00	控股子公司	金属切削机床的经营、销售	是
10	大连机床进出口有限公司	100	473.00	控股子公司	销售及采购	是
11	大连隆汇工贸有限公司	100	2000.00	控股子公司	原材料采购	是
12	大连金润液压工程有限公司	100	150.00	控股子公司	液压件生产和销售	是
13	大连金业钣焊工程有限公司	100	100.00	控股子公司	机床防护	是
14	大连金益机械有限公司	100	200.00	控股子公司	机械加工	是
15	大连金瓯精密机械有限公司	100	1500.00	控股子公司	机械加工	是

表2   大连机床产品及服务用途

产品/服务类型	产品/服务用途
普通机床	承担各种内外圆柱面、圆锥面及其他旋转面，车削端面及各种螺纹，进行钻孔、铰孔以及拉油槽等加工，服务于各类普通用户

产品/服务类型	产品/服务用途
经济型数控机床	用于轴类、盘类零件的精加工和半精加工，可以进行内、外圆柱表面、锥面、螺纹、镗孔、铰孔以及各种曲线回转体的加工，汽车、摩托车、电子、航天、军工等多种行业的机械加工
全机能数控机床	能进行车削、铣削、钻削、磨削等多工序的复合加工，适合于汽车、航天、军工等行业
立式加工中心	适合于铣削及孔系加工，应用于汽车、摩托车以及其他行业
卧式加工中心	适合于箱体孔系和平面加工，广泛应用于汽车、内燃机、航空航天、家电、通用机械等行业
龙门和数控镗铣床	龙门主要完成铣削平面、台阶、沟槽、复杂型面、腔体及各种孔的钻削加工，适用于壳体、桥梁、机车、军工、化工、能源、造船等行业的大型零部件加工；数控镗铣床主要进行钻孔、镗孔、铰孔、铣削、车螺纹实现箱体零件孔系精确加工和各种型面加工，适合汽车、航天、军工等行业
组合机床及自动线	由立、卧式加工中心，各种专机，各种辅机等组成，采用桁架机械手、助力机械手及机动辊道完成自动上下料，实现自动加工。应用于汽车、摩托车、工程机械、军工等行业

表3　大连机床主要产品生产模式及经营主体

序号	产品	生产模式	应用行业	经营主体
1.1	普通机床	按计划生产	机械加工	大连机床（数控）股份有限公司 大连华根精密有限公司
1.2	数控机床	按订单生产	汽车、摩托车、电子、航天、军工等多种行业的机械加工	大连机床（数控）股份有限公司 大连大力电脑机床有限公司
1.3	立式加工中心	按订单及项目需求生产	汽车、汽车零部件、军工、航天、航空、船舶、农机、阀门等机械行业	大连华根机械有限公司 大连华凯机床有限公司
1.4	卧式加工中心	按订单及项目需求生产	汽车、汽车零部件、军工、航天、航空、船舶、农机、阀门等机械行业	大连华根机械有限公司 大连华凯机床有限公司
1.5	龙门加工中心	按订单生产	载重汽车、航天、航空、船舶、模具、地铁、轻轨、石油机械、冶金矿山机械、纺织机械、发电（水电、火电、风电、核电）、农机、阀门、建筑机械、铸造机械、工程机械	大连华根机械有限公司

续表

序号	产品	生产模式	应用行业	经营主体
1.6	数控镗铣床	按订单生产	载重汽车、航天、航空、船舶、模具、地铁、轻轨、石油机械、冶金矿山机械、纺织机械、发电（水电、火电、风电、核电）、农机、阀门、建筑机械、铸造机械、工程机械	大连华根机械有限公司
1.7	组合机床及自动线	双方技术人员商讨，按技术协议生产	汽车及汽车零部件行业	大连华根机械有限公司 英格索尔生产系统有限公司 英格索尔曲轴加工系统有限公司
2	零部件	按订单生产	机床、汽车、化工、起重、军工、航天、纺织、船舶、煤炭、矿山工程、农业机械等	大连金功机械有限公司 大连金益机械有限公司 大连金润液压工程有限公司 瓦房店永川附件有限公司 大连金业钣焊工程有限公司 大连金瓯精密机械有限公司
3	铸件	按计划生产	机床类、泵类、电机类、汽车零部件类	大连机床集团铸造有限责任公司 山西隆华铸造有限公司
4	功能部件	按计划生产	机床、汽车、化工、起重、军工、航天、船舶机械等	大连高金数控集团有限公司 大连高金数控有限公司 大连伊贝格主轴有限公司

表4　2011～2013年及2014年1～9月公司海外销售情况

类别 ＼ 年份	2011	2012	2013	2014年1～9月
总出口数量（台）	3077	2077	1477	837
总出口销售额（万美元）	3696.09	2760.81	2667.24	1809.31
出口额/销售收入（%）	0.21	0.94	0.97	1.23

中国企业"走出去"案例汇编

表5　2013年大连机床集团及国内主要竞争对手主要产品市场占有率

序号	产品分类	市场占有率（%）	竞争对手	市场占有率（%）
1	普通车床	20	沈阳机床集团有限责任公司	25
2	经济型数控	10	沈阳机床集团有限责任公司	25
3	全机能数控	40	宁波海天机械有限公司	10
4	立式加工中心	35	宁夏小巨人有限公司	20
5	卧式加工中心	30	宁夏小巨人有限公司	25
6	龙门和镗铣	10	齐齐哈尔第二机床有限公司	20
7	组合机	70	亿达日平有限公司	15

表6　大连机床集团的跨国并购

序号	时间	被并购方	被并购方基本情况	并购方式	并购资金	并购股权	被并购方出售原因	并购获得的技术、专利数量和无形资产
1	2012年10月	美国英格索尔生产系统有限公司	组合机床和柔性制造系统世界领先	议价资产收购	近400万美元	100%	财务困难	82项专有技术、3项专利、商标
2	2003年7月	美国英格索尔曲轴制造系统有限公司	世界六大曲轴设备制造商之一	竞标资产收购	304万美元	100%	母公司破产，破产拍卖	96项专有技术、6项专利、商标
3	2004年10月	德国兹默曼有限公司	世界著名航空航天、汽车、磨具制造业所需大型龙门五面铣床制造商	谈判股权并购	近1000万欧元	70%	看好中国市场	不详

跨国技术战略联盟合作、动机与联盟稳定：跨案例研究[①]

杨震宁 李东红 曾丽华[*]

随着世界经济趋于深度一体化，中国企业应该具有全球化的视角，尤其是技术型高科技企业（H – tech Firms），更应该着眼全球进行技术研发创新。中国企业进入全球化的竞争时间较晚，在很多产业上处于弱势地位，但可以利用网络时代的机会，通过与其他国家的优秀企业组成"跨国技术战略联盟"来获得全球的资源。跨国技术战略联盟作为中国企业"走出去"战略的一种模式，指的是企业与各种技术能力较强的国外企业共同投资来建立联合的研发机构，或者是在优势互补和利益共享的前提下，对相关的项目进行合作技术开发（王辉，2007）。这种企业组织模式的发展具备一定的全球化时代背景，战略资源很多不再局限于企业内部，而且封闭式创新的效率在降低，更多、更广泛的合作将基于开放性的创新企业和拥有互补性资源企业的合作。出现这种现象的主要原因在于，在封闭式创新的条件下，有较为严厉的专属制度，创新获利主要取决于技术发明的过程，在知识创造和技术开发方面有优势的企业就能有效地通过市场机制来实现创新收益。但是在现代社会，知识扩散和技术外漏比较容易，即在"专属制度"宽松的时代，能否从创新中获利则直接取决于技术商业化过程的成功程度，这要求创新者拥有强大的互补性资产，如强大的供应链资源、市场推广能力等，才能创造比竞争对手更多的价值。

在理论界，Sattler（2003）研究了德国相关制造业企业，企业在使用专业战略的同时会使用其他独占创新性资源的工具，他指出，商业秘密、设计的复杂

---

① 基金项目：本文获得国家社会科学基金一般项目"我国高技术企业通过跨国技术战略联盟进行多维'跨边界'学习与风险防御机制研究"（14BGL181）、国家自然基金面上项目"社会网络视角下的中国跨国公司海外子公司知识转移研究"（71272019）和对外经济贸易大学特色科研项目资助。

* 杨震宁：对外经济贸易大学国际商学院。李东红：清华大学经济管理学院。曾丽华：对外经济贸易大学国际商学院。

性、长期的劳动关系以及领先的时间等有很大可能替代专利成为创新独占工具。Byma（2007）则指出，企业选择何种独占性工具会受到以下因素的影响，如技术特性、企业研发强度、企业规模、专利的重要性、知识的类型及人力资源管理。创新理论关于跨国技术战略联盟占主导地位的学术研究仍然集中以发达国家高技术企业间联盟为研究对象。然而，近些年来，越来越多的中国高技术企业开始与海外跨国公司成立技术战略联盟（如海尔与三菱重工等），通过这种组织形式实现技术学习、吸收和转移，从而提升组织的创新能力和效果（Janet Y. Murray 等，2005；Yadong Luo 等，2008）。本文基于两个中国高技术企业所建立的跨国技术战略联盟进行跨案例分析，系统揭示出中国企业建立跨国技术战略联盟的合作机制、战略动机与联盟稳定的内在关系，得到一系列研究命题并提出具有针对性的政策建议。

一、研究设计与过程

1. 研究样本选择

案例研究作为实验研究的一个有力补充，不只适用于研究活动的初始阶段，也能用于描述和验证研究命题。Eisenhardt 和 Graebner（2007）指出，案例研究是一种很客观的方法，它更接近事实而非观点，也是一种严谨的实证方法。由于案例研究的主要目的是总结归纳，来修订或者补充研究假设，而不是进行统计分析，因此，案例样本的选择并不一定需要遵循常见的抽样法则，只需要选择的案例本身有足够的典型性和特殊性即可（陈昊文、李垣、刘衡，2011）。一般案例研究对样本有以下要求：性质上，被选定的案例需要与研究主题高度相关；数量上，不在乎其数量，只需要样本足够有深度和典型性。案例研究的风险较大，跨案例研究更具有说服力，本研究依据"目的性"原则挑选了两个符合研究目的的案例：比亚迪与戴姆勒的战略联盟和上海家化与美国庄臣公司的战略联盟。选择这两个案例的主要原因如下：

一是国内这两家企业的跨国技术战略联盟案例与主题高度相关，能有效说明研究问题。国内企业采用跨国战略联盟的方式，很大程度上与跨国公司形成了技术、人力和市场等方面的优势互补和达到了共同提升企业竞争实力的目的，也是其实现国际化的重要途径。上海家化的案例时间较早，当时中国处于改革开放初级阶段，企业的经营还带有计划经济的影子，能够代表一大批不够市场化的企业。另一个案例中，比亚迪属于纯民营企业，高度市场化，也在之前的其他中国企业和跨国公司建立联盟或进行其他合作的案例中学习了经验，与戴姆勒公司建立的战略联盟属于高科技行业，一定程度上代表了未来的行业发展方向。

二是两个案例一个成功，一个失败，具有特殊性和典型性，而且都拥有相关产业独特的技术和管理特征，都是中国的企业与外国企业建立的跨国技术战略联盟，一个是民营新能源汽车产业，一个是民族化妆品牌。开始合作建立战略联盟关系，成立合资公司的时候都是处于优势地位，需要大规模扩大生产，发展壮大的时期。

三是两家企业都具有十分鲜明的文化特征，所涉及的企业品牌都为大众熟知且认可，有比较大的影响力。尤其失败的案例对上海家化和中国其他企业也有深刻的借鉴作用。

2. 案例信息的收集

Yin（2003）认为，个案的研究证据主要源于文件、档案、互联网等。对于比较成熟的案例，可以采取资料收集整理归纳的方法，而对于资料不足的案例，主要采取访谈的方式。对本研究涉及的两个案例，我们采用收集二手资料、企业深度访谈相结合的方式进行信息收集。为了保证资料和数据的有效性和可靠性以及研究的准确性，针对每个案例，我们以公司的联盟过程为线索，对涉及公司的公开的二手资料进行了详细的收集整理：一是企业历史上发表过的有关其跨国战略联盟的主要文章；二是从行业资料、其他权威新闻媒体或期刊文献等专业材料中选取文章；三是企业或者外界观察家出版的书籍等；四是网络上关于联盟的媒体报道资料和官方网站资料等。积累的这些大量的二手数据，可以相互印证形成证据链条，足够提取相关论据以支持并提出本研究的命题。另外，我们对两家企业的管理者进行了深度访谈，访谈的对象、内容和计划如表1所示。

表1　跨案例的信息收集方式和渠道

具体案例	访谈地点	访谈经历	访谈对象
上海家化与美国庄臣的跨国技术战略联盟	上海	调研访谈经历（2014 年 7 月和 2014 年 9 月），两次现场调查，多次电话访谈	总经理李先生、事务总监刘先生、中层经理 2 名、员工 2 名
比亚迪与戴姆勒的跨国技术战略联盟	深圳	调研访谈经历（2014 年 8 月），一次现场调查，多次电话和电子邮件沟通	高级经理刘先生、中层经理 3 名、员工 2 名

在案例分析时，首先进行每个案例分开的纵向深度分析，即对联盟涉及公司的背景、联盟成立的过程、联盟的合作机制、联盟中合作伙伴的战略动机以及联盟最

终的稳定性进行分析，最后是跨案例的整体分析，也将每个案例所得观点进行相互比较以得到对本文理论的概括论证并与理论进行对照，提出本文的研究命题。

二、案例研究与分析

1. 案例纵向深度分析

（1）上海家化：对跨国联盟风险防范不足，合作机制出现漏洞，错失品牌发展良机。按时间来算，上海家化公司的原型是一家百年老店。1898 年，旅美华侨商人梁楠在中国香港创办了广生行，生产"双妹"牌系列产品。1913 年，生产菊霜、蝶霜、雅霜等产品的上海中华化妆品厂成立。1941 年，上海明星花露水厂由江苏的周邦俊医生于上海创办，主要生产明星花露水、明星雪花膏等。也正是在这一年，香港广生行、上海中华化妆品厂、上海明星花露水厂三厂合并，于是上海家用化妆品厂（以下简称上海家化）诞生了。上海家化主要业务集中于化妆品行业，党的十一届三中全会之后其开始快速发展，到 1990 年，其的销售额达到 4.5 亿元，利税 1.05 亿元，固定资产超过 6000 万元，位居全国化妆品企业首位。其产品中，美加净是当时国内销量最大、品种规格最全，同时也是获奖次数最多和知名度最高的中国化妆品品牌。

如今看来，20 世纪 80 年代的中国，国企改革伊始，中国消费市场还是卖方市场，消费旺盛但产品稀缺严重，日用轻工业产品尤其短缺。上海家化在 80 年代中期，以市场为导向经营，建立遍及全国的销售网络，开通第一部消费者热线，成立第一家美容院和美容学校，才较早适应了市场经济的需求，这一批品牌如"美加净"、"露美"等在中国化妆品市场居首位。到了 20 世纪 90 年代之后，市场逐步进入买方市场，企业竞争日益激烈，国际产业资本也开始进入中国市场，加剧了市场竞争的多样性和复杂性。与国外企业相比，国内企业的优势只是比较了解中国市场，了解中国消费者，经营费用较低以及拥有已经建好的渠道。随着跨国企业进入中国市场，竞争日益激烈，虽然中国化妆品企业不断向其学习研发、生产、品牌策划、渠道等方面的经验，但整个行业中的每个企业随着科学技术进步的发展，其生产的产品科技含量越来越高，其中最为核心的是产品技术，中国企业追赶和自主创新的步伐不能太慢。当时，发达国家和国际上著名的香料公司每年在科研与开发方面的投入十分巨大，用于各种新技术和新产品的开发。

在这个机会窗口，美国的跨国巨头公司庄臣集团希望与上海家化合作。美国庄臣公司（SC Johnson Wax）是由山姆·庄臣先生于 1886 年创建的，位于美国威斯康星州的瑞辛市，已有120多年的历史，是一家家族性的企业。庄臣公司主要经营的领域是家庭清洁用品、个人护理用品和杀虫剂产品，其杀虫剂产品居美国市场份额第一，而之前尝试在美国市场推广护肤品等产品，却一直没有成功。1991年在政府的招商引资指令下，上海家化投入了2/3的固定资产，大部分骨干人员以及"美加净"和"露美"两个知名品牌与美国庄臣公司合作，建立了上海庄臣公司，由外方全面管理。但两家公司的联盟并没有好的结果，庄臣公司极力扩大其品牌产品，而对"美加净"的生存进行压缩，加上经营不善，市场份额下降，销售低迷，当年销售量锐减。更为严峻的情况在于，就在该合资联盟期间，世界十大化妆品公司都已经进入中国，凭借自身强大的全球网络以及营销管理等能力，在中国市场上竞争力超过民族化妆品品牌。

在跨国技术战略联盟迅速破裂的情况下，1992年5月，上海家化从合资的上海庄臣公司撤资，其大部分骨干员工回归到上海家化。1994年上海家化又用1900万元赎回了两个民族品牌，并重新开始做市场。本可以从合资公司获得的返利，这次合资使上海家化失去了四年的宝贵发展时间，"美加净"的销售额也从鼎盛时期的3亿元萎缩到了不足6000万元。而直至今日，"美加净"这个品牌也没有恢复昔日的风采。但上海家化公司也正是在这次联盟的教训中得以成长，随后进行了多次改组和创新发展，为上海家化从计划经济下的工厂向市场经济下具有强大竞争力的现代化企业蜕变积累了宝贵的经验。之后的上海家化开发了"六神"品牌，又与国内外其他企业和研究机构合作，不断研发自主品牌，有计划地将销售收入的3%~5%投入研发，建立国家级的科研中心和博士后工作站等，在中草药的个人护理领域在全国享有盛名。

细看上海家化与美国庄臣公司建立跨国技术战略联盟，其失败的原因在于：首先，中外企业当时大部分属于首次接触，可以借鉴的案例经验很稀缺，又是在行政力量的引导下进行的联盟合作，双方的合作机制十分不成熟。让外方全面管理整个合资公司的运营，也就是说，中方企业在这个战略联盟中几乎没有话语权，却付出了巨大的品牌资源、渠道资源和其他优质资源。其次，成立战略联盟、建立合资公司时，双方的战略动机中，中方缺乏技术型战略动机，对联盟稳定性有负向影响；而美国庄臣公司在联盟中取得了控制权，在合资公司的运作中偏向自己的利益。虽然合作双方也都有获取对方社会资本的动机，但在双方的战略动机中不是最重要的。最后，由于跨国公司的跨文化经营经验相对于国内公司丰富，在战略联盟过程中很大程度上中国企业处于不利位置，双方的文化差异巨大。上海家化有很强的国营企业背景，市场化程度并不太高，合作时间短、磨合不顺利时联盟的稳定性受到很大影响，而且，当时合作中，双方认为对方有很强的互补性资产，但事实却不是想象得那样，美国庄臣公司确实是有良好的管理经验、资金甚至技术，但不是在化妆品领域，而像上海家化等公司在产品设计开发和市场推广上不是具有绝对优势的企业，只是在市场化过程中走了一段顺风路，在刚刚开放的中国市场上满足了要求不高的消费者的需求。可以说，在技术联盟中，互相学习和共享知识的条件并不成熟，战略资源的互补性并不好。在这次合作中，上海家化得到了很多教训和经验，对其之后的经营和再次与其他企业建立技术战略联盟合作关系有指导意义。

（2）比亚迪汽车：以工程师文化与戴姆勒公司合作，势均力敌共画新能源汽车蓝图。现在汽车行业与以前相比有了很大的改变，中国已经成为世界上最大的汽车市场，而且在新能源汽车领域出现前所未有的大变化，并由之前的"单打独斗"逐渐变为"多方合作"局面，另外，汽车与互联网行业的紧密结合也在急速地改变整个汽车行业，移动互联网对汽车行业的改造将是革命性的。比亚迪（BYD）创立于1995年，现主要有IT、汽车和新能源三大产业，它的IT及电子零部件产业已经覆盖了手机所有的核心零部件及组装业务，而其镍电池、手机用锂电池、手机按键业务的市场份额均已达到全球领先。它在建立之初就与当时国际一流的品牌如摩托罗拉、诺基亚等合作，建立了良好的国际网络关系，推动了电池技术的研发进度。建立庞大的产品研发团队，投入大量资金研究全球的专利技术，大量使用非专利技术，并在它们的基础上进行组合集成和创新（杨桂菊、刘善海，2013），它是一家具有民营企业背景的香港上市公司。比亚迪作为全球领先的二次充电电池制造商，已经建成西安、北京、深圳、上海、长沙五大汽车产业基地，目前在整车制造、模具研发、车型开发等业务上也都发展不错，它的产业格局日渐完善并已迅速成长为中国创新型的新锐品牌。

从2003年比亚迪收购西安秦川汽车有限责任公司开始，它正式宣布进入汽车制造与销售领域，开始了它的饱受争议却发展良好的民族自主品牌汽车的发展征程。它生产的汽车产品包括各种高、中、低端系列的燃油型轿车，以及相关的汽车模具、汽车零部件等，还研发和生产双模电动汽车及纯电动汽车等。其中的代表车型包括F3、F3R、F6、F0、G3、G3R、L3/G6、速锐等传统的燃油汽车，S8运动型的硬顶敞篷跑车、高端SUV车型S6和MPV车型M6，以及领先全球的F3DM、F6DM双模电动汽车和纯电动汽车E6等。2008年，股神巴菲特入资比亚迪，2008年10月6日比亚迪收购了半导体制造企业宁波中纬，花费近2亿元，这整合了它的电动汽车产业的上游产业链，加快了其电动车业务的商业化步伐。正是这笔收购之后，比亚迪拥有了电动汽车驱动电机整体的研发和生产能力，而后成为电动车领域的领跑者和全球二次电池产业的领先者，能制造利用清洁能源的汽车产品。从1995年开始，比亚迪快速成长为一家大型跨国公司，拥有逾18万员工。

比亚迪的创始人王传福强大的人格魅力对比亚迪的公司文化有很大的影响。王传福是安徽人，他家庭不幸，但十分用功，从不名一文的农家子弟成长为国家高级工程师再到饮誉世界的"电池大王"。看上去内向而朴拙，而且相比同行保持低调的风格，他始终坚持自主开发研制产品，在工艺、原料和质量成本控制等方面也投入巨大，他的工科背景和研究所的工作经历影响了他的行事风格，在公司他更像是一个技术人员而不是一个企业家。作为公司董事长，他十分关心新型的技术，倡导"自己动手、丰衣足食"，公司很多高层都是当年毕业就进入比亚迪的大学生。比亚迪的工程师文化深远，理念是"以技术为王、创新为本"。他说，"一种新产品的开发，实际上 60% 来自公开文献，30% 来自现成样本，另外 5% 来自原材料等因素，自身的研究实际上只有 5% 左右"（王晓辉，2010）。比亚迪自 2004 年进入汽车行业以来，招聘了大约 1.5 万名工程师，正是因为比亚迪文化对工程师十分尊重，给工程师技能分享、学习和上升的空间，鼓励创意和创新。

而戴姆勒—奔驰公司于 1926 年由两家公司合并，是一家享誉世界的德国高档汽车生产商，它的两位创始人，一位是德国的工程师和发明家，另一位被称为"汽车之父"。它生产的梅赛德斯 - 奔驰汽车以质优价高而闻名，延续了德国企业严谨、精益求精的态度，此外，对科研和服务的重视也稳固了其在同行业中的地位，经历风风雨雨而保持了其企业文化不褪色。如今梅赛德斯 - 奔驰汽车也成为戴姆勒公司旗下增长最为强劲的部门。根据《理财周报》报道，来自戴姆勒旗下乘用车品牌的销量数据显示，2014 年梅赛德斯 - 奔驰汽车全球的销量同比增长 12.9%，至 165 万辆。其中中国市场的表现十分抢眼，在其全球销量中所占的比重由 14.9% 提高到了 17.1%，而戴姆勒这个牌子的汽车 2014 年全年在华的累计销量为 281588 辆，较之 2013 年的 218045 辆，同比大涨 29.1%。正是凭借戴姆勒对产品研究和开发的重视，它才能有效地巩固其在全球的竞争力。据其中国 CEO 蔡澈介绍，戴姆勒在 2015 年再次大幅度加大在研发上的投入，这个投入 2014 年约为 57 亿欧元。

2010 年 3 月，比亚迪与德国戴姆勒公司在几次谈判后，宣布就联手研发新型电动车达成了谅解备忘录，前期建立一个技术研发中心，主要展开电池技术研发，后期推出新品牌和以 50∶50 的股份成立新的技术合资公司——比亚迪戴姆勒新技术有限公司（BYD Daimler New Technology Co. Ltd.，BDNT），该公司于 2010 年 7 月正式成立。这是德国戴姆勒第一次在德国以外设立研发中心，两家共同投资 6 亿元成立的新公司用于开发专门在中国销售的电动车。而此前 2009 年 4 月，比亚迪曾与大众签署过合作谅解备忘录，谈判一年多的电池配套项目却"无果而终"。虽然舆论一致认为"戴姆勒与比亚迪联盟，将破坏自己的全球豪华汽车厂商形象"，但这没有阻止此次联盟。在此次战略联盟中，比亚迪也是技术输出方之一，不再是传统国内车企"以市场换技术"的路径，比亚迪主要负责电池和驱动技术，奔驰承担整车的开发。戴姆勒公司声称，比亚迪的磷酸铁锂电池比戴姆勒之前采用的锂电池更为先进。在此之前，2009 年，戴姆勒先是与特斯拉展开了合作，以 5000 万美元入股 9%，而到 5 年之后的 2014 年 10 月，戴姆勒做出了看空特斯拉，专注比亚迪的判断。戴姆勒和比亚迪两家公司的人马在建立战略联盟后迅速磨合，高效地开始完成使命。

2012 年 3 月 30 日，两家联合发布新车品牌"TENZA 腾势"，2014 年 2 月 12 日腾势宣布与 ABB 公司开展战略合作，生产和安装直流充电桩。腾势委托比亚迪代工生产，在比亚迪坪山工厂内建造了专门的车间，运行奔驰标准的生产流水线，由奔驰工程师支持调试。而作为新合资公司的首款产品，腾势在 18 个月里经历了全国各地多种极端天气的强化测试，总行程逾 120 万公里，安全碰撞测试中也成为首款在 C－NCAP 场地按照 C－NCAP 标准进行碰撞测试的电动车，达到五星标准。2014 年 9 月 26 日，新车正式在上海上市，10 月在北京上市，时尚版车型起售价为 36.9 万元，尊贵版为 39.9 万元。腾势的实际产品享受政策补贴优惠后的价格为 25.5 万～28.5 万元，处于低端到中高端之间，匀速续航里程为 300 公里，日常行驶续航里程在 250 公里左右，是国内目前除特斯拉 Model S 之外续航里程最长的，快速充电模式下仅需 1 小时可充满 80% 的电，时速可达 150 公里，同时与 iPhone 可以实现智能无缝对接。截至 2015 年 2 月 27 日，腾势获得了国内十二项大奖，包括网易的年度新能源车、《经济观察报》的年度最佳新能源车、胡润百富的新秀奖、《北京晨报》的北京人心目中最有价值的新能源汽车、寰球汽车传媒的 2014 年度新能源车型奖等。

这次战略联盟合作亮点颇多：一是这次是中国本土的汽车民营企业的第一次跨国技术战略联盟，打破了以往世界巨头看不上中国民营企业的旧观点；二是这是中国车企第一次在与国际巨头合作中有计划、有影响力地输出技术；三是它们区别于以前的合作模式，这次联盟的战略目标是开发一个全新的品牌，介于比亚迪和戴姆勒品牌之间。这在很大程度上归功于比亚迪从 2003 年进入汽车行业以来取得的十分惊人的成绩，它专注于核心电池技术的研发，在新能源领域开辟蹊径。2015 年 2 月 23 日，比亚迪发布声明：比亚迪电动客车首次出口到日本市场，京都快车巴士公司采购了 5 辆，也是中国汽车首次出口到日本。在丹麦哥本哈根的测试中，City－Trafik 巴士公司一辆比亚迪电动大巴分两段行驶完成 325 公里（202 英里）的一次充电路程，打破了之前的电动巴士续航里程纪录，该巴士采用的是比亚迪研发的磷酸铁锂电池，其一次续航里程为 250 公里。

比亚迪与戴姆勒进行技术战略联盟能保持稳定和达到既定的目标，主要的原因在于以下几点：第一，双方的资源互补性。比亚迪在新能源领域全线布局，具有技术和成本优势，靠着十几年的自主研发，掌握着电池、电机和电控的核心技术。2015 年，比亚迪汽车在新能源动力电池技术方面有了重大突破，即推出全新的磷酸铁锰锂电池，它的能量密度提升将大约有 40%。这将使比亚迪的汽车电池在实用性、可靠性上大大超过特斯拉。奔驰的汽车车体框架安全，做工性能及生产制造管理经验与比亚迪稳定的电池技术和成本优势形成强大互补性。对戴姆勒来说，该联盟是其推动中国市场电动车战略的重要支柱。对比亚迪来说，这是它通往高端的重要机会，两家在分工安排上各施所长，在结果上各取所需。第二，比亚迪与奔驰的技术战略联盟能保持稳定性，很大程度上是由于它们在设立合作制度时双方在信任的基础上谈判，积极完善合作制度，共同投资并以 50∶50 的比例建立合资公司，这种公平的气氛使双方能够长期相互信任，从而使合作关系更加紧密。这种合资的合作方式下，双方能有效地取得对方的资源，同时能在过程中有效地保护自己的资源。比亚迪和戴姆勒此前都有相当的国际化合作的经验，联盟在电池上与松下、索尼、GE、诺基亚、摩托罗拉建立的合作，在新能源汽车方面与丹麦、荷兰、德国、新加坡、智利等建立的合作关系，都对战略联盟的稳定性起到一定的作用。

2. 跨案例对比分析

针对上述两个案例，我们分别从合作机制、战略动机和情景因素对联盟稳定性的影响这三个方面来看它们的区别，对案例进行横向比较分析，结论如表 2 所示。

表 2 跨案例对比分析

联盟企业	合作机制	战略动机	联盟稳定的情景因素
上海家化和美国庄臣公司	合资公司，"露美"和"美加净"两个品牌与美国庄臣公司合资，合资公司由外方全面管理	美国庄臣公司希望开启中国化妆品市场，而上海家化则希望以优质资产投入，借得资金，学习先进的技术管理经验	联盟成员间的资源互补性在行业里没有优势，文化差距巨大，美国庄臣公司有投机行为的倾向，不到一年联盟破裂
比亚迪和戴姆勒公司	合资公司，等比共同投入，资本合作，股权为 50∶50，双方共同控制合资公司的运作	双方的战略动机都是获取社会资本，实现以技术换技术的目的，同时新合资公司开创新品牌来为两家公司共同开拓新能源汽车市场，一起应对其他的竞争者	两家公司都是市场化的公司，有比较丰富的跨文化合作经验，尤其是公司的文化距离较近，都以技术精益求精为目标，质量要求高；另外，成立联盟四年，两家公司在联盟中都积极地互相学习；在战略资源互补性上，两家在行业中优势非常明显，戴姆勒公司高端的品牌形象，精湛的整车开发技术，加上比亚迪在电池动力系统方面的优势，使得联盟达成稳定的合作状态

资料来源：本研究整理归纳。

第一，合作机制上，两个技术战略联盟都采取了建立合资公司的方式。上海家化和美国庄臣公司联盟中，上海家化是在政府的引导下投入"露美"和"美加净"两个品牌及自身的其他优质资产与外方进行合作，合资公司由外方全面管理；而比亚迪和戴姆勒的联盟中，合资公司双方是等比共同投入的，股权比例为50∶50，双方共同控制合资公司的运作，同时比亚迪与戴姆勒联盟的合作机制的建立是基于双方市场经济条件下的公平谈判。

第二，在战略动机方面，上海家化案例中，美国庄臣公司希望开启中国化妆品市场，而上海家化则希望以优质资产投入后能借得资金，学习先进的技术管理经验。在缺乏积极技术战略动机和行政引导下，上海家化放弃了管理权，而寄希望于合作伙伴好好管理自己的品牌，没过多久联盟就失去稳定性。比亚迪案例中，双方的战略动机都是获取社会资本，实现以技术换技术的目的，同时双方目标协商一致，用新合资公司开创新品牌来为两家公司共同开拓新能源汽车市场，互相学习进步，一起应对新能源领域其他的竞争者，在这样的积极战略动机引导下达成联盟的稳定。

第三，从技术战略联盟稳定的情景因素来看，上海家化案例中联盟成员间的资源互补性在行业里没有优势，加之文化差距巨大，美国庄臣公司投机行为的倾向没有得到很好的监督，合作机制不够完善，不到一年联盟破裂。比亚迪案例中，两家公司都是市场化的公司，都有比较丰富的跨文化合作经验，尤其是公司的文化距离较近，都以技术精益求精为目标，质量要求高；成立联盟至今，合资公司按计划完成新品牌汽车的设计生产和推向市场，两家公司在联盟中都积极地互相学习；在战略资源互补性方面，两家企业在行业里的优势非常明显，戴姆勒公司高端的品牌形象，精湛的整车开发技术，加上比亚迪在电池动力系统方面的领先优势，使得联盟达成稳定的合作状态。

三、理论分析与讨论

根据前述的案例纵向研究和跨案例分析，我们利用案例发现的信息与理论进行对照，通过案例与理论的结合讨论，得到本研究的命题和理论框架。

1. 跨国技术战略联盟的合作机制

通过前述的跨案例研究结果可以发现，跨国技术战略联盟的成员之间进行合作时，合作机制对联盟稳定性很重要。整个联盟合作形式主要取决于两个因素：合作者都希望通过联盟能取得其他合作者有价值的资源，同时能在合作过程中有效地保护自己有价值的资源，以维持自己的竞争优势（张延锋、刘益、李垣，2003）。胡珑瑛和崔岚（2012）指出，跨国技术战略联盟的核心是追求协同效应和知识获取，以实现技术创新的目的。战略联盟是一种介于市场与企业之间的中间组织，它能发挥组织化市场的作用。技术战略联盟存在的必要性在于技术资源具有不完全流动、不可模仿和不可替代的特点。它主要存在于研发成本较高、风险大的高科技行业，如生物科技、信息技术、汽车技术研发等（林季红，2003）。战略联盟主要包括以下两方面的合作类型：一是根据联盟伙伴之间的合约安排方式来看，双边契约联盟主要包括联合研究和开发、联合产品研制、长期供货合约、合作生产、联合营销、共享分销渠道或服务、标准制定等，单边合约则包括许可证方式和分包、分销协议等；二是根据股权安排方式来看，联盟合作可以采取参股或股权交换的模式，不产生新实体，或者是创建实体，像等股权合资和不等股权合资等。本研究中，虽然上海家化与美国庄臣公司共同出资进行合作，但管理权在一方（美方）手中，而比亚迪汽车与戴姆勒的合作中，双方建立资本合作机制，而且双方共同控制合资公司的运作，良好的联盟合作机制对联盟稳定性产生积极作用。跨国技术战略联盟建立之初，在考虑每一方的责任和权利时，需要着重强调合作制度作为管理整个联盟必须的行政手段（Kale 等，2007）。例如，通过有效监督联盟的例行业务活动，用具体的政策或程序指导以应付各种联盟突发事件的发生，合作制度机制可以通过正式和常规的程序、规则、惯例、规范和政策来促进双方的知识共享。所以，我们需要从两个理论视角讨论跨国技术战略联盟的合作机制：一是跨国技术战略联盟成员建立的合作制度；二是跨国技术战略联盟成员之间的资本合作。根据以上文献和案例讨论，建立如下研究命题：

命题1：跨国技术战略联盟成员之间建立合作制度并执行，可以提高联盟的稳定性。

命题2：跨国技术战略联盟成员之间进行有效的资本合作，可以提高联盟的稳定性。

2. 跨国技术战略联盟的战略动机

目前对技术战略联盟动机的理论研究中，学者们主要是从资源理论、组织学习理论、合作创新理论以及社会资本理论进行归纳。苏中锋、谢恩和李垣（2007）指出，对于高技术企业来说，有形资源和无形的知识能力等同样重要，即技术战略联盟的形成动机主要有两个：一是获取有形资源；二是学习知识和能力提升。陈效林、施建军、张文红（2010）研究了中国企业与国外企业的战略联盟，认为形成战略联盟动机里重要的一点是双方互相的知识获取。张公一（2011）对合作创新方面的理论归纳为交易成本、产业组织理论、资源和能力、集群创新等。从交易成本理论来看，技术战略联盟是在公司和市场中间范围内的组织，由于市场环境的变化，使得在这两者中间进行联盟能减少成本，因此公司会去外部市场寻找合作。产业组织理论、资源和能力、集群创新等都强调的是联盟合作创新在新环境下形成资源和能力的互补，能产生强大的生产力和技术溢出效用。张公一（2011）从四个维度描述跨国技术战略联盟的社会资本，分别是结构资本、认知资本、关系资本和位置资本，以跨国技术联盟组织的学习为中介因素，发现在跨国技术战略联盟社会资本正向作用于合作创新绩效的过程中，组织学习有明显的中介作用。东道国政府的一些保护性政策对跨国技术战略联盟的形成起到了促进作用。一是设置高的产品标准，环境保护规定，能耗标准的政策限制等，这些限制会提高企业进入该市场的风险。为降低产品和技术创新不被认可的风险，可选方案之一就是跟东道国相关企业和机构形成技术创新联盟。二是设置一些鼓励跨国技术战略联盟的优惠政策，让本国企业可以有机会跟国际性的大公司合作，从而学习和提高本国的技术创新能力（王辉，2007），跨国技术战略联盟的出现，带来了全球范围新技术的蓬勃发展，也极大地推动了世界经济的交流。所以，Anthony Goerzen（2005）认为，社会资本有利于联盟企业之间显性和隐性知识的传播与共享，进而将有利于企业吸收能力的提升。Yang G. 和 Maskus K. E.（2003）从关系的质量方面认为，社会资本有利于企业对知识的获取，特别是隐性知识的获取，知识获取是知识吸收的关键。本研究中，美国庄臣公司希望利用技术战略联盟获得市场，而上海家化则希望获取技术资源，战略动机的不对等没能对联盟稳定性起到推动作用；比亚迪汽车和戴姆勒公司双方都希望通过技术战略联盟获得社会资本，对等的战略动机正向调节了联盟的稳定发展。由此可见，获取社会资本是跨国技术战略联盟成员的一个重要战略动因，并影响着联盟合作与联盟稳定性的关系。所以，根据以上的文献和案例讨论分析，建立如下的研究命题：

命题3：高技术企业设定技术合作的战略动机可以正向调节跨国技术战略联盟企业合作与联盟稳定性之间的关系。

命题4：高技术企业设定获取社会资本的战略动机可以正向调节跨国技术战略联盟企业合作与联盟稳定性之间的关系。

3. 跨国技术战略联盟的稳定性

以往有很多学者以联盟中合作者的财务指标来间接地衡量联盟的绩效，这个对于技术战略联盟尤其不适合。一方面财务绩效跟联盟的成功关系并不紧密，另一方面短期的财务绩效提高可能并不是联盟的首要目标，联盟成员会更在意企业的长期利益。因此，本案例研究中绩效评估的主要标准是联盟的稳定性。本研究中技术联盟稳定性指的是联盟内的成员能留在联盟中而且持续投入自身的技术等资源以追求技术能力持续增长的一种状态。影响因素主要包括机制因素和非机制因素。这里机制因素指的是联盟之间的合作机制，非机制因素则是联盟成员本身的技术能力、战略、资源实力等。

目前关于联盟稳定性的研究中部分学者用博弈分析来进行解释，Inkpen 和 Beamish（1997）主要分析了跨国合资企业联盟，指出跨国企业如果有窃取知识的行为而不是追求共同利益，则不利于联盟的稳定性进而影响联盟绩效。Dickson 等（2006）的研究则指出，在松散型的合作中，合作方之间的资源依赖关系是十分关键的，它能够增强联盟稳定性，促使联盟成员加强对合作关系的承诺。这里的依赖性指的是合作的各方都从交往中受益的情况。另外，依赖关系也反映了合作各方退出联盟时必须承担的高额代价，这将使合作企业更倾向于保持合作关系的紧密。Das 和 Teng（2002）在研究中指出，联盟的内部环境因素包括伙伴企业间的合作力量、冲突、相互依赖性等，与联盟绩效有着直接联系，其中，联盟伙伴间的合作力量和相互依赖性这两个因素可以促进双方的合作力度，提高联盟的绩效，保证联盟共同目标的顺利实现；联盟伙伴间的冲突则会阻碍联盟双方人员的沟通和协作，从而降低联盟组织的绩效，甚至可能导致联盟的瓦解。项宝华（2001）认为，联盟的稳定性就是能够在联盟合作契约范围内维持其功能的属性并建立在全体联盟成员对合作所形成的共同认知基础上和激励相容基础上的一种制度均衡状态。赵昌平和葛卫华（2003）认为，联盟稳定性是联盟成员不愿退出该联盟，并且联盟之外的企业不愿加入到联盟组织中来。梅花（2006）提出判定企业战略联盟是否稳定的依据只能是各个企业的发展利益及其联盟整体利益的统一：第一，企业联盟的合力最大。战略联盟之所以建立，各联盟成员的资源整合以达到效用最大化是占主要地位的原因，以便各方都能达到既定的战略目标。第二，合作双方的利益分配与协作合理。双方都能收回其资金成本，达到市场占有率、销售量、新产品开发等具体指标。Zollo 和 Meyer（2008）将联盟的稳定性定义为基于合作者共享的有效合作的联盟能够成功运作及发展的程度。在本案例研究中，我们从两个方面讨论了跨国技术战略联盟的稳定性：一是战略联盟的绩效是否有提升，这是联盟成员不退出的理由；二是联盟制度的成熟和稳定，这是维系战略联盟存在的重要稳定性因素。

4. 跨国技术战略联盟情景

有鉴于本文案例研究对象的特殊性，开发特别的联盟情景因素对跨国技术战略联盟稳定性的影响机制，也是本文的独特性。研究对象的独特性要求我们提出如下需要明确的联盟情景因素：性质不同的成员形成的技术战略联盟，这些情景因素是有明显差异的，也会引致不同的联盟稳定和差异性创新绩效。洪兆平（2004）在研究中用产业组织经济学和资源学说这两种理论，建立了"联盟的伙伴分析—联盟的状态特征—联盟的绩效"的线性因果关系模型,通过该模型系统地分析了影响战略联盟绩效的关键因素。其中,伙伴分析主要包括市场共性、资源特性以及资源组合三个方面;而联盟状态特征包括共同优势、内部冲突、相互依赖性。另外,考虑不同企业之间的文化距离是导致联盟成员合作中的稳定性的关键因素(Kale,2007)。Li H. Y. 和 Zhang Y.(2007)认为,联盟成员是否具有国际化经验直接影响跨国联盟中的合作和联盟稳定,具有一定国际化经验的组织更容易获得联盟合法性地位,产生更好的联盟绩效。Lavie D.(2007)认为,在技术战略联盟形成之初,联盟成员是否具有战略和资源互补性是联盟成功的关键。所以,本文选择以上的控制变量对案例研究结果的影响加以讨论,以扩大研究的外部有效性。研究发现:在美国庄臣与上海家化的案例中,联盟成员间的资源互补性在行业里没有优势、文化差距巨大,美国庄臣公司有投机行为的倾向,不到一年联盟破裂;比亚迪汽车和戴姆勒公司的案例中,两家公司都是市场化的公司,有比较丰富的跨文化合作经验,尤其是公司的文化距离较近,都以技术精益求精为目标,质量要求高。另外,成立联盟后,两家公司在联盟中都积极地互相学习,在战略资源互补性上,两家在行业中优势非常明显,戴姆勒公司高端的品牌形象,精湛的整车开发技术,加上比亚迪在电池动力系统方面的优势明显,提升了联盟稳定性。根据以上文献和案例讨论,建立如下的研究命题:

命题5:跨国技术战略联盟成员之间的联盟情景因素(如联盟成员之间的文化距离、国际化经验和战略资源互补性)差异,导致不同的联盟稳定性。

根据以上的文献讨论和案例分析,提出本文的研究理论框架,如图1所示。

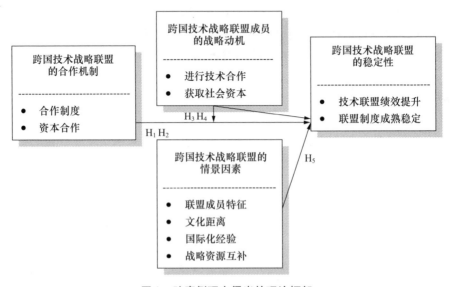

图1 跨案例研究得出的理论框架

四、结论与总结

越来越多的国内高技术企业通过建立跨国技术战略联盟的方式进行技术创新与合作，这个过程本身并不平坦。本文通过近年来的相关文献综述和跨案例研究，建立文章的研究命题和理论框架，通过深入的跨案例研究，得到如下结论：

第一，在比亚迪与戴姆勒的技术战略联盟中，虽然在建立联盟时，技术合作战略动机是双方合作的主要原因，但技术战略动机没有引发投机行为，根本原因在于双方的相互信任和通过谈判建立规范的合作制度对联盟稳定起到了制约作用。在合作中，双方获取社会资本的战略动机对联盟的稳定也有重要作用，合资公司的新品牌"腾势"借到了奔驰的品牌效用，奔驰对整车技术开发的精益求精，也借鉴了比亚迪自主研发的核心电池动力技术。在上海家化与美国庄臣公司的战略联盟中，家化公司的技术战略动机起到了负向作用，由于行政力量的引导，合作机制不完善，使得美国庄臣公司在战略联盟中处于优势地位，直接控制了合资公司，在取得家化的优势资源后极力生产和推广自己公司的产品，导致联盟破裂。

第二，在跨国技术战略联盟中，上海家化的国有企业背景不够市场化，另外，其参与国际合作的时间不长，较少的国际合作经验影响了其参与制定联盟合作机制过程中的谈判能力，导致联盟的制度制定和合资公司的管理权掌握在外资企业手中。比亚迪和戴姆勒公司都是充分市场化的公司，在文化距离上，两家公司都有工程师文化和对技术精益求精的文化，且具有相对丰富的国际化经验，尤其是在战略资源上有很强的互补性，这些都有助于提高技术战略联盟的稳定性。

第三，我国高技术企业在建立跨国技术战略联盟过程中，高效的合作机制的建立和具备一定的战略动机来安排联盟过程尤为重要。企业之间建立合作制度以及建立更紧密的合作关系（如通过资本合作），可以提高联盟绩效并提升联盟制度的成熟和稳定。另外，建立获取社会资本的战略动机，可以有效提高联盟绩效，但是需要在技术合作战略过程中防范投机性行为的发生。有效的战略联盟动机可以促进跨国技术战略联盟合作机制和联盟稳定的关系。

另外，根据研究结论，我们对高技术企业建立跨国技术战略联盟提出一些具有针对性的政策建议：

第一，在建立联盟前选择与企业有比较合适的有互补性战略资源的企业来建立联盟，然后针对联盟的战略动机与合作伙伴通过谈判达成共识，以期其对联盟的稳定形成正向影响，也可以防范投机行为的发生。更为重要的是，合作伙伴双方都应以合作共同创造新价值为重要的战略目标。

第二，在建立跨国技术战略联盟合作关系时，对自身和合作伙伴的战略需求有充分的了解，然后在彼此信任的基础上谈判，根据合作双方或多方各自的实际情况来选择合适的合作方式，建立合适而完善的合作机制，相应的激励措施和奖惩机制也应建立，保证企业利益与联盟利益的一致性，有效地提高联盟的稳定性，以保障战略联盟目标的实现。另外，对企业的技术资源也需要专利保护等法律手段，防止合作伙伴以不正当手段获取，或者随意复制这些技术。对于不适合使用专利的技术，可以减少对合作伙伴的透明度，或添加相应的使用限制条款在合作协议中。

第三，在合作过程中，了解合作企业之间的文化差距，在信任的基础上进行磨合，充分沟通，激发企业的创造力，减少文化距离带来的冲突。不断在联盟的合作过程中学习，通过"干中学"、"学中用"，不仅相互学习技术知识，也学习和感受合作伙伴的管理经验、流程制度、运营方法等。建立跨国技术战略联盟的目的需要企业时刻放在首要位置，建立跨国技术战略联盟是手段，企业的最终目的是提高自己的竞争实力，尤其是在技术研发方面，真正以创新为理念，在"模仿学习"的基础上重视自主创新，以创新人才为本，形成自己有独特优势的战略资源和能力，这样才能在激烈的市场竞争中取得成功。

参考文献

[1] 王辉. 论我国企业的跨国技术联盟战略 [J]. 企业研究, 2007 (1): 10 - 13.

[2] Sattler H.. Appropriability of Product Innovations: An Empirical Analysis for Germany [J]. Technology Management, 2003, 26 (5/6): 502 - 516.

[3] Byma J., Leiponen A.. Can't Block, Must Run: Small Firms and Appropriability [R]. Mario: The Mario Einaudi Center for International Studies, 2007.

[4] Janet Y. Murray, Masaaki Kotabe, Joe Nan Zhou. Strategic Alliance - based Sourcing and Market Performance: Evidence from Foreign Firms Operating in China [J]. Journal of International Business Studies, 2005 (36): 187 - 208.

[5] Yadong Luo. Structuring Inter - organizational Cooperation in Strategic Alliance [J]. Strategic Management Journal, 2008 (29): 27 - 46.

[6] Eisenhardt K. M., Graebner M. E.. Theory Building from Cases: Opportunities and Challenges [J]. Academy of Management Journal, 2007 (1): 25 - 32.

[7] 陈昊文, 李垣, 刘衡. 联盟还是并购: 基于环境动态性和企业家精神调节作用的研究 [J]. 管理学报, 2011, 8 (11): 1589 - 1595.

[8] Yin. R. K.. Applications of Case Study Research [M]. Thousand Oakes, 2003.

［9］杨桂菊，刘善海. 从 OEM 到 OBM：战略创业视角的代工企业转型升级——基于比亚迪的探索性案例研究［J］. 科学学研究，2013，31（2）：240 - 249.

［10］王晓辉. 奔驰联姻比亚迪悬疑待解［J］. 时代汽车，2010（6）：70 - 72.

［11］张延锋，刘益，李垣. 国内外战略联盟理论研究评述［J］. 南开管理评论，2002（2）：53 - 55.

［12］胡珑瑛，崔岚. 基于机会主义防范的技术创新联盟稳定性研究［J］. 科技进步与对策，2012（20）：27 - 31.

［13］林季红. 跨国公司战略联盟研究［D］. 厦门大学博士学位论文，2003.

［14］Kale，P.，H. Singh. Building Firm Capabilities through Learning：The Role of the Alliance Learning Process in Alliance Capability and Firm Level Alliance Success［J］. Strategic Management Journal，2007，28（10）：981 - 1000.

［15］苏中锋，谢恩，李垣. 基于不同动机的联盟控制方式选择及其对联盟绩效的影响——中国企业联盟的实证分析［J］. 南开管理评论，2007（5）：4 - 11.

［16］陈效林，施建军，张文红. 国际联盟中的学习与当地知识保护：改变知识模糊性［J］. 现代经济探讨，2010（5）：89 - 95.

［17］张公一，卢艳秋. 跨国技术战略联盟合作创新绩效机理研究［J］. 求是学刊，2011，38（6）：63 - 69.

［18］Anthony Goerzen. Managing Alliance Networks：Emerging Practices of Multinational Corporations［J］. Academy of Management Executive，2005，19（2）：94 - 107.

［19］Yang G.，Maskus K. E.. Intellectual Property Rights' Licensing and Innovation in Endogenous Product Cycle Model［J］. Journal of International Economics，2003（53）：169 - 187.

［20］Inkpen A. C.，Beamish P. W.. Knowledge，Bargaining，Power and the Instability of International Joint Ventures［J］. Academy of Management Review，1997，22（1）：177 - 202.

［21］Dickson P. H.，Weaver K. M.，Hoy F.. Opportunism in the R&D Alliances of SMES：The Roles of The Institutional Environment and SME Size［J］. Journal of Business Venturing，2006，21（4）：487 - 513.

［22］Das T. K.，Teng. B.. The Dynamics of Alliance Conditions in the Alliance Development Process［J］. Journal of Management Studies，2002（39）：725 - 746.

［23］项宝华. 企业持续技术创新的结构［M］. 沈阳：东北大学出版社，2001.

［24］赵昌平，葛卫华. 战略联盟中的机会主义及其防御策略［J］. 科学学与科学技术管理，2003（10）：114 - 117.

［25］梅花. 企业战略联盟稳定性研究［D］. 西北农林科技大学博士学位论文，2006.

［26］Zollo M.，D. Meyer. What is M&A Performance?［J］. Academy of Management Perspectives，2008（5）：55 - 77.

［27］洪兆平. 影响战略联盟绩效的因素分析［J］. 现代管理科学，2004（9）：43 - 45.

［28］Li H. Y.，Zhang Y.. The Role of Managers' Political Networking and Functional Experience in New Venture Performance：Evidence from China's Transition Economy［J］. Strategic Management Journal，2007，28（4）：791 - 804.

［29］ Lavie D.. Alliance Portfolios and Firm Performance: A Study of Value Creation and Appropriation in the U. S. Software Industry ［ J ］. Strategic Management Journal, 2007, 28 （ 3 ）: 1187 – 1212.

国际营销

佰草集走向世界^①

傅慧芬 熊 伟 孟繁怡[*]

　　隶属于上海家化联合股份有限公司（以下简称上海家化）的佰草集化妆品公司正式成立于 2001 年。经过公司十几年的努力，佰草集品牌已蜚声全国。2008 年，佰草集产品一进入法国巴黎，即被消费者接受，销量稳步增长，并陆续进入西班牙、土耳其、波兰、意大利、丹麦、瑞士、新加坡等国的市场。对于时任上海家化海外事业部部长柯毅来说，佰草集的发展前景让他既感到兴奋，又给他很大的压力。毕竟其海外市场的销售总额迄今还较小，董事会和股民们却怀有非凡的憧憬和期待。怎样快速扩展佰草集产品的入店门数，提升海外品牌知名度和形象，显著增加销售额和市场份额，成为每天萦绕他心头的难题。同时，如何利用佰草集在海外市场获得的初步成功，为整个上海家化海外业务的全面展开形成能力和资源的有效积累，进而为上市公司旗下的各个品牌在海外市场的陆续开花结果做好准备也是他的重要考量。

　　诞生于著名本土企业的佰草集，历经改革和改制，既赢得了发展机会和依靠，又面临坎坷和制约。怎样摆脱制约，把握机会，让佰草集在全球市场上适时出击，茁壮成长呢？本案例将具体分析日化市场和行业概况、佰草集的发展历史和眼下面临的挑战。

---

　　① a. 本案例是对外经济贸易大学国际商学院案例研究中心的资助项目，由傅慧芬教授、熊伟副教授和博士研究生孟繁怡合作开发完成，作者拥有著作权中的署名权、修改权、改编权。未经允许，本案例的所有部分都不能以任何方式与手段擅自复制或传播。b. 本案例曾被全国 MBA 教育指导委员会所辖中国管理案例共享中心评为"第四届全国百篇优秀管理案例"。笔者授权中国管理案例共享中心使用，中国管理案例共享中心享有复制权、修改权、发表权、发行权、信息网络传播权、改编权、汇编权和翻译权。c. 由于企业保密的要求，在本案例中对有关名称、数据等做了必要的掩饰性处理。d. 本案例只供课堂讨论之用，并无意暗示或说明某种管理行为是否有效。本案例涉及信息截至 2013 年 6 月。

　　* 傅慧芬：对外经济贸易大学国际商学院。熊伟：对外经济贸易大学国际商学院。孟繁怡：对外经济贸易大学国际商学院博士研究生。

一、国内行业背景

1. 国内化妆品和个人护理产品行业概况

进入 21 世纪以来，我国消费者可支配收入显著增多，销售渠道蓬勃发展，化妆品和个人护理品市场随之日益兴旺。欧睿信息咨询公司（Euromonitor）2012 年化妆品和个人护理品市场报告（C&T in China）的统计数据显示，2004～2011 年，中国个人护理品市场销售额的复合年均增长率为 9.5%。该报告还预测，随着 2010 年以后行业增长速度的放缓，2012～2016 年，市场销售额的复合年均增长率预计会下降到 8.8%。时至 2013 年，中国是亚太地区第二大个人护理用品市场，日本位列第一。

在中国的化妆品和个人护理品市场中，护肤及护发用品的销售收入最高，占全国个人护理用品市场销售总收入的 50% 以上。其中，在护肤产品类别内，最畅销的产品是面部滋润霜和面部清洁用品。随着中国人美容和个人护理消费意愿的增强，预计护肤品市场在 2014 年会达到约 500 亿元的销售额。近年来，市场上出现了一些趋势：第一，抗老化产品渐受欢迎。这类产品因具有特殊功效，销售价格也相对较高。第二，由于中国消费者偏爱比较白的皮肤，所以美白及防晒产品的销售额也增长较快。第三，男士也开始越来越多地关注自己的外表及护肤问题，这拉动了男士护肤品市场。

全球环境因工业化受到污染，气候变暖，疾病增多，消费者开始关注化妆品和护肤品的天然性和安全性。中草药产品天然、温和，人工添加成分较少，正迎合了消费者的需求，因此，中国市场上越来越多的化妆品和护肤品采用内含植物或中草药成分的配方。很多中、外本草植物护肤产品及品牌已被消费者接受和欢迎。这一趋势也存在于全球各地市场。据统计，截至 2010 年，欧洲发达国家发布的植物护肤系列品牌已达 900 多个，同比增长 52%；植物护肤系列产品数量达 8000 多种，同比增加 80%。

目前，日化行业在我国市场内有较高的市场集中度。2011 年，日化行业前四大企业的销售金额总和占全国销售（零售额）的 36.5%，前八大企业的销售金额总和占全国销售金额的 47.4%。欧莱雅与宝洁这两大跨国个人护理品集团不断增加在中国市场的投资。目前，中国已成为欧莱雅全球前三大市场之一。一些外国高档化妆品品牌也纷纷进入了中国市场。

2. 本草品牌竞争态势

在中国大陆，上海家化旗下的佰草集是最大的本草护肤品牌。它面对的最主要国内竞争对手是成立于 2000 年的"本草养肤"品牌相宜本草，该品牌致力于提供人人都能拥有的高品质天然护肤品。相对于佰草集的中端和中高端品牌定位，相宜本草主要走中档和中低档路线。目前，相宜本草的产品基本涵盖了美容护肤品的所有类别，其 60% 的产品通过商场及超市进行销售，销售网络已延伸至华东、华北、华中及华南等省市。在研发方面，相宜本草与上海中医药大学基础医学院有着长期合作，将汉方本草与现代科技相结合，创立了"肌芯养肤科技"。近年来，相宜本草的销售收入波幅较大。在 2007 年获得风险投资后，公司业绩增长较快。2008 年，其销售收入达 2.17 亿元。2009 年，这一数字就一跃成为 7 亿元。2010 年，其业绩增长放缓，收入为 8.2 亿元。面对国内化妆品行业传统销售渠道的压力，2011 年，相宜本草入驻拍拍网 QQ 商城，希望依托 QQ 庞大且年轻的用户群体，为品牌带来新业务，同时提升品牌形象。佰草集的另一个国内竞争对手是佰参堂，该品牌是一家集品牌经营与产品加工为一体的企业，其目标是打造性价比最高的大众本草。佰参堂十分重视技术发展，执着于和国家级研究院的技术合作。

在中国大陆，除了国内品牌，一些国外品牌也纷纷加入抢夺本草护肤品市场的战争中来。来自英国的美体小铺（The Body Shop，2006 年被欧莱雅收购）是高质量面部肌肤及身体护理产品零售商，"热爱生命、尊重人类生活环境和个人精神，公平贸易"是该品牌的宗旨和信念。其产品采用最高质素的天然材料，以符合道德和负责的态度栽培和采购，再以创新的理念生产，并诚实地推广，用合理的定价，让所有消费者受惠。目前，美体小铺在中国设有网上专卖店，另在一些大型城市各开一家实体店，公司还招揽加盟店。

另外，来自澳大利亚的天然有机植物护养品牌茱莉蔻（Jurlique），来自美国的高效植物护肤品牌悦木之源（Origins），来自法国的知名葡萄籽护肤品牌欧缇丽（Caudalie）以及同样来自法国的天然护肤品牌欧舒丹（L'Occitane）和自然之悦（L'aturephy）等，近年来也都来到中国大陆市场，在高档百货商场、高档专业化妆品零售店及官方网站上销售各自的产品。这些品牌具有相似的特点。首先，它们都强调拥有高品质的天然植物原材料。其次，它们都十分重视科技研究及技术创新，以提高产品的安全性及有效性。例如，茱莉蔻拥有专利提炼技术——生化精质萃取技术（Bio-intrinsic™），它可以提纯草本、植物及花卉，形成高效的活机配方。最后，这些品牌都拥有相似的价值观，即热爱自然、关注环境。它们具有较强的社会责任感，并倡导消费者保护地球。例如，悦木之源一贯实践环保行动、环保包装及环保政策。

二、佰草集的诞生与成长

佰草集所属的上海家化是一家具有一百多年历史的中国民族化妆品公司。亲历过近代中国政治和经济的沧桑变化，上海家化于 20 世纪 80 年代中国改革开放后开始快速发展。时至 2011 年末，该公司员工总数达到 1044 人。上海家化已经拥有国际水准的研发和品牌管理能力，成为与跨国公司开展全方位竞争的本土公司，其 2012 年营业收入达到 45.04 亿元，比 2011 年增加 26%；利润总额达到 6.15 亿元，比 2011 年增加 70%。

截至 2012 年 4 月，上海家化拥有 57 家全资或控股子公司，其中，包括 25 家化妆品、个人护理品牌子公司，美容、商贸服务子公司，以及各类产品（纸业、包装材料、医药科技、家化生物科技、酿造科研）子公司；30 家各地销售子公司；2 家境外佰草集子公司。

如今，上海家化正在力图把自己建成一家涉及化妆品、个人护理品、美容以及相关产业，横跨高中低端全线产品，同时进入国内和全球市场的企业。时任上海家化副总经理的王苗曾于 2010 年 9 月表示："公司以打造国内时尚产业民族品牌为主要目标，希望能在 5 年内打造成为国内时尚产业的领导者，10 年内成为像欧莱雅、宝洁一样的公司。"

上海家化于 2001 年在上海证券交易所上市，成为国内化妆品行业首家上市企业，集团内唯一一家上市公司。截至 2010 年 12 月，该公司的控股股东是上海市国有资产管理委员会，通过上海家化集团间接持有上海家化 1.20 亿股（占上海家化总股本的 28.38%）股份。2011 年 11 月 15 日，上海市国资委与中国平安集团下属平浦投资公司签署了《产权交易合同》，平浦投资以 51.09 亿元受让上海市国资委持有的上海家化 100% 股权。股权变动后，上海家化的实际控制人变更为中国平安。改制后，平安集团对上海家化 5 年内的考核要求较高，股权激励与业绩压力并存，激发管理层力争取得更好的业绩。2012 年上半年，上海家化完成了限制性股票激励计划。股权激励成本约 1.7 亿元，且覆盖面较广。上海家化的股权控制关系如图 1 所示。

上海家化打造中国本土高端品牌的愿望由来已久。20 世纪 90 年代，中国超过一半的高端化妆品市场份额已被外国品牌占据，市场上缺乏定位中高端的本土品牌。于是上海家化瞄准高端市场，开发了 Distance 牌香水。该产品采用了进口原料和法式包装，融入了员工的很多心血，但还是敌不过先入为主的西方品牌，

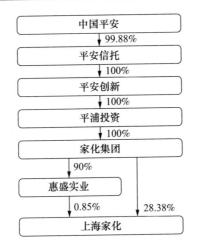

图1　上海家化的股权控制关系

资料来源：上海家化联合股份有限公司详式权益变动报告［EB/OL］.中证网，http://www. cs. com. cn/juyuan/600315/GSBG/374898601907. PDF.

Distance 不久以失败收场。虽然出师不利，与国际品牌竞争的经验和教训却也给管理团队打下了下次再战的基础。此后，上海家化开始探索品牌差异化战略，以求建立中华的民族品牌。它首先在六神品牌上运用了以中医中草药文化为基础的配方和品牌文化，这一战略取得了成功。这一正向激励给了上海家化借助中医中草药元素创建中高端品牌的信心。

1995 年，上海家化基于已有的中医药美容知识，决定通过挖掘和利用中草药美容资源，创建新品牌——佰草集。公司决定成立佰草集品牌小组，并为佰草集正式立项，研究开发以中草药为主要原料的产品品牌。上海家化科研部人员专程去神农架实地考察当地的药草资源，为佰草集的开发做基础准备。经过 3 年的努力，该小组为佰草集开发了以本草添加剂为特色的产品。研发人员秉承中国美容经典的精髓，获得糅合本草精华与现代生物科技的最新成果。同时，品牌小组创作提炼了"美自根源养有方"的美容理念。经过对产品定位、研发和营销模式的深入思考和研究，公司在 3 年里形成了一个清晰的目标：把佰草集塑造成一个全球运营的中国品牌。1998 年，佰草集品牌正式上市。

公司将知性的白领女性顾客群确定为佰草集的目标市场。然而，新生的佰草集品牌很难被顾客接受。在时任上海家化副总经理王苗的记忆中，佰草集的发展经历了三个阶段。第一个阶段是在提出中药本草护肤概念的最初三四年里，不被消费者所熟知，不被商场所接受，不被投资者所认可。按照上市公司所要求的投资回报率和回报期，它理应是一个被放弃的品牌，但上海家化顶住了所有的压力，坚持了自己建立民族高端品牌的初衷，并对该品牌持续投入。第二个阶段即"开始被认可的阶段"也经历了 3 年左右。2003 年佰草集实现 3000 多万元销售业绩，但与投入相比，仍属于入不敷出。2004 年，佰草集的销售网点突破 100个，销售达到了 5000 万元，第一次实现了盈利。2005 年以后的四五年属于被顾客群广泛认可的第三个阶段。2006 年，佰草集的会员数达到 27 万，其销售总额中的 45% 来自会员。截至 2012 年，其会员已达到 300 万。

进入快速成长期的佰草集急需资金供给养分。2009 年 11 月 25 日，上海家化董事会发布《上海家化：变更募集资金用途公告》，为了让佰草集能在激烈的竞争环境中进入第二轮发展快车道，与国际一线品牌展开有效竞争，董事会决定将公司原投资项目的剩余闲置募集资金 1.7 亿元继续追加投资到佰草集项目，主要用于佰草集的品牌建树、消费者沟通、渠道建设、海外市场拓展和固定资产购置。公司 2009 年年报预计，随着佰草集公司注册资本的增加，预计 2014 年实现销售收入 13.5 亿元，5 年内销售收入和毛利复合年均增长率达到 21.98%。以12% 折现率计，内部投资收益率为 23%，投资回收期为 4.02 年。

2009 年，佰草集公司在更新了大部分店铺的产品包装和店铺形象后，推出新玉润系列等受消费者欢迎的新品，同时加强营销传播，明显提升了品牌的知名度与美誉度，佰草集的很多产品随之荣获多个奖项（见表 1），这些产品的销售额也相应实现了大幅度增长。奖项信息的传播对消费者和公众产生了一定的影响力。

2010 年，佰草集推出了太极两仪、肌活新颜等新品，更新了逆时恒美系列抗衰老产品，同时公司大幅提高营销传播力度，大大提升了品牌的知名度与美誉度，又有 5 个产品接连获奖（见表 1）。2011 年 8 月，上海家化发布的 2011 年中报显示，该公司上半年实现净利润 2.07 亿元，同比增长 30%；上半年化妆品销售同比增长 20.1%，其中佰草集、高夫和美加净等品牌产品的销售实现快速增长，六神品牌也实现了两位数增长。根据 2009 年和 2010 年年报，上海家化毛利率已达到 55%。

表 1 佰草集历年获奖记录

年份	得奖者	荣获奖项
2005	美白嫩肤面膜	《时尚 COSMO》2005 年度美容评选大奖"专家评委团特别推荐奖"
	佰草集品牌	腾讯网"2005 年度最受欢迎化妆品品牌"
2006	佰草集品牌	《21 世纪经济报道》与《21 世纪商业评论》"中国创造奖——2005 中国最具创造力产品"（消费品领域）
	营销案例	"植根中华，美自根源"获"2006 中国十大最佳品牌建设案例"
	晒后修护冰肌雪芙	《时尚 COSMO》年度美容大奖

续表

年份	得奖者	荣获奖项
2007	佰草集品牌	第12届中国美容博览会"2007中国化妆品专卖店最佳品牌奖"
	逆时恒美紧肤颈霜	2007中国美容化妆品高新科技产品
		《时尚COSMO》年度美容大奖
2009	佰草集品牌	2009年度口碑营销先锋奖
		《女友》"最时尚草本概念品牌"
		"闺蜜网第二届美容品消费者满意度评选"荣膺"消费者最满意颈霜"、"消费者最满意面部去角质产品"等
	清肌养颜太极泥	《女友》"读者最喜爱奖"
	滋润洗发露	"2009新浪中国美妆口碑榜"最具网友好评度护发品
	晒后修护精华凝露	《时尚COSMO》年度美容大奖"年度防晒品"
	新玉润保湿菁华膏	YOKA时尚网&MSN"2009年度最受白领欢迎口碑面霜"
2010	佰草集品牌	瑞丽美容大赏特别汉方贡献奖
	逆时恒美紧肤颈膜	搜狐网"2009~2010年度最信赖颈部护理产品"
	新玉润保湿洁面泡	《时尚COSMO》美容盛典特殊贡献奖和最佳洁面产品奖
	新恒美紧肤精华液	Only Lady美容天后"最受关注汉方产品天后"
	清肌养颜太极泥	腾讯美妆最具影响力护肤产品大奖
2011	佰草集品牌	《化妆品报》中国化妆品最佳品牌奖
	佰草集太极日月蕴美精华	《时尚COSMO》美容盛典年度精华产品
	佰草集防晒乳液	PClady最具购买欲大奖
	佰草集汉方SPA	2011年度罗博报告"Best of Best罗博之选"SPA类大奖
2012	佰草集太极日月蕴美精华的包装设计	凭借其东方八卦阵设计外形,荣获全球包装设计大奖Pent Awards第六届美容奢侈品类铜奖

资料来源:笔者根据以下来源所获信息汇编:历年新闻报道、公司年报及佰草集网站/品牌故事/品牌历史,http://www.herborist.com.cn/history。

除了优秀新品的推动,2010年上海家化的销售费用同比增加31.4%,达到10.76亿元,几乎是其年营业收入的1/3。加之多年的品牌效应累积,佰草集的销售额近年来高速增长,2011年销售收入实现大幅度增长,零售销售额达到20亿元,提前4年并超额完成了预计2014年完成的销售收入。此外,佰草集在欧洲市场也取得不错的业绩,逐步形成了一批稳定的客户群。

三、产品特征与研发

1998 年 8 月，上海淮海路香港广场第一家佰草集专卖店开张时，产品种类不到 20 个 SKU（库存量单位），还摆不满柜台。在商场的专柜中，巴黎欧莱雅的产品线一般维持在 150 个左右，玉兰油也有 60 多个。

根据佰草集提供中药本草个人护理产品系列的定位，2001 年，佰草集推出了含红景天成分的护肤产品以试探市场。之后，佰草集按照从"每年一根草"（一种中药材）到中医特色更加鲜明的"每年一个方"（一个美容复方）的思路进行产品研发。中草药美容复方是按照中医用药"君臣佐使"的理论，将几味中草药配合使用，这种概念突出了中医药中蕴含的阴阳平衡的哲学，将佰草集和西方植物添加类品牌明显区隔开来。随着市场对中医药理论的效用越来越多地投出了信任票，佰草集的产品种类也从比较外围的个人护理产品到主流的保湿、美白护肤，再延伸到护肤品中技术含量最高、溢价也最高的抗衰老品类。

2004 年，蕴含白术、白茯苓、白芍、白芨等七种中草药萃集而成的"新七白"产品系列问世，其中的美白嫩肤面膜迅速成为市场的明星产品。其复方的概念，使佰草集与市场上其他中草药成分护肤品形成了真正的差异。2005 年和 2006 年，佰草集先后推出全天候的焕肤保湿系列和高端产品——逆时恒美系列产品。

2007 年，佰草集推出的"清肌养颜太极泥"深受消费者欢迎。其天圆地方的包装设计，表现了"君臣佐使"的配方理念和清肌养颜的效用，让人接触后即可感到中国文化阴阳糅合之精髓，显然与众不同。佰草集公司网站是这样宣传"清肌养颜太极泥"的："佰草集清肌养颜太极泥，以太极古方统领先清肌去污的黑泥和后补肤营养的白泥，组成'太极—清肌方'和'太极—润玉方'之架构，策动清之更清，极致补之更润的效能。先清后润，黑白两步，恢复肌肤平衡，令肌肤全面焕发自然盈润的光彩。"

2008 年 6 月的销量表显示，在佰草集的单品销量中，太极泥以 8.86% 的份额排名第一。到 2009 年，佰草集系列产品已经成为国内第一套以中国传统中草药复方精华为配方核心的系列高级个人护理用品，在国内市场的销售额约为 10 亿元。

截至 2012 年中，佰草集品牌已有太极系列、新七白系列、新玉润系列、肌活新颜系列、日照防晒系列、逆时恒美系列、舒盈祛痘系列、悦风舒润系列、新七白焕新系列、男仕君恒抗衰系列 10 个产品系列，180 余个单品（SKUs）①。

开发这些具有复方草本特色的产品，离不开品牌对科研技术的投入。2007 年 11 月 29 日，佰草集中草药研究所正式挂牌成立。该所建有 8000 多平方米的现代智能化科技开发中心，具有从中医理论研究、组方分析、药材遴选到提取工艺、功效测评、配方开发、安全测评等一系列中草药产品创意开发流程，成为中国第一个，也是世界第一个专门研究中草药美容的尖端科研机构。该所还与法国 DermoScan 实验室、Derma Development 实验室等众多合作伙伴共同开展研究，钻研中医药在当代时尚消费品领域中的应用。2005～2010 年，佰草集已相继招募了百余名科研人员，致力于新型产品的开发研制。另外，佰草集的博士后工作站会集了各路高科技专业人才，携手 7 个联合实验室，共同支持产品研发。现已有多个产品配方荣获国家配方发明专利。

佰草集的每一款新品，从概念到面市一般需要 16 个月的时间。在面部产品开发这个突围阶段，研发人员夜以继日地奋战。上海家化也有配套的政策予以激励：如果某一新品在市场上销量大，根据销售额，核心研发人员将得到数目不菲的年终奖励。佰草集"肌活新颜"系列产品的研发采用了类似 IT 行业的"开放式创新平台"模式，领先于竞争对手。该系列产品从概念讨论到 2011 年 4 月产品正式上市，只用了 8 个多月的时间，大大缩短了产品开发流程。

四、销售渠道与服务网点

在欧美发达国家，护肤品首先会通过超市销售，其次是药房，而后才是百货商店进行分销；而中国护肤品的销售渠道依次是百货商店、超市、专卖店。新的品牌很难进入理想的百货公司，争取到醒目的专柜位置。顶级百货公司的"门槛"首先是品牌基因：非进口品牌、无跨国公司关联、价位和品牌形象不够高的都被谢绝。佰草集只好从自建品牌专卖店起步。为此，公司就店面方位、装饰等所有视觉符号都制定了详细的方案。

1. 自建品牌专卖店

1998 年 8 月 28 日，上海家化公司在上海香港广场开出第一家佰草集专卖店，向市场推出基础护肤的平衡系列产品及以中草药为内涵的全新品牌。不过在上市初期，公司宣传的概念还不够清晰，据时任佰草集公司总经理的黄震回忆，一线

---

① 所谓单品（英文 Stock Keeping Unit, SKU）是指其品牌、型号、配置、等级、花色、包装容量、单位、生产日期、保质期、用途、价格、产地等属性与其他商品都不相同的一个产品。

经理们的感觉是"做得很累",而消费者、媒体、渠道都只是采取"一种观望或怀疑的态度"。前期的投入成本比较高,一个三四十平方米的专卖店,装修费和设计费就高达20多万元。但在市场开拓初期,自营专卖店的好处逐渐显现:能使厂家更接近消费者,更容易把握消费者心理,为产品研发提供准确的参考;但其缺点是开店速度慢,很难入主流。

2000年1月,公司启动了全国性特许经营的加盟制度,以拓宽佰草集的销售渠道。但因产品没有知名度,前期招募加盟商非常艰难。除了要求"本地人、学习能力强"外,佰草集对加盟商的其他要求与众不同:很多企业通过"挖墙脚"争取成熟的加盟商,而佰草集偏偏要求"单纯、最好没有化妆品行业经验"的对象加盟。这种"一张白纸"式的加盟商,虽然需要培养,但忠诚度更高。2005年1月,佰草集的专卖店突破100家。截至2009年,加盟经销商就贡献了佰草集70%的销售业绩。

佰草集在淮海路的佰草集旗舰店,每年仅店面租金就高达600万元。但公司认为,佰草集有必要和国际大品牌一起出现在淮海路、南京西路上。到2011年,佰草集已建有1100多家销售终端,其中专卖店和百货专柜各占一半,基本遍布所有省、市、自治区及港、澳、台地区,优势区域为华北、华中、福建等地。公司计划未来每年开店200家,实现单店收入增长约15%,预计未来收入增速可达30%~40%。

2. 百货商店品牌专柜

直到几年后进入北京时,佰草集才得以跻身百货公司专柜。北京城市面积大,存在多个独立商圈,每个商圈都有符合其形象要求的一线百货公司,不过彼此之间竞争也很激烈。佰草集的产品线日趋完善,品牌的影响力逐渐显现,专卖店的整体管理方案也经过了细致斟酌,以上海市场的成功与上海家化的品牌背书,与百货公司平等谈判已成为可能,佰草集终于得以进入这个圈子。

佰草集绿白色系的品牌专柜开在雅诗兰黛、迪奥和娇韵诗等国外品牌中间,标志着它真正跻身于中高端主流品牌。在进入百货商场等主流渠道几年后,佰草集进入销售规模爆发期,2005年销售额首次过亿,2006年销售额便达到2亿元,2007年再度翻番到4.2亿元,其中,专柜渠道贡献了总销量的七成之多。佰草集从一个概念独特的小众品牌,由此上升成为中国市场上主流的中高端化妆品品牌。

3. 品牌SPA店

2002年9月28日,佰草集SPA第一家店——中环店在上海淮海中路中环广场开业,使爱美的女士们得到更多独特的中草药专业护理享受。此时在佰草集的专卖店里,消费者可见到独特的中草药美容文化海报、精致的产品包装、生机盎然的绿色植物、温和亲切的笑脸；可听到自然产品的介绍和柔和曼妙的音乐；可闻到芳香迷人的精油；可尝到清爽甘甜的花草茶。佰草集使消费者从视觉、听觉、嗅觉、触觉、味觉上获得了全面的体验。

4. 高档连锁专卖店柜台

丝芙兰（SEPHORA）是国际知名化妆品连锁专卖店，1969 年创立于法国利摩日。丝芙兰专卖店不仅是一个销售场所，还是一个供顾客参观、漫游和探索美丽的自由乐园，这种体验式销售模式一经问世就受到了顾客的青睐。取得最初的成功之后，公司很快在随后的几年里连续开设了十几家新的连锁店，并于 1988 年首次落户法国首都巴黎。

著名奢侈品品牌集团 LVMH 在全球 24 个国家拥有 1500 家店铺。1997 年丝芙兰加入该集团。丝芙兰提供集护肤、彩妆、香氛、沐浴及工具于一身的全套产品，同时经销包括迪奥、雅诗兰黛、娇兰、兰蔻等 30 多个名牌的上千种产品，能够很好地满足顾客的各种需求与欲望。

但在激烈的区域竞争中，丝芙兰也时而水土不服。2001 年底，丝芙兰关闭了位于日本东京和大阪的两家店。2010 年 3 月末，丝芙兰又关闭了才开 18 个月，位于中国香港地处旺角荷里活商业中心的门店。日本和中国香港消费者观念趋于理性，和平价市场相辅相成，且先行品牌的销售网络比较完善，丝芙兰难敌化妆品平价商场莎莎，很难在这种境地凸显其品牌地位。

2004 年以前，丝芙兰只采取两种海外市场进入模式：一是在当地设立全资子公司；二是收购当地化妆品公司。然而丝芙兰来中国拓展业务时，中国政府对外资零售企业的限制政策使得合资成为可行的模式。拥有良好资源的中国本地企业上海家化自然是很好的合作伙伴。2005 年初，上海家化以 4273 万元参股 19% 和丝芙兰合资设立"丝芙兰（中国）化妆品销售有限公司"，负责丝芙兰在华的业务。

2005 年 4 月，丝芙兰在上海的第一家化妆品连锁店开业，佰草集便是第一个进入丝芙兰商店的中国本土品牌。2009 年 11 月，中国首家丝芙兰旗舰店在北京前门大街开张，成为继巴黎、纽约后的第三家旗舰店。市场研究人员评估称，2009 年丝芙兰在法国和美国市场收缩了 2% ~5%，而在中国市场则增长了 10% 左右。时任丝芙兰全球总裁的雅克·利维（Jacques Levy）在接受路透社采访时说，要开出一家高档化妆品零售店，起码要投入 400 万 ~500 万元。2010 年，丝芙兰将把开店的重点放在欧洲、美国和中国内地，以保持在这些地方的领先地位。根据母公司 LVMH 的财务报告，丝芙兰 2009 年的销售额达到 25 亿欧元，利润率是 10% ~11%。分析人士预计，扣除汇率因素后，2010 年的增长预期约为 4% ~5%。

截至 2012 年 5 月末, 丝芙兰已经在中国内地的 40 个城市拥有 121 家门店。佰草集产品也借道丝芙兰, 自然归入高档化妆品类别, 分销到全国各地。佰草集未来可能会主要扩展三种渠道: 在三四线城市百货还没有覆盖到的地方 (现在仅占 20% 的收入比重), 增加百货店品牌专柜; 类似丝芙兰之类的高档连锁专营店 (可能会增加 300 多家); 佰草集还会努力争取在未来 2~3 年保持每年 10% 以上的单店增长, 包括从人、财、物、事等各方面的全面改进和提升。

五、营销沟通与品牌形象

"佰草集"——集百草而成, 此品牌名称直接闪烁着中国元素。它温婉雅致, 清新含蓄, 让人闻声看字即感受到其地道的中国味。巧借人们曾经接触花草的舒心体验, 佰草集传递 "天地之气, 佰草之灵, 汉方之粹, 养根源之美" 的品牌精髓, 令人耳目一新。此外, "佰草集" 这个命名也顺应了现代人追求健康、追求天然的返璞归真的情绪。佰草集的营销经理们对其品牌内涵深入挖掘, 使之细化到 "中草药平衡护理" 的具体概念。他们试图凭借这一概念在国内化妆品市场上独树一帜, 并逐步建立了清新、自然、健康的品牌形象。基于这一新颖的品牌概念, 上海家化自 2005 年以来, 为佰草集持续开展了营销沟通和媒体公关活动, 宣传如下品牌概念: "佰草集作为现代本草中高档个人护理品, 是现代生物科技与传统本草精华结合的成果, 在产品开发中科学地运用了中医独有的平衡理论和整体观念, 并以高科技手段萃取天然本草精华, 使产品能有效调养身心, 令皮肤、机体、精神达到和谐、理想、形神兼备的最佳状态, 焕发自然、个性、健康根源之美。" 白底绿字的整套瓶包器皿的优美设计贴切地展现了这些理念, 同时这一风格的网站也与众不同, 给人留下深刻印象。

然而, 有力的市场推广需要不菲的资金投入。2004 年, 佰草集在全国有了60 多家门店, 年销售额也达到三四千万元。但可用以市场推广的资金实在是捉襟见肘: 化妆品企业一般将品牌销售额的 10% 用于市场推广, 即使按此比例, 佰草集的市场推广费也只有三四百万元。全年的市场预算尚不能支撑在一个省级电视媒体上投放两个月 15 秒的广告。

面对欧莱雅、宝洁等全球品牌 "明星 + 电视广告" 的营销攻势, 佰草集只能 "以静制动", 围绕平面媒体开展广告和信息沟通, 并特别讲究目标消费群体的针对性。品牌部有专人维护媒体资源, 与全国各种美容杂志、都市时尚类杂志保持很好的合作关系, 经常进行免费的产品赠送并加以选题配合。直到佰草集首次实现了盈亏平衡的 2005 年之后，公司才将市场推广费用从销售额的 10% 提高到了 20%。

除广告宣传外，佰草集积极参加各种认证和评比。2005～2007 年，白嫩肤面膜产品、佰草集品牌，乃至案例接连获奖（见表 1）。

2010 年起，公司开始努力推动佰草集太极面膜的电子商务，为此与行业一流企业建立产业链战略合作关系。经理们凭借完善的 ERP 系统、供应链管理系统、仓储管理系统等完整的技术系统，快速布局全国分布式仓储中心，打开产业链下游建立覆盖全网的销售通路。淘宝网上，佰草集太极面膜通过很多在线客户对佰草集太极面膜的众多好评快捷地解答了潜在顾客的问题。加之比实体店更优惠的价格，销售成效显著。

2011 年上市"新逆时恒美"系列护肤产品时，佰草集化妆品公司联合上海思迪广告有限公司，围绕核心的女性受众，推出满足其情感诉求的《逆时·恒美》微电影，同时通过微博、论坛、社群网站、视频网站等社会化媒体吸引受众围绕微电影制造话题，推广电影。该公司还在微电影推广宣传的热潮期推出 iPhone 手机游戏软件，用户可以通过观看微电影视频参与游戏并入店领取奖品。在两个多月的上线时间内，三方联动，形式多样的整合营销互动活动成功吸引了近 5 万微博粉丝和微电影观众，30 多万次转发及 2 万多条评论。结果"逆时·恒美"的影片总点击量突破 1250 万次，平均每天即有 20 余万网友观看影片。在 2011 年（第二届）中国手机应用软件大赛上，首次尝试 APP 的佰草集品牌荣获了"最佳创意奖"的殊荣。这使佰草集"逆时恒美"系列在目标受众群内的产品知名度和品牌美誉度都得到了大幅提高。

六、全球行业背景

1. 全球化妆品和个人护理产品行业概况

根据 Marketline 2013 年发布的报告，2012 年全球护肤品市场价值增长 4.1%，达到约 793 亿美元。预计 2012～2017 年，这一数字将攀升 27.8%，达到约 1013 亿美元。从销售数量看，2012 年全球护肤品市场增长 4.3%，达到约 109 亿件。预计到 2017 年，这一数字将增长 29.6%，达到约 141 亿件。面部护理品是全球护肤品市场中的最大品类，占整个市场总值的 65.2%；第二大品类为身体护理品，占整个市场总值的 15.2%。亚太地区是全球最大的护肤品市场，占全球护肤品市场总值的 44.8%；欧洲位列第二，占 32.8%；美洲位列第三，占 21.3%。目前，欧莱雅集团是全球护肤品市场中的领导者，其全球市场份额达 12.7%。从全球范围来看，护肤品市场相对分散，三大领先公司共占市场价值的 31.4%。

美国、日本和巴西分别是 2003 年及 2008 年全球化妆品和个人护理品市场规模最大的三个国家。人口和人均国民总收入水平似乎是构成各国此类产品市场规模的重要因素（见表 2）。尽管预计在 2013 年，美国仍是全球化妆品和个人护理品市场规模最大的国家，但其市场一直都在缩小。预计到 2013 年，巴西将超过日本，成为全球第二大化妆品和个人护理品市场。中国市场会经历较快的增长，市场规模位列第四。德国市场会经历微小的负增长，位列第五（见图 2）。

表 2　化妆品和个人护理品主要国家市场 2012 人口和人均国民总收入比较

国家	人口（万人）	人均国民总收入 GNI（按图表集法衡量，美元）	人均国民总收入 GNI ppp（按购买力平价法衡量，美元）
美国	31390	50120	50610
日本	12760	47870	36290
法国	6570	41750	36720
德国	8189	44010	41890
英国	6323	38250	36880
俄罗斯	14350	12700	22720
巴西	19870	11630	（2009）49370
中国	135100	5749	9210

注：按照世界银行 2013 年 7 月 1 日根据人均国民总收入水平界定的收入国家组新分类：1035 美元以下为低收入，1036 ~ 4085 美元为下中等收入，4086 ~ 12615 美元为上中等收入，12616 美元以上为高收入。

资料来源：世界银行网页，http：//search. worldbank. org/data？ qterm = GNI% 20per% 20capita% 20PPP & language = EN，2013 － 07 － 30.

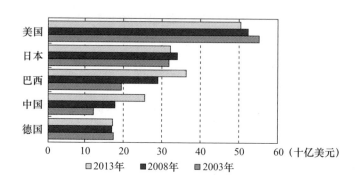

图 2　全球化妆品和个人护理品市场规模前五大国家

资料来源：摘译自 "Euromonitor International Annual Beauty and Personal Care Survey" (2010 edition)，欧睿数据库。

2. 地区化妆品和个人护理产品行业概况

2008 年，在亚洲的发展中市场，中国拥有最大的市场规模，其市场价值接近 180 亿美元，其次是印度和泰国。但从人均消费化妆品和个人护理品的数额来看，泰国名列第一，其人均消费额超过 45 美元，马来西亚紧随其后（见图 3）。同年，在亚洲的发达市场，韩国拥有最大的市场规模，其市场价值接近 60 亿美元。中国台湾位列第二，市场价值接近 30 亿美元。中国香港和新加坡虽然市场规模相对较小，但其人均消费化妆品和个人护理品的数额却比韩国和中国台湾高，分别接近 175 美元和 160 美元（见图 4）。

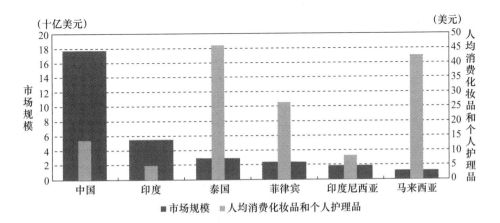

图 3　2008 年亚洲的发展中市场化妆品和个人护理品消费情况

资料来源：摘译自"Euromonitor International Annual Beauty and Personal Care Survey"（2010 edition），欧睿数据库。

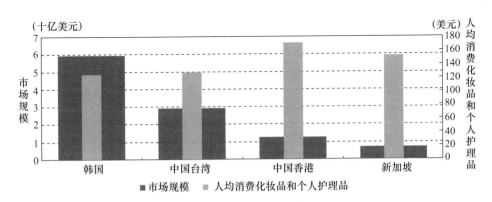

图 4　2008 年亚洲的发达市场化妆品和个人护理品消费情况

资料来源：摘译自"Euromonitor International Annual Beauty and Personal Care Survey"（2010 edition），欧睿数据库。

2008 年，在东欧化妆品和个人护理品市场中，俄罗斯、波兰及乌克兰为市场规模最大的国家，其在该地区的市场份额分别为 47%、16% 和 9%。三国共占东欧化妆品和个人护理品市场价值的 72%（见图 5）。从品类细分看，护肤品、洗发护发品和香水是东欧化妆品和个人护理品中对市场贡献最大的三类产品。其中，护肤品的市场价值超过了 50 亿美元，且其在 2008～2013 年复合年增长率达到约 3.6%。另外，男士化妆品及洗浴品在 2008～2013 年经历相对较快的增长（见图 6）。

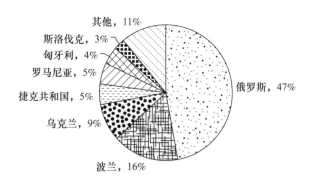

图 5　2008 年东欧国家化妆品和个人护理品市场消费占比

资料来源：摘译自"Euromonitor International Annual Beauty and Personal Care Survey"（2010 edition），欧睿数据库。

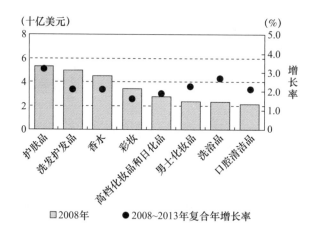

图 6　2008 年东欧国家化妆品和个人护理品销售额品类细分

资料来源：摘译自"Euromonitor International Annual Beauty and Personal Care Survey"（2010 edition），欧睿数据库。

2008年，在南美地区，巴西和墨西哥是两大化妆品和个人护理品消费市场，其市场份额分别占该地区市场总额的55%和16%，合计占71%（见图7）。在该地区的化妆品和个人护理品市场，洗发护发品、香水及护肤品是对市场贡献最大的产品类别。2008年，南美洗发护发品的销售额约为120亿美元，预计2013年，这一数字将接近140亿美元。同时，香水和护肤品的销售将经历相对较快的增长，预计到2013年，香水和护肤品的销售额将分别达到约120亿美元和90亿美元（见图8）。

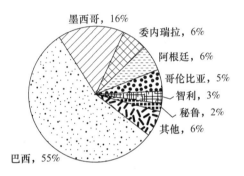

图7　2008年南美国家化妆品和个人护理品消费占比

资料来源：摘译自"Euromonitor International Annual Beauty and Personal Care Survey"（2010 edition），欧睿数据库。

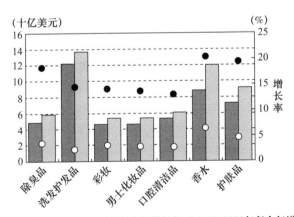

■2008年　□2013年　●2008~2013年复合年增长率　○2003~2008年复合年增长率

图8　2008年南美国家化妆品和个人护理品销售额品类细分

资料来源：摘译自"Euromonitor International Annual Beauty and Personal Care Survey"（2010 edition），欧睿数据库。

另外，2006~2010年，整个欧洲护肤品市场以稳健的速率赢得增长。2010年，该地区市场总收入达到约251亿美元，市场总量约为29亿件。面部护理类产品是欧洲护肤品市场中最赚钱的类别，其总收入为150亿美元，相当于市场总值的59.9%。相比之下，身体护理类产品在2010年的收入为46亿美元，相当于该市场总收入的18.2%。欧莱雅与拜尔斯道夫是欧洲护肤品市场中的两大主导者，其市场份额分别占该地区总额的20.3%和17.9%。预计2010~2015年，欧洲总体市场的增长速度将会减慢，年复合增长率预期为3%。到2015年，欧洲护肤品市场总值将达到291亿美元。

2010年，亚太地区护肤品市场价值增长5.1%，达到约343.95亿美元。这一数字将在2010~2015年有望增长23.8%，达到425.74亿美元。2010年，该地区市场总量约为56.42亿件。到2015年，市场总量将增长25.8%，达到70.95亿件。面部护理产品的市场份额最大，占该地区市场总值的72.1%。在亚太市场中，日本的市场份额最高，达到了50.6%，中国的市场份额为27.2%。花王在该地区拥有领先地位，占该地区市场总值的10.5%；资生堂紧随其后，占该市场总值的10.3%。

3. 主要发达国家护肤品市场概况

目前，在世界主要发达国家中，从产品市值来看，日本是第一大护肤品消费市场。2012年，其产品市值达到约125.22亿美元，遥遥领先于其他国家。根据MarketLine的预测，这一数值在2017年还将增长6.8%，达到约133.73亿美元。美国和法国分别是第二和第三大护肤品市场，其2012年产品市值分别约为95.17亿美元和50.209亿美元，2012~2017年的增幅亦均在10%以上。虽然英国目前的产品市值相对较小，但其在2012~2017年，它将增长15.5%。从市场容量看，美国位列第一，日本紧随其后。值得一提的是，日本市场容量的增长速度缓慢，预计2012~2017年，其增长率仅为1.8%。而德国将面临2.1%的负增长。从欧洲范围来看，法国是最大的护肤品消费国。在不同国家，占主导地位的护肤品集团各有不同。其中，欧莱雅在欧洲拥有较强的市场地位。在这些国家中，都存在一定的市场集中度，其中，法国的市场集中度最高，市场内三大领先者的市场份额占法国市场总额的67.4%（见表3）。

另外，2012年，在法国、德国、英国、美国和日本等发达国家中，面部护理产品对各国的护肤品行业价值贡献均为最大，其市场份额都达到55%以上，其中，面部护理产品在法国和日本的市场份额最高，分别为68.0%和65.4%。身体护理品是对这五国护肤品行业价值贡献第二大的品类，除法国外，它在各国的市场份额均在20%左右；在德国，其市场份额达到21.9%。在法国、英国和美国，防晒产品是对护肤品行业价值贡献第三大的品类。而在德国和日本，份额排名第三的品类分别是卸妆产品和护手产品（见表4）。

表3   世界主要发达国家护肤品市场规模与发展比较

国家	2012年产品市值（亿美元）及增长率（%）	预计2012~2017年产品市值（亿美元）及增长率（%）	2012年市场容量（亿件）及增长率（%）	预计2012~2017年市场容量(亿件)及增长率（%）	最大品类及占市场总值的比例（%）	护肤品占欧洲总产值比例（%）	护肤品市场领先者及占本国CT市场份额（%）	市场集中度及三大领先者市场份额（%）
英国	28.20 1.9	32.58 15.5	2.57 2.1	2.76 7.3	面部护理品 59.4	10.8	欧莱雅 24	中度集中 41
德国	46.45 -0.7	49.83 7.3	4.15 -0.6	4.06 -2.1	面部护理品 60.1	17.9	拜尔斯道夫 25.4	较为集中 47.5
法国	50.20 2.5	56.78 13.1	5.80 1.8	6.30 8.7	面部护理品 68.0	19.3	欧莱雅 29.6	集中 67.4
美国	95.17 2.8	107.78 13.3	12.08 1.2	12.78 5.7	面部护理品 55.7		宝洁 15.1	中度集中 39.1
日本	125.22 1.2	133.73 6.8	7.17 0.3	7.30 1.8	面部护理品 65.4		花王 18.1	中度集中 39.7

资料来源：笔者根据MarketLine以下报告中的数据汇编：英国护肤品行业研究报告、德国护肤品行业研究告、法国护肤品行业研究报告、美国护肤品行业研究报告、日本护肤品行业研究报告，2013年4月。

表4   主要发达国家护肤品市场品类份额比较：2012年市值份额

品类	法国	德国	英国	美国	日本
面部护理产品（%）	68.0	60.1	59.4	55.7	65.4
身体护理产品（%）	12.4	21.9	19.9	19.9	19.5
防晒产品（%）	9.2	5.1	12.3	12.9	3.5
脱毛产品（%）	5.9	3.0	2.1	2.4	1.0
卸妆产品（%）	3.0	6.0	1.9	2.6	0.5
护手产品（%）	1.5	3.9	4.4	6.6	10.1
总计（%）	100	100	100	100	100

资料来源：笔者根据MarketLine以下报告中的数据汇编：英国护肤品行业研究报告、德国护肤品行业研究告、法国护肤品行业研究报告、美国护肤品行业研究报告、日本护肤品行业研究报告，2013年4月。

4. 分销渠道概况

从全球范围看，超市和超大型超市为护肤品市场的主流分销渠道，其市值占总体市场的34.0%，护肤品专业零售店占据了市场的另外29.3%。在欧洲，超市和超大型超市为护肤品市场的最主要分销渠道，其市值占欧洲总体市场的

37.0%。药房和药店及护肤品专业零售店紧随其后，分别占该地区市场总值的25.2%和25.1%。在亚太地区，护肤品专业零售店为最大的分销渠道，其市值占该地区总体市场的36.0%，超市和超大型超市为第二大分销渠道，占该地区总体市场价值的24.7%（见表5）。

表5　全球及各区域护肤品市场分销渠道：2012年市值份额

渠道	全球	欧洲	亚太
超市/超大型超市（%）	34.0	37.0	24.7
护肤品专业零售店（%）	29.3	25.1	36.0
药房/药店（%）	12.4	25.2	—
百货公司（包括免税商店）（%）	9.8	—	15.5
其他（%）	14.5	12.7	23.8
总计（%）	100	100	100

资料来源：根据 MarketLiner 以下各份报告汇编：亚太护肤品行业研究报告、欧洲护肤品行业研究报告、全球护肤品行业研究报告，2013年4月。

具体来看，超市和超大型超市为法国护肤品市场的最主要分销渠道，其市值占该国总体市场的39.6%，药房和药店占据了市场的另外33.8%。在德国，药房和药店是护肤品的主流分销渠道，其市场份额达到60.2%，超市和超大型超市的市场份额为25.4%。在英国，超市和超大型超市是最大的分销渠道，其市值占该国总体市场的46.9%，护肤品专业零售店与药房和药店占有相似的市场份额，分别为18.6%和17.0%。在美国，超市和超大型超市是主流分销渠道，护肤品专业零售店为第二大渠道，它们的市场份额分别为57.0%和18.9%。在日本，护肤品专业零售店拥有44.9%的市场份额（见表6）。

表6　主要发达国家护肤品市场分销渠道：2012年市值份额

渠道	法国	德国	英国	美国	日本
超市/超大型超市（%）	39.6	25.4	46.9	57.0	16.6
护肤品专业零售店（%）	18.8	4.5	18.6	18.9	44.9
药房/药店（%）	33.8	60.2	17.0	10.3	—
百货公司（包括免税商店）（%）	—	3.6	—	8.6	16.5
其他（%）	7.8	6.3	17.5	5.3	22.0
总计（%）	100	100	100	100	100

资料来源：根据 MarketLine 以下各份报告汇编：亚太护肤品行业研究报告、欧洲护肤品行业研究报告、全球护肤品行业研究报告，2013年4月。

在欧洲市场中，丝芙兰及来自德国的道格拉斯（Douglas）为主要的护肤品连锁专营店。总部在德国哈根市的道格拉斯控股有限公司是德国的香水、书、珠宝和糖果零售商。公司源于 1821 在汉堡建立的香水和肥皂厂——J. S. 道格拉斯 Söhne。1863 年，它建立了第一家分公司 Christ。1910 年，第一家道格拉斯香水公司在汉堡开张。道格拉斯控股有限公司的前身是成立于 1949 年的胡塞尔 Sü Bwarenfilialbetrieb 有限公司，1962 年改为股份制公司。1969 年被收购的 Parfümerie·道格拉斯，很快成了该公司的主要支柱，1976 年改名为胡塞尔控股有限公司。1989 年，该集团公司改名为道格拉斯控股有限公司。

该集团所辖的零售店按产品类别各有不同的字号：香水和化妆品——"道格拉斯"（Douglas）、书——"塔莉亚"（Thalia）、珠宝——"基督"（Christ）、女装——"AppelrathCüpper"和糖果——"胡塞尔"（Hussel）。它拥有 1900 家商店，其中的 1500 多家在德国、欧洲和美国。近年来，它在东欧市场发展较快，先后进入了匈牙利、波兰、俄罗斯和斯洛文尼亚等市场。

七、佰草集的国际营销步伐

1. 中国香港试水

上海佰草集化妆品有限公司在 2001 年 7 月初成立后，就迈出进入海外市场的第一步，即在中国香港旺角开设了首家香港专卖店，7 月 18 日又在香港铜锣湾开设第二家分店，从内地派管理人员常驻香港，高薪聘请终端销售员。虽然其产品受到好评，但佰草集在香港市场的拓展比较缓慢。原因之一是，旺角那里有一个采取一站式化妆品专卖店模式的莎莎，该店通过独家品牌代理方式将许多适合亚洲人皮肤的品牌引入香港，拥有这些品牌产品的价格优势，因而拥有足够的利润空间。目前在莎莎销售的品牌超过 400 个，包括约 1.5 万种产品，其中有 100 多个美容品牌是独家代理，这部分业务占到莎莎总零售额的 35%。一般化妆品的渠道成本约占 70%。大批量进货是莎莎砍价的筹码，莎莎也因此开始直接与世界各地的厂商接洽。省下渠道的费用，能使莎莎的店内价低于专柜价 20% ~ 50%。

尽管佰草集试图以高档化妆品形象出现，不同于莎莎，但在其他高档品牌对手的对照下，它的表现缺乏自信：两个店的店面布置和标牌设计都向国际品牌看齐，还在产品包装上印制了全英文说明，连"佰草集"都译成英文，没有显示原本充满中国传统文化韵味的三个字。在消费者眼里，它和欧美二三流的品牌无大差别。2005 年，佰草集黯然退出香港市场。

2005～2007 年，上海家化及其子公司新品迭出，销量上升，经过大陆市场的摸索，品牌资产运营逐渐成型。基于此，佰草集 2007 年重拾信心，二次启动进入欧洲等境外市场，香港也是其中一部分。

在香港，佰草集再进铜锣湾。然而在国际品牌的角逐中，佰草集的经营理念仍显稚嫩，管理避实就虚，品牌设计、产品销量仍然达不到规模，而店租却高达几百万港元/年，难以突破盈亏平衡点。之后，佰草集撤销自营专卖店，转而进入屈臣氏连锁店，开设货架。结果产品在屈臣氏的销量略微增多，但因品牌定位不够清晰、选址不够到位，销量还是停滞不前。痛定思痛，上海家化认为失败的原因在于直接将内地的营销方式硬搬到了香港市场，投入和产出完全不成比例，品牌也没有打动香港消费者。假如佰草集进入莎莎，销量有望大大提高，可代价是要以价廉吸引人，经理们担心其结果会影响内地市场的价位，所以不予考虑。

经营健康和美容产品的连锁专业店——万宁（Mannings）在香港和屈臣氏一样家喻户晓，号称是香港最大的个人护理连锁店，品牌形象和运营情况都比屈臣氏更好。2008 年 12 月，重进香港的佰草集和万宁合作小专柜，配上顾客顾问，突出品牌定位，代表中华文化的中高端化妆品品牌。半年以后，佰草集在香港销售收入就增长了 10 倍。

2010 年，佰草集在香港的营业成本为 566.52 万元，营业收入达 1084.48 万元；2011 年营业成本为 582.68 万元，营业收入却为 1051.25 万元，减少 3.06%。

2. 进入法国市场

中国经济 30 年来的高速增长也使得各国民众对中华文化的兴趣不断上升，很多人喜欢吃中餐、到孔子学院学汉语，参加中华文化活动的动力愈益强劲。2007 年前后，佰草集感觉到进入欧洲市场的时机趋于成熟。

（1）信心和挑战。佰草集步入欧洲市场的信心也源于它与总部在法国的丝芙兰在中国市场上的合作。2005 年 4 月，丝芙兰在上海开化妆品连锁店伊始，佰草集产品就进入了该店。在开放和具有现代风格的丝芙兰店铺里，顾客可以自由地探寻尝试各式各样出色的产品，如护肤、美容、沐浴、身体护理及护发和香氛等；丝芙兰供应品质卓越的一流品牌；专业的店员会在身边鼓励顾客大胆地尝试最新最好的产品，顾客由此可以体验到一种因美丽而带来的无法言喻的喜悦情感。佰草集与丝芙兰两年的合作使双方增进了互相了解和信任。

经过 SWOT 分析，经理们对进入国际市场既有信心，也很担忧。他们认识到佰草集的优势在于品牌所含的中国元素、已有的天然有机美容品定位和形象、与丝芙兰建立的厂商—零售商的良好合作关系以及在本土积累了丰富的服务经验。佰草集面临的机会是欧美消费者追求植物类化妆品的趋势方兴未艾，潜在市场增大；2008 年北京奥运会将引起世人对中国文化和相关产品的关注；网上购买化妆美容品已成风尚。弱点是佰草集的国际品牌知名度才刚起步；公司缺乏国际营销经验和足够的营销资金。威胁是面临来自英、法、日等发达国家，印度和中国等天然植物类化妆品品牌激烈的国际竞争；原材料价格持续上涨；"中国制造"的档次形象以及投资风险等。

2006年9月，佰草集公司五人团队来到巴黎，当时接待他们的只有丝芙兰的一位采购经理。佰草集提出其产品进入欧洲丝芙兰店铺的进一步合作愿望。采购经理表示，佰草集看起来是一个不错的牌子，但不够时尚；他还不客气地指出，同一产品的包装存在色差，同一个品牌下的产品包装缺乏统一的视觉标识，难以被认知为高档系列化妆品。结论是，佰草集能不能在丝芙兰法国上市，还需内部讨论。

体验了法国高档化妆品零售商的傲慢之后，经理们很快在之后的沟通中由不满变为理解：丝芙兰需要考虑进店品牌的形象与该店定位的一致性和销售潜量。采购经理所提的问题都体现了欧洲顶级化妆品市场的专业性和高标准，经理们返回上海后逐一加以修改和解决。

（2）定位延伸与概念修改。进一步的沟通之后，丝芙兰于2007年初同意让佰草集5个手足部护理的非主流产品进店。佰草集在中国本土的品牌定位是"个人护理的全面解决方案"，但该定位不被丝芙兰经理们接受，他们不认为佰草集是个全面皮肤护理（Total Skin Care）的品牌。上海家化感到受歧视，不能接受只在丝芙兰店内销售其护手霜或护脚霜，仅起到该店补缺的作用。况且如果只上溢价低的手足部产品，只是普通的"中国制造"而已，输不出品牌文化。上海家化确定了两条战略原则：一是坚持登陆法国市场一定要从面部护理开始，因为面部对化妆品品质要求最高，只有在面部护理上获得认同，才能实现品牌和文化的认同；二是佰草集既然去了世界化妆品顶级市场，就必须实现盈利，否则不能证明获得了那个市场消费者的认可。为此，营销团队就得把佰草集所承载的中国传统美容文化传递给丝芙兰的欧洲采购团队。在谈判进行得比较艰难的时候，葛文耀迅速充实了佰草集团队，数名拥有长期外资和海外工作经历的高层管理人员被调到佰草集。佰草集负责海外市场的团队在商务谈判过程中表现了极大的耐心和智慧。通过逐步的沟通，他们成功转变了丝芙兰对佰草集的观点和态度。

为提炼品牌内涵，佰草集公司此前已专门立项，便于营销部经理开展中国五千年历史中的美容文化研究（这个研究结果可见于2009年上海家化与中华中医药学会共同主办"'传统与时尚'2009中医药文化论坛"上发布的《中国文化与中医中草药研究》报告），使中国传统的美容文化古为今用。佰草集的营销团队到图书馆查阅史书，钻研相关记载和研究成果。他们发现，中医药对肌肤健康和养颜的作用使得中国流行的审美观得到传统的支持。深入研究了中国从古到今的美容哲学之后，佰草集团队更加胸有成竹地向丝芙兰的欧洲采购团队诠释中医和西医的哲学思想的差别，肌肤之美是由内向外调养而成的平衡机理。佰草集团队告诉对方，日本到明治维新时，开始禁止中医，全面实行西医。但直到今日，中西医依然在中国等东方国家并行采用。这些知识使丝芙兰的欧洲采购团队渐渐体会到中医、中草药和东方美容哲学的博大精深。佰草集作为"东方美容哲学的代表品牌"就自然被接受了。佰草集团队表示，全世界的化妆品名牌丝芙兰都有，唯独缺少中国的名牌，而佰草集正是中医美容的领先品牌。

2007年12月，丝芙兰欧洲采购部总监和欧洲护肤品高级总监来到上海，全面了解了佰草集的产品线和品牌理念。这次访问让他们印象深刻，他们第一次真正感受到了中国传统文化的博大精深，而且还发现上海是一个完全可以酝酿出独特时尚产品的城市，他们开始改变想法。他们承认丝芙兰店内也需要佰草集这样有特色的固定品牌（Fixture），它拥有中国本草的概念，能够满足热爱自然、注重环保人士的心理需求。共识带来了更多的互信，双方都认为，如果营销成功，那将使他们"双赢"。最后他们挑中了佰草集40个单品中的18个，涵盖整个个人护理领域。在佰草集团队看来，这一成功具有里程碑意义。全线个人护理用品都被准入，给品牌未来的开拓提供了发展空间，即可以在法国市场做可服用的产品、精油、SPA（水疗美容）等。

在随后2008年3月的法国回访中，法国丝芙兰方面终于认可，佰草集作为能够鲜明地代表中国文化的个人护肤品牌，是内含中医中草药与中国美容美学理念的"Well-being产品"。时任丝芙兰总部的全球总裁夏克·拉维不仅认可佰草集个人护理全面解决方案（Total Solution）的定位，而且完全认同了佰草集的品牌理念。丝芙兰进而又把推广佰草集作为当年核心战略之一，不仅在法国推广其产品，还计划在全欧洲甚至全世界开展销售。丝芙兰全球总裁甚至坦言他自己的观察：东方人比西方人感觉更加幸福。为提升西方人的幸福感，他建议佰草集在修炼身体的产品概念基础上再增加修炼精神的内容。于是品牌的用户体验得到进一步的关注，如设置化妆品柜台上的BA（Beauty Adviser，柜台美容顾问），这是全世界时尚消费者都需要的。结果佰草集在巴黎聘用了6名法国美容顾问。佰草集海外团队还与丝芙兰全球总裁夏克·拉维和欧洲总裁罗纳托·萨马拉里讨论了具体上市的细节。

尽管丝芙兰采购团队接受了佰草集品牌进店，且2008年北京奥运前后带来的中国文化热使得丝芙兰开始重视"中国哲学"的市场作用，但佰草集海外团队仍然注意到文化差异，考虑到法国消费者未必能理解和接受有关中药保健的功效之说，此后佰草集不再沿用针对国内消费者的诉求——中草药添加成分的功效，改为强调体貌内外平衡的概念。

（3）营销策略结合当地化。事实上，我国企业和法国在国际商务运作惯例、行业管理层面、广告和人员管理、科研技术、知识体系、法律法规、物流等方面都存在各种差异，需要设法接轨。产品的认证内容包括品牌名称、配方、原材料的安全、配方的逻辑、生产流程，还得提供 ISO、GMP 的审证证书。这是一个中国企业与当地法律、文化碰撞和协调的过程。

产品定位和基本概念确定之后，佰草集团队会同丝芙兰和法国设计代理公司——法尚（Centdegres）协作，对产品、定价和沟通等营销组合做了相应的创造性修改。

1）产品策略。

·产品内涵修改

佰草集原则上被丝芙兰接受后，就开始经历全世界最为严苛的认证程序：欧盟对配方的法规和我国的有所不同，佰草集产品必须按欧盟法规调整配方，各种原料要一一找到供应商检测，参评功效（Efficacy）必须用实验结果证明，生产流程要看是否符合国际标准，产品上市后如何监管也要表述清楚。烦琐的认证过程让佰草集团队着实学到了许多。这个过程一般在美国需要 1～2 年，有鉴于佰草集品质优良，团队精悍，加之丝芙兰的理解和配合，从 2007 年 12 月开始至 2008 年 6 月通过认证，仅用了 6 个月，创造了国外化妆品品牌通过法国认证时间的最快纪录。

尽管有上述产品成分和概念的略微修改，但"个人护理全面解决方案"的定位如同国内，因而在法国丝芙兰门店供应的佰草集产品线依然有 4 个品类：太极泥面膜、抗衰老系列（日霜和晚霜）、保湿系列、手足部系列。其中，市场反响最好的太极泥依然沿用国内的"君臣佐使，先清后补"的配方理念：黑白泥相配，黑泥用以深层清洁，黑泥 = 排出；白泥用于营养滋补。

·外观设计合作

早在 2006 年，在国内已小有名气的设计师，时任上海家化设计总监的袁宗磊就从董事长葛文耀那里获得一笔特别拨款，以聘请境外设计公司为佰草集"做点改变"，重新梳理品牌价值主张的表达系统，使它更加符合世界品位的中高端品牌形象。在考虑法国和意大利大使馆文化投资部的推荐后，他联系了含阳狮集团在内的 6 家设计公司，最后选中了源自法国的设计代理公司——法尚。该公司曾为爱马仕、纪梵希（LVMH）、巴宝莉、马爹利科涅克白兰地、玛姆香槟（Mumm）等奢侈品服务，它擅长包装设计和品牌推广，面向国际化的奢侈品和大宗消费品企业，喜欢以全新的思路去策划思考，运用与众不同的解决方案，打破常规，拒绝平庸，正符合佰草集所需。法尚共有专业设计师、美术师、建筑师 30 余名。法尚公司两位创始人——埃里·帕皮亚尼克（Elie Papiernik）和大卫·

奈特里奇（David Nitlich）亲赴上海考察。

法国设计师帕皮亚尼克 1986 年毕业于巴黎国立高等工业设计学院。1987 年，他作为自由设计师旅居中国香港。1987 年，他在香港遇见大卫·奈特里奇，并组建联合设计工作室。1988 年 6 月，法尚公司正式成立，帕皮亚尼克担任设计主管。2008 年，法尚落户上海。帕皮亚尼克在中国香港、上海生活 23 年的经历对他的设计很有帮助。

佰草集聘请法尚做东方概念的视觉表现，使佰草集对欧洲和亚洲其他国家的市场产生足够的吸引力，力求获取咨询服务、修改和创造瓶体、外包装和店面一体化的设计方案。

在做佰草集项目的两年里，中法人员交流频繁。中方 15 人项目团队中的徐军（时任上海家化工业设计中心首席设计师）是首位被派往巴黎的设计师。他带着一大摞佰草集产品设计稿举家前往巴黎，和法尚项目团队共同协作 3 个月。虽有思想准备，但"第一个会议真是令人失望！"徐军回忆道。上海家化对佰草集的战略定位是：中国文化和中医中草药理论。但法尚给出的第一个包装方案就是大红大绿的色彩和类似故宫建筑的瓶身，与佰草集要求的"清新、内敛、雅致"相去甚远。在与上海家化合作之前，法尚毕竟从未做过中国品牌的设计，法国设计师对中国文化的了解比较有限，徐军只能帮助法尚的设计师重新寻找灵感。

帕皮亚尼克迷恋中国文化，谈及中国的"禅"文化常兴奋不已。那时正值电影《卧虎藏龙》热映，竹子所代表的中国文化给了设计者新的灵感，他们确定要在欧洲化妆品市场上塑造一个风格雅致、韵味深厚的东方形象。经过中法设计师的共同努力，形成新的包装设计。瓶身形似竹节，瓶盖荟萃了百草形态的团花，演绎"百草环绕"之意；综观瓶身和"团花"瓶盖，又恰如一枚精致的中国印章。主体色调采用清新之绿，新 LOGO 更简约精致，时尚而不失中国底蕴，中英文标识被略微放大。新包装在巴黎进行了全产品调研。不少法国人的第一感觉就是"Zen"（禅意），称赞"很中国，又很国际"。难怪品牌观察家 Michel Gutsatz 也认为，白色亚光的包装盒上绘着中国本草的绿色花纹，清新高雅；陶瓷瓶或玻璃瓶瓶盖印有刻字，等等。佰草集的产品包装融汇了国际时尚元素和中华传统文韵，非常精美。

太极泥包装内置圆形的容器，外有方形的外壳，直观地表现了中国天圆地方的概念，诠释和提升了品牌的内涵。设计师们大胆运用时尚的元素和现代的材料，在设计中突破了色调传统的风格。太极八卦造型虽是单纯的黑与白，但佰草集品牌的天然内涵需要绿色，于是设计师们让一个晶莹剔透的品牌之绿包含黑与白，把中国传统的文化和现代时尚完美地合二为一，豁然显示了中国太极阴阳文化。所有这些都巧妙地体现了品牌的定位。

2009 年以后，上海家化又与法尚签下了修改和创作佰草集中国本土 200 多家专卖店店面设计项目。佰草集以前的店面形象过于强调草本，不够时尚，经过重新设计，店面颜色更鲜亮，却又不失中国味道。2009 年，法尚为上海全新设计了佰草集汉方 SPA 两家美容旗舰店（1000 平方米的北京西路店和丽水路店）。整面墙上置满了玻璃瓶，都是由中医博物馆制作的草药标本：首乌、侧柏叶、藏红花、益母草……

他们在品牌介绍、产品说明书、欧盟认证、展示布置、BA（店内美容顾问）招募各方面都花了不少力气。为让法国消费者更好地了解中医中草药，他们在说明书上将每款的成分都制作了图示。

产品的中文品牌译到法文，也是一项重要的创作，佰草集寻求当地营销服务公司合作。结果，如"清肌养颜太极泥面膜"被译成符合法国文化的简洁牌名"Taï Chi Masques"（意为：太极面膜）。在品牌标识中的牌名 Herborist 下，加了一行"The Chinese Beauty Remedy"（意为：汉方）的文字。法文说明书中也有"太极者，天地之根，变化枢纽也"等古色古香的描述。

上海家化设计团队与法尚的设计师精诚合作，对佰草集产品的包装、广告、柜台甚至销售人员的形象进行整体把控，重新整合了更具"中国味道"的产品包装。公司 2009 年与法尚成立联合设计工作室，此后每年的联合开发项目过程也有效地培育了一批设计师。

2）定价策略。20 世纪 90 年代，上海家化每年都有 1000 多万美元的产品出口额，其中，400 万美元是美加净品牌的产品，300 多克/瓶的单价仅为 2 美元；其余产值都是替跨国公司做的贴牌生产。佰草集的法国零售价格主要由经销商丝芙兰确定，面部护肤品价格是国内的 2 倍，手足护理品比国内贵 3 倍，属于欧洲的中高档化妆品。

有关价格方面，品牌观察家 Michel Gutsatz 报告说，佰草集有两条主要的产品线：大众产品线产品的零售价约为 10 欧元（巴黎欧莱雅品牌下的同类产品的价格为 10～15 欧元）。高档产品线产品的质量能与欧洲高档化妆品品牌相媲美，价格略低（欧洲同类品牌卖 50～70 欧元的产品，佰草集的零售价在 35～40 欧元）。据笔者查看当下的丝芙兰法国网店和中国网店，"太极泥面膜"的定价分别为 49 欧元和 380 元。

法国高档草本品牌，法国普罗旺斯的欧舒丹（L'OCCITANE）供应 125 毫升瓶装的欧舒丹蜡菊精华面膜，丝芙兰中国网店的零售价为 690 元，未计用此品前清洁肌肤所需蜡菊洁面摩丝的价格。通过零售价的对比，可见佰草集太极面膜在法国的价位应属于中高档，在中国本土的价位属于高档。

3）零售渠道。2008年8月1日起，佰草集品牌开始在丝芙兰法国网上商店销售，9月1日起，佰草集在法国巴黎香榭丽舍大街丝芙兰旗舰店开设了第一个中国护肤品专柜。这个1米×1.5米的货柜，是当时店内中国化妆品品牌唯一的位置，也是中国整个消费品品牌唯一的位置。该店年访客量高达600万人次，甚至超过了参观埃菲尔铁塔的参观人数。但丝芙兰实施严苛的末位淘汰制度：如果某品牌的销量在月排名中垫底，就会被"驱逐出境"。结果，佰草集产品进店一个月后，在没有广告宣传的情况下，销量进入全店87个护肤品品牌的前10位，其中太极泥面膜单品高居2000多个产品中的前5位。这让巴黎丝芙兰香榭丽舍大街店当时的店长Afif相当惊喜。到2008年末，佰草集产品已进驻法国境内30家丝芙兰主力门店，主打产品太极泥在全境230家门店分销，并随丝芙兰门店进入荷兰全境，在法国销售总额为360万元人民币。

4）营销沟通。法国的时尚媒体构成繁杂，初入法国市场的非著名品牌单凭投放媒体广告很难收效。而借助于丝芙兰每季一次的例行新品发布会亮相，无疑是成本效益较高的传播方式。在2008年6月的新品发布会上，丝芙兰向请来的全法200多位媒体记者发布了几十个全球一线化妆品品牌，但丝芙兰显然对中国的佰草集的推介非同一般。会前，丝芙兰向佰草集介绍了各家媒体主编的个性，讨论了与来访媒体的沟通策略。

发布会设在精致优雅的中式庭院内，半空高悬的绿白灯笼下是佰草集的陈列专柜，会场四周摆满了中式小点心，种种细节构成了神秘清新的东方气息。丝芙兰集团负责人向法国媒体宣布了佰草集的上市日程，并指出，佰草集与丝芙兰在法国销售的所有化妆品品牌虽然都不一样，但其天然、绿色的概念很符合欧洲市场的消费理念，将是丝芙兰全新的销售增长点。到场的都是资深的法国媒体记者，他们凭借丰富的化妆品知识，向佰草集的工作人员提出各种有关佰草集配方的问题，其专业水平折射出法国这一世界顶尖化妆品市场的高标准，使佰草集的经理们受到震撼。丝芙兰在会上向媒体记者赠送了介绍佰草集的品牌手册，以便记者会后阅读理解太极泥"先清后补，吐故纳新"的养生概念。记者们都对中国品牌这样的展示兴趣盎然，愿意尝试这一新品。佰草集营销负责人还告诉他们，在中国，美的手被誉为"玉手"（Jade Hands），按摩手部穴脉有助于美容。然后他们现场演示手足部的按摩方法，记者们跟着学习，兴趣大增，并通过媒体迅速传播这些信息。不久后，佰草集被作为当季新品展现在《ELLE》等当地主流时尚刊物上。佰草集还结合公关活动在各种媒体上发布40多篇软文，投入达70多万欧元。

佰草集产品在香榭丽舍旗舰店上架伊始，丝芙兰为佰草集举办了隆重的一周店内促销活动。佰草集请来法国当地的太极表演队，在店门口以中西结合的方式表演太极拳和太极舞蹈，气氛热烈，太极主题赫然。消费者不仅被活动吸引，太极泥的黑白二泥太极图也令人爱不释手。有的当即买下以试用，有的则因看到"Made in China"原产地标识又放下了瓶子。中国出口到法国的"毒沙发"事件阴影未散，也让佰草集的美容顾问裹足不前。

佰草集海外团队提示美容顾问，此前的法国市场调研显示，虽然法国消费者不认为中国制造的产品品质属于上乘，但他们相信这个快速发展的国家正在逐步孕育高端品牌，且中医药已是被不少西方患者接受的中国国粹。佰草集要求美容顾问们坚守其品牌的文化定位，坚信凭着良好的品质产品终会被法国消费者接受。在促销周里，法国消费者纷纷表示，要把来自东方的传统中医药文化当成高雅时尚的事物去学习和尝试，从而提高了美容顾问的信心。

为使欧洲人理解"君臣佐使，先清后补"的配方理念，佰草集营销团队创作了一套诠释"太极"的具体说法，如"阴阳＝男—女"、"阴阳＝日—夜"等。当受众理解了阴—阳相对，互为补充和平衡的机理后，"阴阳＝呼吸"，黑泥即呼出、白泥即吸入的概念就变得人见人爱了。

在营销沟通中，佰草集首先把中餐馆、中文学校、唐人街、机场、飞往中国的航班都当作重要的品牌接触点。公司因而在法国排名前七位的时尚杂志上投放广告，还在法国全境230家丝芙兰门店投放店头广告。

佰草集公司策划的营销沟通方案，着力让欧洲消费者体验中国的美容文化，创作了"古方（中国的美容配方）＋古法（太极八式按摩手法）"的具体解决方案，教育顾客在使用太极泥时用此手法来加强产品功效。佰草集借助于欧洲消费者熟悉的玉手、针灸、太极等中华文化符号开展沟通，力图在欧洲化妆品市场上把佰草集塑造成一个雅致、韵美、富有东方魅力的时尚符号。

2011年11月，佰草集在本国推出了一个面向全球的志愿者交流计划，名为"中国文化国际传播计划"（Chinese Cultural International Communication Program，CCICP），招募热爱中国文化、喜欢中医学和养生学、具有跨文化交流能力和交流经验的人士加入，运用社交媒体（如微博、Twitter、Facebook）等网络应用工具，做佰草集中国文化海外传播大使。

在具有国际影响力的化妆品专业性杂志——*Cosmetics & Toiletries*（C&T）2012年3月号上，上海家化高级工程师李慧良发表了名为《中国传统美容化妆品的历史特点及应用》（*Traditional Chinese Medicine：History，Characteristics and Application in Cosmetics*）的文章。该文向主导高科技化妆品的西方市场首次深入介绍和展示了中草药文化及运用于化妆品中的理念，强调中草药化妆品的特点不仅仅是采用天然动、植、矿物原料（配方的功效性成分），最为重要的是其组方、配方的理念与理论。文章发表后，引起了国内外的广泛关注和好评。

2012 年上半年，佰草集参与了由丝芙兰在法国、西班牙、土耳其和意大利组织的媒体巡演活动。佰草集公司在媒体巡演活动中大力推广其肌活新颜系列产品。活动现场反映良好，无论是产品包装设计还是产品的颜色，以及产品的香味和质地都广受好评。巡演活动现场展示了中国版的佰草集广告宣传片，其浓厚的中国传统文化风情，让西方人眼前一亮。

5）子公司和人员。2010 年，上海家化为加快对欧洲市场的渗透，成立了子公司"法国家化佰草集有限公司"来专门管理欧洲丝芙兰的业务。丝芙兰的佰草集美容顾问的人事管理权同时归丝芙兰和法国家化佰草集公司。为在丝芙兰店内派驻得力的美容顾问，佰草集采取两种途径：一是在丝芙兰招募过程中挑选，二是通过法国第三方的人力资源机构推荐。在和法国人的交流中，佰草集发现很多法国人为自己的兴趣而工作，于是细心观察参加丝芙兰新品牌培训的美容顾问，然后主动联系那些感兴趣的员工，争取他们与佰草集合作。佰草集招聘来的员工根据需要被分派到法国各地的 120 家丝芙兰门店中，结果证明他们能更好地领会贯彻公司的意图。应聘佰草集的员工都没有对这个初创的品牌能给的物质奖励抱有高期望值；他们因为喜爱这个品牌，希望能在该品牌入市早期就参与。加之上海家化通过力所能及的营销投入，给欧洲消费者的印象是一个认真做生意、讲诚信的中国上市公司，当地媒体称为"中国的欧莱雅"。佰草集的法国员工也因此对公司未来在法国的发展以及个人的发展前景寄予了厚望。不过，美容顾问招聘工作在各国的难度也不同。意大利人比较散漫，美容顾问的雇用和管理就不如法国来得容易。

佰草集公司基于理性分析决定对各国分店的投入，具体是按照销售潜量、投资回报率等综合指标的评估结果将商店归类于大、中、小三类店，然后决定建设和维护费用的多少，美容顾问的聘用人数。

该公司的核心员工只有几十个人，其中有两个曾在巴黎留学的中国人，其余全是法国人。这个平均年龄在 25 岁的团队，帮助佰草集从最初的一个货柜，扩展到在 80 多家丝芙兰店内销售，每个人都能独当一面。在欧洲，从基层员工至公司最高层，仅有 2 级汇报层，产品促销、营销活动、预算支配等，公司都放权让当地团队来做。

3. 佰草集的海外业绩

法国市场进展最快。全产品线的销售点在 2009～2010 年从 30 家翻了 4 倍，达到 120 家；2010 年太极泥单品已达到 270 家。法国 2009 年的销售额为 1000 万元。巴黎香榭丽舍大街的丝芙兰旗舰店当时有 41 个独有品牌，店长里格认为"其实每一个都有特殊之处"。与佰草集毗邻的是日本的 KENZO 和以色列的 AVAH 品牌，KENZO 虽是日本生产，却和丝芙兰同属 LVMH 集团旗下，并已成为欧洲主流奢侈品牌；AVAH 以来自死海为卖点，新近走红，非常畅销。2010 年该店只引进了 3 个新品牌，却有 5 个品牌从丝芙兰退出。竞争如此激烈，但佰草集在海外第一站法国的月销售额在 2010 年 5 月时已达到 10 万~20 万欧元，被丝芙兰贴上"前 5 位热销品"（Top 5 Item）标签。著名的老佛爷百货附近的丝芙兰奥斯曼店每天有近千人的客流。佰草集产品刚进入奥斯曼店时，丝芙兰安排它们与其他几个品牌的产品分享一个 5 层货柜。由于这个中国品牌销量在 2010 年显著增长，奥斯曼店决定把佰草集从货柜的两层扩大到五层，独立占据整个货柜。法国《美容周刊》杂志主编菲利普斯 2005 年曾到上海参观过佰草集的生产工厂。她始终认为佰草集是品质过关、值得信任的中国品牌，这一点是佰草集能在欧洲站稳脚跟的根本原因。

依托丝芙兰门店，佰草集 2009 年进入西班牙和土耳其，销售业绩均超出预期，接着又进入波兰，进入意大利是 2010 年，丝芙兰在米兰的旗舰店是丝芙兰全欧三大旗舰店中的第二大店，佰草集全品系列（含 18 个产品）在那家店的销售额达到全欧佰草集销售额第一。从而可见，佰草集在意大利比较容易被接受。2011 年，佰草集已进入欧洲机场免税店，开辟了一条新的海外销售渠道。2012 年 5 月 15 日，佰草集正式进驻丹麦哥本哈根的丝芙兰。至此，佰草集依托丝芙兰的欧洲门店已进入法国、西班牙、土耳其、波兰、意大利、丹麦和瑞典 7 个国家市场。佰草集公司在欧洲的销售同比增长 60%。公司下一步还计划试水美国市场，日本等国商场/商店的进驻工作也在商谈中。

即使如此，母公司上海家化 2010 年年报提及法国佰草集子公司的信息仅有注册资本 2 万欧元，现有资产 176130 元，但净利润栏为空白。2011 年的年报披露，上海家化清算注销了亏损的子公司上海佰草集美容服务有限公司。有关法国佰草集的信息仍然仅有注册资本数额，未及其他财务数据。

各国各地区的独特文化导致的需求差异给佰草集的全球营销带来挑战。从营销沟通的结果看，欧洲消费者比中国香港消费者对佰草集化妆品所含的汉方文化兴趣更高，更加欣赏。在欧洲，彩妆是第一大品类，第二是香水；而在亚洲，护肤品市场最大。欧洲各国消费者的审美观念也很不一样。法国人和北欧人线条感较强，意大利人热情奔放，喜欢艳丽的色彩。不过，即使如此，全欧洲的彩妆市场要大于全亚洲。

佰草集品牌有较深的中华文化烙印，欧洲各国消费者对它的理解差异明显：法国消费者容易较快地理解佰草集的品牌概念；意大利消费者趋于保守，理解略慢；西班牙失业率高达 19% 时，消费者仍然习惯于有钱即花，因此每月的最后一周是吸引他们购买的关键时刻。土耳其市场则与亚洲国家市场相似，比较重视护肤品。

纵观佰草集 12 年的发展史，时任海外事业部部长柯毅为该品牌在国内外取得的佳绩感到自豪。同时佰草集在海外虽步步为营，但市场拓展的速度和业绩尚不够显著。前期的成功有待营销沟通攻势来加以巩固和发展，于是大量资金的来源成为问题的关键。

佰草集母公司上海家化联合股份有限公司近年来依靠六神、佰草集、高夫、美加净和家安等明星品牌，销售收入持续大幅增长，财务状况稳健，发展势头良好。为复活老品牌"双妹"（英文名：Vive，意为极致），上海家化也投入了不少资金。"双妹"是诞生于清光绪年间（1898 年）的中国广生行的化妆品品牌，20 世纪 30 年代荣获巴拿马世界金奖，但于 50 年代在大陆销声匿迹。然而，上海家化认为这是一个有故事、有文化历史底蕴的品牌，具有高端时尚等特点。因此从 2007 年开始考虑在大陆市场复活"双妹"。2010 年，上海家化投入 900 万元注册资本新建控股（90% 股权）子公司上海双妹实业有限公司。目前，"双妹"在上海、北京、成都高档商场共设有 9 个专柜，销售的产品包括化妆品 6 大系列40 多个 SKU，首饰、丝巾、手包等非化妆品类 4 大类 50 多个 SKU。葛文耀董事长曾表示，日后，"双妹跟佰草集一样，将来肯定是要走出去的"。目前，广生行在中国香港注册的"双妹"仍在生产和销售，莎莎及一些化妆品网站有售。中国内地和海外其他国家、地区的"双妹"品牌则是由上海家化注册的。上海家化有意在将来收购整合香港广生行的"双妹"，实现品牌统一。

八、未来该怎么办

目前，佰草集在海外市场的开拓表现出良好的势头，然而迄今的营销沟通投入是否足以实现其世界名牌的目标？支撑更大营销和沟通力度的资金从何而来？在全球市场建树高档化妆品品牌，除了需要足够资本的支撑，人力资源、销售渠道和营销沟通的运行也至关重要。佰草集依靠和丝芙兰的合作进入数个欧洲国家市场，但丝芙兰的市场覆盖也有限。德国迄今是道格拉斯的连锁专营店占统治地位，它还占据不少其他欧洲国家的市场。

经过一年多谈判达成的协议，道格拉斯于 2013 年 5 月起在德国各地的 25 家门店开始试销佰草集的产品。如顺利通过试销，佰草集产品到 2013 年末，将在欧洲 9 个国家的 292 家门店销售。为进一步拓展市场，佰草集和上海家化海外事业部必须做出及时的合理判断。

匹克

——后来者品牌的国际化之路[①]

傅慧芬 赖元薇[*]

20 世纪 90 年代初，广东省和福建省的不少民营企业抓住国内经济高速增长带来的机遇，以自有品牌生产和营销了大量运动鞋、运动服等体育用品，在全国闻名遐迩。其中，李宁、匹克等品牌在创始后不久就走向国际市场。2008 年全球经济衰退后，中国体育用品市场也呈现供过于求的局面，许多中小企业纷纷倒闭。但随着消费者生活形态的转变和国家政策的支持，中国体育用品行业在 2015年又迎来了新一轮的增长。

始建于 1992 年的匹克体育用品有限公司（以下简称匹克体育）早在 1993 年就在 63 个国家注册商标。匹克体育在过去的 24 年里步步为营，努力推进国际化进程，在篮球品类的国际细分市场上形成的影响（包括对 NBA 的影响）日渐增大。匹克体育实施的国际化战略也开始显效。自 2008 年以来，匹克球星所在的NBA 球队已经连续 6 年夺冠，匹克的"冠军定律"已经为匹克品牌打上了"穿匹克，得冠军"的差异化标签。2012 年，许景南董事长提出了匹克的"三个100"的目标，即在 100 多个国家商标注册；三年内进入 100 个海外市场；10 年内外销达到 100 亿元。2016 年（第二十四届）中国市场商品销售结果统计新闻发布会暨中国消费市场发展年会公布了"2015 年中国市场商品销售统计结果"，其中，匹克篮球鞋荣列 2015 年度全国同类产品市场综合占有率第一位，这也是

---

① 本案例是对外经济贸易大学第三批特色项目资助的"中国企业国际化经营案例集"子项目，由傅慧芬教授和博士研究生赖元薇合作开发完成，作者拥有著作权中的署名权、修改权、改编权。未经允许，本案例的所有部分都不能以任何方式与手段擅自复制或传播。本案例的构成除借鉴匹克集团公司公开发布的财报、新闻外，主要依据笔者对该公司的两次实地访问。其中，接受采访的有董事长许景南、首席执行官许志华、海外事业部总经理吴冰蕊、品牌管理中心副总监刘翔、销售总监林碧莲等负责人。本案例只供课堂讨论之用，并无意暗示或说明某种管理行为是否有效。本案例涉及的信息时段为 2011 ~ 2016 年。

* 傅慧芬：对外经济贸易大学国际商学院。赖元薇：对外经济贸易大学国际商学院博士研究生。

匹克篮球鞋连续八年（2008~2015年）荣列同类产品市场综合占有率第一位。[①]

匹克体育2015年年报显示，2015年匹克体育实现营业收入31.08亿元，国际销售额占总营业额比例达21.6%，成为海外市场销售占比最高的中国体育品牌。匹克体育已经在90多个国家和地区开设匹克专卖店和专柜，比2014年增加了超过10个国家分销商。尽管近期成绩喜人，但压力仍很显然。截至2016年，前两个100的目标基本实现，而国际销售额仅为6.73亿元。

虽然匹克体育已覆盖了全球一半市场，但怎样在所剩的几年里沉入外国市场，让海外销售额跃进到100亿元？这个巨大的挑战迫使匹克体育CEO许志华不停地思索。在当今"互联网+"的时代背景下，"90后"、"00后"逐渐成为主流的体育用品消费群体，如何让匹克体育的产品更加适合新生代群体需要？各家体育用品公司都在以空前的速度扩张，匹克体育是否需要和怎样由运动鞋服制造商到体育综合解决方案提供商的转型升级，进而突出竞争重围？与1972年成立、20年后就成为全球名牌的耐克和1996年诞生、如今也闻名全球的安德玛（Under Armor）相比，匹克体育的国际化进程和国内国际地位还相距较远。如何能推进国际化进程，进一步提升匹克体育品牌的国际形象和全球市场份额？怎么能快速赶上，跻身全球行业名牌前列？

为解答上述问题，我们须回顾匹克体育的发展历史并直面当前遇到的各种挑战。

一、创业背景和简史

1. 公司初创背景

作为中国体育用品行业的先行者之一，匹克体育的创始人及董事长许景南高中毕业后第一份工作是拉板车，此后成为公社的板车队队长。靠着闽商天生的商业嗅觉和勤恳耐劳，他投资过汽车队、包装厂、拖鞋厂、木箱厂、机转厂等十多家公司。1983年，许景南开始从事鞋类产品代工业务。20世纪80年代，耐克在泉州的代工工厂培育了大批技术和管理人员，但此后耐克从泉州搬到了莆田。1989年，瞄准运动鞋市场的许景南做出了一个大胆的决定：自己做鞋子，创自己的牌子！因此，他抓住契机投资建厂，借助耐克留下的有经验和技术的生产人员开始投入运动鞋的生产。1991年，他开始创办匹克鞋业品牌，并在1992年正

---

① 李怡. 匹克篮球鞋连续八年市场占有率第一　专业产品更受青睐［EB/OL］. 搜狐资讯，http://roll. sohu. com/20160405/n443300880. shtml.

式成立匹克体育。匹克由英文"PEAK"音译而来，寓意不断攀越高峰的自我挑战精神。

2. 首遇发展"瓶颈"

创始之初的 1991 年，匹克体育赞助了雄霸国内篮坛多年的八一篮球队，成为当地第一个在全国打响的自有品牌。在 1997 年亚洲金融危机突然到来之时，匹克体育正处于高速发展时期，而银行银根的突然收缩让匹克体育的很多发展计划就此搁置。

1998 年以后，由于安踏等一大批福建运动品牌开始兴起，利用成功的品牌运作和市场推广策略先一步在 1999 年跻入国内鞋业领先阵容，竞争的加剧让运动用品行业的渠道体系由"以商场为主"转向了"以专卖店为主"。安踏取代了匹克"晋江鞋王"的地位，2000 年仅靠运动鞋这一单一品种就在全国拿下 3 亿元的销售额。除此之外，还有 30 多个大大小小的晋江鞋业品牌开始围剿、蚕食匹克体育的市场份额。"明星代言与央视广告"的销售战略风行一时，据统计，2000 年在央视体育频道亮相的晋江品牌有 16 个，2001 年为 33 个，2002 年为 36 个，2003 年则增加到 44 个……与此同时，安踏和特步通过在资本市场上的运作不断壮大规模。虽然匹克体育在 1998 年开始冠名赞助全国男篮甲 B 联赛，但是匹克体育历史包袱重，且缺乏相应的资金支持，在这一轮渠道转型战役中仍然相对沉寂。

在家族企业遭遇困境的时候，许景南先生的长子许志华于 2001 年进入匹克集团。许志华进入公司之初，作为北京分公司总经理，负责北京办公室的建立和北方市场的拓展。

到 2002 年，匹克体育完成渠道的全面改革，这虽然比预计的三年多了整整两年。但是，随着"战神"刘玉栋 2002 年加盟成为匹克品牌形象代言人，到 2003 年在许志华的努力下，匹克体育成为 CBA 战略合作伙伴，匹克作为中国第一篮球品牌的战略意图已经十分清晰。

二、曾经的危机

1. 起始于 2011 年的严冬

自 2008 年中国举办奥运会之后，全国掀起了一场运动热潮，各大体育用品公司也都纷纷加大马力生产运动产品。在缺乏对消费市场充分调研分析的情况下，各大体育品牌商开始面临高库存的问题。从 2011 年开始，国内的体育用品行业企业遭遇了前所未有的严冬。

这次危机源自三方面原因：第一，大部分上市企业缺乏品牌定位、产品规划等市场战略，在资本市场短期盈利的压力下盲目扩张开店，但是运营终端零售门店的各项费用也越来越高，所以通过大量开新店来增加销售额的增长模式已经难以持续。第二，由于快时尚（如 ZARA、优衣库）、户外运动品牌、互联网电子商务的快速发展以及运动品牌目标消费群体的年轻化，消费者的消费行为以及偏好都发生了变化，国内体育品牌不能快速应对市场的变化。第三，国内体育品牌在二三线城市遭遇到来自于国际一线品牌的竞争压力，阿迪达斯新增门店 800家，2013 年计划再开新店 500 家，其中有 2/3 在低线城市；2015 年的目标是深入中国 1400 个低线城市。[①] 2013 年耐克计划新开 40 ~ 50 家工厂店，商品价格将是正品的 3 ~ 4 折。其开店规模不仅远超以往，新店也将从一线延伸至二三线市场。[②]

在海外，因为大量的资金投入以及较高的人才成本，使得"走出去"的品牌受挫。李宁中国香港分店最早作为李宁品牌国际化的试点，于 2009 年 10 月落户香港尖沙咀，面积约 1900 平方英尺。然而，据公开数据显示，2010 年李宁公司海外收益占总营收比例为 1.4%，到了 2011 年，该比例约达 1.9%。历经 3年，李宁公司海外营收占比并未有大的变动。李宁公司的香港分店、美国波特兰设计中心已相继关闭。李宁与西班牙代理商以及与 Foot Locker 的合作也已经终止。2012 年，李宁继引入德太投资后于 7 月宣布变革计划，12 月全面启动渠道复兴计划。由于与其核心品牌价值定位不符，李宁决定逐渐摒弃与休闲服装重叠的业务，借助国内日益提高的体育运动参与热情以及消费者对产品价值的不断追求，将主营业务在国内市场专注发展篮球、跑步、训练、运动生活、羽毛球五项核心运动品类。

不过，体育用品行业在中国市场上的发展速度虽然放缓，但是依然有巨大的成长空间。目前中国人均体育用品消费量不到欧美发达国家的 1/10。目前，不仅是李宁公司，其他体育用品公司也重新聚焦于品牌本身和国内市场。

面临着销售额增幅降低和库存增加的双重压力，除了继续清库存，各家企业都在积极转型自救。2013 年李宁提出复兴计划，得到超过 90% 以上的经销商支持。通过实施零售业务模式（RBM），集团门店组合得到改善，自营店以及高效的经销商店铺数量增加。通过努力，李宁品牌直接零售约占总销售量的 1/3；渠

---

① 中国鞋网. 阿迪达斯 2013 年将扩大低线城市开店数量 [EB/OL]. 马克咨询转载：http：//news. makepolo. com/1520500. html，2013 - 03 - 25.

② 郑佩姗. 耐克欲开 40 家工厂店加入清库战　体育品牌股恐承压 [EB/OL]. 每日经济新闻，ht-tp：//www. nbd. com. cn/articles/2013 - 03 - 04/719360. html，2013 - 03 - 04.

道库存中新产品占比回升至 2011 年水平；2013 年下半年新产品的零售额和单位数也有同比升幅。安踏也在积极进行"以零售为导向"的转型，在带动零售商的盈利能力及信心改善方面取得了一定成绩。

2. 匹克体育的应对

面对这次危机，虽然匹克体育较为成功的国际化经营为其分摊了一定的风险，但是在国内匹克体育的情况也不容乐观，2013 年第二季度订货会的订单总额（按批发价格计算）与 2012 年同季相比，下降幅度为 20%～30%。2013 年营业收入同比下滑 10%；净利润为 2.44 亿元，同比下滑 21.3%。

许景南先生乐观地表示，这"是个机会"。他提出了三大应对方法：第一是统一思想、统一价格，对经销商出让利润空间，保证经销商和匹克一起走，创品牌是一个长期工作，不能让经销商有短期行为；第二是建立标准，通过"第七代门店"将匹克精神渗透到终端；第三是加大服务，包括产品数量增多、供货效率提高等。

在国内，匹克体育通过开大店、关小店的方式，减轻分销商和加盟商的资金压力，提升集团的管理效率，以优化渠道。为了提升单店业绩，对全国的经销商进行了全方位的调整，并将其在泉州、福州、厦门的直营店全部转化为加盟店。与此同时，匹克体育在重点省市经销商数量也有所增加。许志华认为，"关店不是最终目的，整合店铺资源，提升优质单店的盈利能力才是落脚点"。经过调整后，一些低效店铺被关闭，虽然新店亦有增加，但匹克体育在开店上的步伐已十分谨慎。截至 2014 年 6 月末，匹克体育在中国的授权经营零售网点数目为 6000 个，与 2013 年末相比减少了 12 个。

匹克体育将部分鞋类及服装的生产制造外包给邻近地区的制造商和供货商。匹克体育每年举办四次订货会，让分销商及零售网点营运商观察新产品系列，并下订单采购半年后的产品。由于订货模式的调整，匹克补单比例有所提升，这意味着匹克体育对零售市场的反应速度有所提升，渠道库存风险也同时降低了。

在平均批发价持平的基础上，2015 年第一季度匹克订货会订单总额（按批发价格计算）实现了与 2014 年同期相比 10%～20% 的增长。至此，匹克体育已实现连续 4 个季度的订货会订单增长。风衣、户外鞋等产品取得了较强劲的销售增长。

3. 行业回暖与业务多元化

虽然到目前为止，中国体育用品行业库存过大的问题尚未完全解决，但是通过安踏、李宁、361°等相继公布的最新营运表现，我们发现零售商的自信心正逐步恢复。与此同时，伴随着库存的消化，关店潮在 2014 年也接近了尾声。

受益于全民运动热潮的掀起和国家政策的支持，本土体育用品企业正相继走出低谷。安踏、361°、匹克、特步、李宁等陆续发布的2015年财报，均交出了一份漂亮的成绩单。361°营收增长14.1%，达44.59亿元，净利润增长30.2%，至5.18亿元；匹克的营业额增长9.4%，达到31.1亿元，净利润增长约22.3%，至3.9亿元；特步2015年收入增长10.8%，至52.95亿元，净利润增长30.3%，至6.23亿元；安踏则凭借111.26亿元的营收成为首个进入"百亿俱乐部"的中国体育用品企业。值得注意的是，李宁告别了亏损局面，自2012年以来首次实现扭亏为盈。业界人士认为，国内体育品牌回暖迹象明显，出现了新的长周期需求拐点，即将进入发展新阶段。而在体育用品巨头业绩出现回暖的背后是业务的多元化发展。

三、行业竞争态势

1. 户外用品市场

除了登山远足和滑雪运动等传统户外运动之外，现代的竞技攀岩、徒手攀岩和室内攀岩运动的参与人数都在增长，且女性是推动其增长的持续动力之一。中国体育用品联合会的数据显示，2002~2012年，中国户外用品市场年增速超过40%，形成超百亿元的市场规模。来自中国纺织品商业协会户外用品分会的数据显示，2012年中国户外用品零售总额为145.2亿元，2013年达到180.5亿元，并且与欧洲户外装备市场相比发展的空间依然巨大。此外，户外主要产品服装和鞋类的单价明显高于传统运动鞋服的平均水平。所以，阿迪达斯、耐克、李宁、安踏、361°等多家运动品牌纷纷杀入户外用品行业。

2011年，阿迪达斯的首家户外专营店已经落户哈尔滨，而此后在北方的户外专营店数量已超过30家。耐克户外用品系列的定位是要让产品能够适应各种各样的气候和地理条件。

李宁公司将其户外产品线定位为"打造户外品牌新高标准，延伸李宁体育的现有业务"，从2012年其就大力推广其户外品牌 Li – Ning Adventure（李宁探索）。与此同时，安踏也在自己的店铺里试水户外系列产品。一直专注篮球的匹克也推出了户外生活系列。

2013年10月，361°与北欧著名运动品牌 One Way Sport 合作成立了中兰体育用品有限公司合资公司，推出了户外品牌"ONEWAY"，产品主要在大中华区销售，整个研发设计的团队主要来自北欧。其中361°持有70%股权，One Way Sport 仅拥有30%股权。

然而，户外产品制造成本高造成了其价格昂贵，消费者购买后可能两三年才会更换。所以，传统运动鞋服类企业想从户外用品市场分一杯羹并不容易。事实上，从李宁、安踏披露的 2013 年年报也可看出，闯入户外用品这片"蓝海"，并没有给这些品牌快速带来收益。

在体育品牌进入户外领域后，无论是耐克还是安踏，都是重量轻、样式花、保护性稍差，均有将其演变成时尚、生活、运动特质的倾向。它们尝试将运动与户外融合，成为轻型户外用品，而非真正意义的户外产品。以在京东商城销售的安踏户外产品为例，不管是冲锋衣还是户外登山鞋，其价格均在 200～300 元，甚至有些促销的产品还在 200 元以下。这些产品更适合强度较低的户外活动，比起专业的户外产品肯定在功能上有所欠缺。

2. 童装市场

近几年，我国的童装市场保持稳步增长态势。据国家统计局发布的《2012～2015 童装产业报告》显示，童装产业总产值年增长率可达 25%～30%；预计到 2015 年，我国婴幼儿服饰棉品和日用品的市场容量将达到 2279.8 亿元。同时，"二孩"政策的实施将为童装市场带来新契机。

2014 年 5 月上旬，中国体育用品业联合会发布的《2013 年中国体育用品业发展白皮书》显示，儿童运动服市场在未来 20 年中将处于一个发展的好时机，据估算规模超过 1000 亿元。受中国城镇化、民生改善及富裕程度上升所带动，更多家长重视儿童体育用品的质量、安全和功能，促使他们对儿童体育用品品牌的需求日益殷切。可见这一市场规模大、利润高、竞争格局尚未定型，而随着下一次生育高峰期的来临，消费需求将继续上升。所以，儿童运动服市场已成为国内外运动品牌竞相争夺的新兴战场。

现在国内童装市场进口品牌已经占据 60% 的市场份额，而国内童装生产企业，70% 多处于无品牌竞争状态，有品牌的童装只占市场份额的 20% 左右。海外以及合资童装品牌在各大商场中都获得良好的业绩。高档童装消费额占全部消费额的 28%，中档童装消费额占全部的 33%，低档童装占全部消费额的 39%。高端市场几乎被阿迪达斯和耐克占据，国内安踏、李宁、361°、七匹狼、波司登、康奈集团、以纯集团、佐丹奴等均已进入童装市场。据艾索儿童市场咨询公司于 2014 年上半年的调查显示，2014 年最受网民家长欢迎的童装品牌前五位依次是森马集团旗下的巴拉巴拉、品牌授权给特步的迪士尼、丽婴房、小猪班纳、巴布豆。

李宁公司早在 2002 年曾经推出"TEENAGER"系列，但却并不成功，原因之一即在于运动类童装毕竟属于童装，在分销商选择、卖场陈列、产品定位方面都与运动服饰不同。2009 年，李宁重整旗鼓，与本土童装制造商派克兰帝采用品牌授权模式展开为期3年的合作。2012年，李宁公司宣布将儿童运动市场业务作为未来重点发展方向，大力扶持。3年合作期满之后，李宁授权给天津市宽猫咪儿童用品有限公司全权独家经营李宁童装系列。天津宽猫咪公司成立于2011年5月，是李宁集团投资的一家集研发、设计、生产、市场为一体的专营儿童用品的公司。作为宽猫咪的股东之一，李宁公司将童装品牌授权给宽猫咪经营，包含服装、鞋、配件等全品类的儿童用品，品牌授权于2013年1月1日开始，分为2个周期，共10年。宽猫咪以创业的方式全权独立运作，与李宁公司共享产品研发、体育行业供应商与渠道资源，并已于2013年以全新的管理团队和品牌标志进军童装市场。李宁童装主张用专注呵护5~12岁的儿童运动的安全与健康成长。李宁儿童品牌产品包含不同系列，专业系列偏重于生产运动保护的科技产品，主要适用于儿童的体育课、运动会等；运动生活系列则偏重于生产儿童安全的基础产品，将适用于课外活动、游玩等日常活动。

2008年，国内品牌安踏率先推出童装系列，儿童体育用品系列致力于为3~14岁的儿童提供时尚、具保护性及舒适性的产品，并在这个年龄段的儿童中建立品牌归属感。2013年，安踏发挥其创新之长，推出逾千个新款式的儿童产品，其中包括很多科技应用型产品，如鞋品采用了先进的柔软柱科技，吸汗速干、防水透湿、轻薄保暖、反射保暖等科技应用在儿童风衣、天鹅绒服和轻薄羽绒服上。同时，安踏在品牌推广上也充分利用了新媒体手段。2013年11月，安踏儿童设计上线了一款亲子互动类小游戏——"小安快跑"，很快风靡了"70后"、"80后"爸妈圈。不只游戏登录人数突破68877人次，在活动开展一个半月之后，在微博搜索"小安快跑"，仅实时微博就有46216条搜索结果，可以预期后续的长尾效应。2013年，安踏还携手冠军基金于新浪微博社交网络平台发起"爸爸提前回家一小时"活动，鼓励父亲们花更多时间与他们的孩子一起玩耍、沟通和参与运动。到2013年底，安踏店及运动生活系列店数目共7757家，儿童体育用品系列店的数目为881家（2012年为833家）。

同样，361°在2010年开始进军儿童服装市场。361°童装事业部自2009年5月成立，隶属于361°集团，和香港上市公司合并报表。但是，361°童装有独立的研发、生产、销售部门，在经营策略和用人方面有很大自主权。361°童装的定位是高性价比，目标市场是二三线城市。361°公司充分运用已获得授权的美国漫画人物，设计、生产及销售童装、鞋履及配饰，如在市场推出印有美国漫画人物蝙蝠侠、蜘蛛侠及超人的童装产品。2013年，该公司还通过合作伙伴关系赞助三大中国少儿频道之一的金鹰卡通卫视播出儿童歌唱比赛——《中国新声代》，来提升童装的品牌形象。截至2013年，361°的童装业务"一枝独秀"，营业额增加13.6%，至4.204亿元，占该公司营业额的比例由2012年的7.5%上升至

11.7%。2013 年，童装零售门店总数增至 1858 家，较 2012 年底 1590 家净增加 268 家。在 1858 家童装门店中，486 家为百货公司或大卖场专柜、726 家为独立店铺，其余 646 家为成人运动服装店内的陈列位置。

同属晋江系的品牌特步在 2013 年增加了 150 家儿童产品销售网点，并在儿童系列等其他产品方面实现收入同比增长 114.9%。特步表示，儿童门店是其接下来店铺增长的重点，未来几年计划儿童门店增长两位数以上。

外资品牌也不甘示弱，除了分别于 2001 年、2002 年进入中国市场的阿迪达斯和耐克的童装系列之外，H&M、Zara、无印良品、优衣库等快时尚品牌均丰富了童装品种，Gucci、Dior 等品牌开始布局童装零售网络，开设童装旗舰店。

然而，市场规模的扩充并未使童装价格有所下降，市场上打 5 折后价格仍在几百元的童装比比皆是，部分品牌、部分款式的童装价格甚至超过千元，直逼成人服装。童装需要针对儿童的特点设计，生产工艺更加复杂、流程较长，并且国家对童装面料的安全性要求更高，安全测试更严格。所以虽然童装在用料方面比成人服装少，但其生产成本却未必比成人服装低。

2013 年，受关店潮、销售订单减少以及清理零售渠道存货的影响，安踏、361°和特步的营业额和门店数量无一例外地呈现下降态势，不过童装业务的业绩均飘红。

四、产品与研发

运动品牌可以分作两大阵营：一类是以专业运动为主的体育品牌，耐克、阿迪达斯、李宁、安踏以及匹克分属此列；另一类是以时尚运动为主的体育品牌，彪马、卡帕、特步、361°分属此列。虽然两大阵营都互有交叉空间，但并未改变品牌的本质属性。专业类品牌消费市场对产品在设计研发、制作工艺以及材质面料等方面都提出了更高的要求。不仅需要能够保证运动中的舒适性、保护性、耐磨性等，还要求产品对提升消费者的运动竞技能力有一定的帮助。相对较高的门槛，使得专业类品牌具有较强的抗风险能力，同时也更受资本市场的欢迎。

在 20 世纪 90 年代初，匹克体育通过了 ISO9001 质量管理体系认证。如今，匹克体育已在北京、广州、泉州及洛杉矶设有 4 个研发工作室，总共聘请了 218 名专业设计师和研究员。不同工作室设计团队经常相互交流，分享创作技能，协力打造更具创意及风格的产品，以满足世界各地不同顾客群的需求。

匹克体育坚持品牌的专业性，故在产品研发和测试的过程中都有职业运动员参与其中，包括匹克体育赞助的明星运动员。匹克体育拥有的篮球鞋专利让其新款战靴搭载了该公司的独家科技——可视化的"梯度双能"以及"三级缓震"。仅在 2013 年，匹克体育便取得 6 项全新球鞋和服装设计研发专利，2015 年又获得鞋、服专利 3 项，在部分旗舰款篮球鞋上初次使用足弓碳板材料做支撑，进一步提升了匹克体育在运动科技领域的竞争力。这些专利技术可以在对运动员进行保护的同时保证他们取得好成绩；匹克代言人所在的队伍连续六年进入 NBA 总决赛，并且夺冠，造就了匹克体育的"冠军定律"。2015 年匹克体育还向消费者推出了 763 款新鞋类产品、1054 款新服装产品及 330 款新配饰产品（见表 1 和表 2）。①

表 1　匹克体育用品按产品类别的毛利情况

指标 分类	2015		2014		2015 比 2014 年毛利率变动
年份	毛利（百万元）	毛利率（%）	毛利（百万元）	毛利率（%）	（%）
鞋类	494.0	37.0	420.3	36.5	0.5
服装	681.3	40.0	637.2	39.0	1.0
配饰	26.2	37.9	21.5	37.1	0.8
总计	1201.5	38.7	1079.0	38.0	0.7

注：2015 年鞋类产品的毛利率较 2014 年增加 0.5 个百分点，主要是由于本集团于年内售出更多跑步鞋类产品，本集团在年内提高了跑步鞋类产品的毛利率以及跑步鞋类产品较其他受欢迎的鞋类产品有相对较高的毛利率。2015 年服装产品的毛利率则较 2014 年上升 1.0 个百分点，其原因是本集团于年内售出更多棉衣，本集团在年内提高了棉衣的毛利率以及该类服装产品较其他受欢迎的服装产品有相对较高的毛利率。

资料来源：《匹克体育用品有限公司 2015 年财报》，2015 年数据截至 12 月 31 日。

表 2　匹克体育鞋类和服装的价格与销量情况

指标 分类	2015		2014		变动	
年份	售出数量（百万）	售价平均单位（元）	售出数量（百万）	售价平均单位（元）	售出数量（%）	售价平均单位（%）
鞋类（双）	14.2	94.0	12.3	93.5	15.4	0.5
服装（件）	23.8	71.6	23.5	69.5	1.3	3.0

资料来源：《匹克体育用品有限公司 2015 年财报》，2015 年数据截至 12 月 31 日。

---

① 资料来源于匹克集团 2015 年年报，第 6 页。

在原有的多项专利如梯度加速、三级缓震、多核弹力等的基础上，匹克体育通过跟 NBA 球星帕克、巴蒂尔以及麦基合作，每年都推出几款明星篮球鞋。巴蒂尔八代球鞋（神箭、战神系列）、帕克二代，以及闪电三代和飓风三代，都是匹克的经典产品，包含了核心的科技含量。特别是运用在 TP9 闪电款中的梯度加速科技广受好评；帕克 TP9 按照美码开发，因融合了诸多美国元素而最为亮眼。在美国著名球鞋网站 Counterkicks 评选的 2013 年度十佳球鞋中，帕克 TP9 位列第八位，并被评为最令人惊喜的篮球鞋第一名，这是中国篮球鞋第一次获得欧美专业球鞋评测群体好评。Counterkicks 评价匹克"TP9"为"不容错过的经典鞋款，在缓震、品质、耐久度以及抓地力方面都几乎做到满分，这款球鞋可以带你体验篮球真正的乐趣与速度"。不仅如此，Counterkicks 还夸奖了匹克在技术方面的突破，"梯度双能科技提供了难以言喻的缓冲，不得不说这是整个 2013 年最好的球鞋之一"。此外，匹克 GHill 大三角被美国专业 SNEAKER 网站 Complexsneaker 评为"NBA 年度十佳球鞋"大奖。

尽管 TP9 的全球均价超过 100 美元（在欧洲是 120 欧元，在南美洲是 130～150 美元，在中国是 600 多元人民币），但在匹克美国公司及帕克本人的推动下，这款鞋的销售一度出现供不应求的火爆场面。甚至连 NBA 马刺官方商店都向匹克开出订单，购买帕克 TP9 和即将在美国上市的帕克一代篮球鞋。不仅在美国，在帕克的祖国法国，以及德国、斯洛文尼亚等国，匹克帕克系列篮球鞋都受到了当地爱好者的追捧。在斯洛文尼亚欧锦赛期间，不少欧洲球员自掏腰包，四处求购帕克 TP9 篮球鞋。在赛场内安设的匹克展台上，前来咨询和购买帕克球鞋的球迷络绎不绝。匹克斯洛文尼亚经销商不得不通过匹克国际部临时从周边国家调货救急。

匹克不仅在球鞋产品上有新的突破，2014 年还在篮球制作工艺上与以往的八瓣篮球不同，有了九瓣篮球的创新。匹克的这款篮球更具有耐磨性，触球手感更好。经国际篮球联合会（FIBA）场地设施中心认证，匹克标准 7 号篮球（货号：BG771F）于 2016 年 12 月 14 日获批成为 FIBA 一级比赛用球。

除了产品的功能性及风格外，匹克体育的研发工作室在选择原材料和设计产品时亦会考虑环保元素。同时，匹克体育还是首家采用国际 3D 打印技术的中国体育品牌。匹克体育主要将这项技术应用在设计研发过程中，将设计出的产品数据输入到计算机中，然后打印出相应的产品 3D 模型，大大缩短了产品的研制周期。

五、国际化进程

1. 开启国际化的首个五年

在晋江后来者企业的追逐下，董事长许景南认为匹克必须走差异化路线，才能摆脱国内体育资源有限而竞争者同质化严重的制约。因此，在 2005 年，当多数国内运动品牌还在"红海"中为国内有限的资源搏杀时，匹克体育制定了聚焦于国际篮球专业品牌的发展战略，即以篮球为核心，逐步向足球、网球、跑步领域延展。经过缜密的思考，CEO 许志华决定与 NBA 合作，用匹克体育的篮球专业性走一条国际化之路。

然而当时 NBA 在中国的合作伙伴是李宁，这个在国际体坛内享有盛名的品牌有着天然优势。2005 年，许志华先与休斯顿火箭队谈合作，再跟 NBA 球星肖恩·巴蒂尔合作，并且通过国内媒体做了大量宣传。那时起，匹克体育开始广泛与国际运动组织合作，提升国际影响力。匹克体育陆续赞助了美国 NBA 休斯顿火箭队、雄鹿队主场，以及欧洲全明星赛、斯杯、钻石杯、澳大利亚国家男女篮球等多项国际赛事和运动队。功夫不负有心人，2007 年 NBA 选择与匹克体育合作。匹克体育与 NBA 的合作也让匹克在品牌知名度上得以提升，议价能力增强。

到 2008 年，在竞争空前激烈的奥运大环境下，匹克体育独具匠心，签约赞助伊拉克、塞浦路斯、黎巴嫩三国奥运代表队出征 2008 年北京奥运会；同时成为"微笑北京"2008 年志愿者合作伙伴，着力开展奥运营销。2010 年，匹克体育与"国际青年男篮四大洲挑战赛"达成官方战略合作伙伴关系。在"男篮世界锦标赛"期间，匹克体育又签下澳大利亚、新西兰、塞尔维亚、伊朗、黎巴嫩、科特迪瓦等球队。匹克体育助阵六国出征亚运会，包括伊拉克国奥代表团、黎巴嫩国奥代表团、塔吉克斯坦国奥代表团、巴勒斯坦国奥代表团以及伊朗国家篮协、吉尔吉斯斯坦国家足协，启动"西域战略"。此外，匹克体育还赞助了伊拉克代表团出征"2010 广州亚残运会"。

2006 ~ 2010 年，匹克体育陆续签约了多名 NBA 球星，包括肖恩·巴蒂尔、贾森·基德、穆托姆博·阿泰斯特和桑尼·维姆斯、达内尔·杰克逊、卡尔·兰德里、凯文·勒夫、杰森·理查德森、帕特里克·帕特森、本诺·尤德里、贾维尔·麦基、多雷尔·怀特以及哥顿·海伍德作为品牌代言人。匹克体育于 2007 年成为 NBA 官方市场合作伙伴，并在 2009 年成为 FIBA（国际篮球联合会）亚洲区的合作伙伴，从此牢牢掌握住了 NBA 和 FIBA 两大篮球赛事的资源。2010

年，匹克体育与 NBA 球队新泽西网队成功续约。在网球方面，匹克体育还签约了 WTA 及 WTA 网球球星奥尔加·格沃特索娃。

2009 年，在许志华的努力推动下，匹克体育于 2009 年 9 月 29 日在中国香港联交所主板正式挂牌上市。同年，匹克体育联合全球最具国际性的认证机构——必维（BV）国际检验集团和南方周末中国企业社会责任研究中心共同发布了首份民营企业社会责任报告——《匹克社会责任报告白皮书》，并一直延续着这个传统。

2. 持续海外扩张

2011 年，匹克体育在美国成立子公司，标志着匹克体育开始全面进军美国市场。2011 年 12 月，匹克体育以篮球概念为主题的旗舰店在美国洛杉矶市卡尔弗城韦斯特菲尔德商场二楼试营业，该旗舰店与 Foot Locker、Footaction 等知名体育用品同处一层，面积为 2950 平方英尺（约合 274 平方米），主要销售匹克品牌运动鞋、运动服装和配件。2012 年 2 月，匹克体育全美旗舰店在洛杉矶西好莱坞梅尔罗斯大街隆重开业。2013 年，匹克体育成功进入加拿大市场，行业巨头枫叶体育公司旗下的 Real Sport Apparel 成为了加拿大第一批销售匹克产品的体育用品商店。

多年来，匹克体育通过渗透性极强的赞助活动使品牌与国际高端赛事和具有全球影响力的体育组织捆绑在一起，通过它们为匹克品牌做代言、作"背书"。目前，匹克体育已经先后与中国女子篮球甲级联赛（WCBA）、国际篮联（FIBA）、NBA 迈阿密热火队、美国大学生体育代表团、加拿大唯一的一支 NBA 球队多伦多猛龙队、德国篮协、新西兰奥委会、大运会的非洲大体联代表团、乌拉圭代表团和塞尔维亚代表团以及伦敦奥运会的新西兰、斯洛文尼亚、阿尔及利亚、塞浦路斯、伊拉克、约旦和黎巴嫩 7 国代表团正式签约成为全球战略合作伙伴，实现了"从亚洲到全球"国际化战略的再次升级。

2011 年至今，匹克体育先后签约 NBA 球星萨姆·杨、安东尼·莫罗、安德鲁·古德洛克、C. J. 沃特森、杰里米·泰勒、马奎斯·布雷克利、多米尼克·琼斯，巴丁格等作为代言人。2013，NBA 超级巨星、三届总冠军成员、四届全明星球员、2007 年总决赛 MVP、史上最优秀的国际球员之一托尼·帕克正式加入匹克队（PEAK Team），成为匹克的全球形象代言人。匹克体育在国内也连续 4 年成功举办了"NBA 球星中国行"活动。

在网球方面，匹克体育的网球明星阵营也不断扩容，哈萨克斯坦头号球员加琳娜·沃斯科波耶娃，波兰双打好手汉斯，白俄罗斯的加沃尔索娃，波兰的简斯，俄罗斯的库德亚特赛娃、康德拉迪娃和布拉齐科娃，波黑的格嘉哥克·萨尔基，鲁吉亚的查克娜舒维利以及中国的何思睿相继加入了匹克 WTA 网球计划。

10 多年来, 匹克体育累计投入品牌宣传费用超 5 亿元。事实证明, 赞助世界水准的高端赛事和体育明星成为匹克品牌国际化进程的最大助力。

3. 与 NBA 合作

尽管美国全美篮球协会 (NBA) 的赛事已通过 CCTV 在中国落地 20 多年, 但直到 2005 年, 许志华作为观众才首次在火箭队主场的丰田中心现场观看了姚明参加的 NBA 比赛。此时, 他才真正意识到匹克体育与 NBA 合作的重要意义。匹克的目标消费者是喜欢篮球的年轻人, 这在相当程度上与 NBA 的受众契合。另外, 2005 年前的匹克体育主要赞助的是中国顶级职业篮球联赛 (CBA), 而安踏却在 2004 年以数倍的价格买走了 CBA 的冠名权, 并垄断了 CBA 各队比赛服装的赞助权。

为了寻找体育营销的突破口, 匹克体育开始尝试赞助 NBA, 但开始时并非一帆风顺。当年董事长许景南赴美时甚至被美国领事馆以 "NBA 不可能选择匹克体育 (为赞助企业)" 为理由拒签。在开始赞助巴蒂尔时, 巴蒂尔团队也要求匹克体育一次性付清赞助的款项。不过许志华决心已定, 他积极同 NBA 总裁大卫·斯特恩接洽, 并且明确表示篮球是匹克体育的核心战略, 希望与 NBA 建立长期合作。许志华亲力亲为, 他提出匹克体育的宣传口号 "I Can Play", 并亲自负责发放参加新闻发布会记者的车马费。在与火箭队的合同出了问题时, 他一个人飞去休斯顿, 到训练馆蹲守, 与火箭队交涉。功夫不负苦心人。2005 年底, 匹克体育以两年 400 万美元的价格, 在火箭队主场的球场边投放了中文广告, 使得匹克的 LOGO 直接出现在火箭队比赛的直播镜头里, 而避免被 CCTV - 5 的广告汪洋 "淹没"。匹克体育也终于在 2007 年 11 月与 NBA 中国签约。

有了 NBA 联盟背书之后, 匹克体育再跟 NBA 球队、球员谈合作, 就更容易取得信任。匹克体育在明星代言方面的策略是 "花小钱办大事"。继赞助姚明所在的休斯顿火箭队主场之后, 2008 年匹克体育成为易建联所在的新泽西网队的主赞助商, 紧随中国球员在 NBA 的脚步。2010 年, 当姚明退役以后, "中国因素" 不再是匹克体育赞助的重心。面对阿迪达斯和耐克大面积签约一流球员的局面, 匹克体育无缘与 NBA 的顶级球星结盟, 从而 "被迫" 选择具有潜力的相对草根的球员。

通过学习和研究过往的 NBA 扣篮赛, 匹克团队想到了让扣篮明星们不断换鞋的点子增加曝光。于是, 经过充分的准备, 在 2011 年的 NBA 全明星扣篮大赛上, 匹克体育策划的品牌植入大获成功, 给品牌带来了充分曝光。匹克代言人贾维尔·麦基在上场扣篮之前弯下腰, 用长达 18 秒的时间绑他的 "匹克黄金战靴" 的鞋带, 吸引了摄像机长时间的 "注视", 现场直播两位主持人都忍不住发问: "这是什么牌子的鞋?" "哦, 是中国的匹克。" 在 2012 年全明星扣篮大赛上, 麦基几次换穿风格迥异的匹克球鞋让人眼前一亮，电视直播评论员甚至直呼："匹克这个代言人签得实在太值了。"

匹克体育建立了一种从相对草根的球员中发掘大场面选手的能力。一方面，匹克体育通过经纪人在最有可能夺冠的几支队伍中选择要价较低的球员签约，但事实证明，他们有很大潜力。另一方面，这种"广散网"的策略成为匹克体育延续"冠军定律"的保障。匹克代言人法国后卫托尼·帕克，被称为 NBA 最物美价廉的球员，他拿着新人最低的薪水，却顶起了马刺的半边天。经过不懈努力，2013 年帕克成为首位欧洲 NBA 总决赛 MWP（最具价值球员），并当选 2014 年度欧洲篮球先生。

多年来，匹克体育陆续参与了 NBA 在中国的落地比赛和活动以及在美国的一些特定活动。由于匹克体育与 NBA 之伙伴关系包括在中国使用 NBA 标志和其他特许标志宣传及推广匹克品牌以及其运动用品，在国内，匹克体育也借鉴 NBA 把娱乐明星和篮球明星混合拉演的营销手法，把巴蒂尔拉到"刘老根大舞台"这样的地方巡回演出。现在，匹克体育与 NBA 的合作规模在同行里已仅次于耐克和阿迪达斯。对于匹克体育来说，NBA 的比赛国际影响力大，赞助价码更高，但赞助合同执行起来比较严格；而国内其他比赛的赞助价码较低，赞助方通常能获得更多权益，但对方执行合同的严肃性得不到保障，往往给企业带来更多无法预期的成本。

现如今，匹克体育 CEO 许志华本人已经成为各种美国经销商和 NBA 球星经纪人的座上客。匹克体育与 NBA 的合作也已经从当初"CEO + 助理"的简单组合演变成一个专业团队，进行比赛冠名、球员装备、赛场设置、广告投放、新闻发布等领域的谈判。而由于 NBA 的明星赛恰好在中国春节期间进行，作为合作伙伴，匹克体育的营销人员也"不得不"放弃休假，与 NBA 以及球星团队紧张地互通越洋电话，商讨、落实如何在球星新闻发布会上植入匹克元素。

美国当地时间 2014 年 1 月 1 日，匹克体育携手签约的托尼·帕克、肖恩·巴蒂尔等多名 NBA 巨星身着中国传统的唐装，祝贺世界人民"新年快乐"的贺岁宣传片出现在被誉为"世界十字路口"的纽约时报广场。北京时间 2014 年 2 月 15 日，一则由 NBA 合作伙伴匹克赞助拍摄的包含"东亚文化之都·泉州"形象的宣传片再次出现在美国纽约时代广场，让美国人一睹泉州深厚的文化底蕴，并再次加深了对匹克品牌的了解。2014 年，匹克体育在赞助 NBA 队员运动鞋全球品牌排行榜上高居第五位，领先中国赞助商品牌（见表3）。

表3 全球体育用品品牌赞助 NBA 运动员数量虎扑网 2014 排行榜

brand rankings（by endorsers in the nbs）品牌排序（按 NBA 运动员代言人效）					most used sneakers 最常用的运动鞋品牌	
	NBA Players	All–Stars	NBA Champs	Medalists*	1. Hyperdunk 2013	75
1. Nike	283	40	33	27	2. Kobe 8 System iD	40
2. adidas	70	11	4	6	3. Zoom Hyper Rev	31
3. Jordan Brand	39	8	1	4	4. Zoom Crusader PE	23
4. Under Armour	13	1	1	0	5. Hyper Ouickness	22
5. Peak	10	1	3	0	6. Zoom Soldier VII	17
6. Reebok	6	0	1	0	6. Crazy Light 3	17
7. Li–Ning	5	1	3	1	8. Zoom KD VI iD	16
8. Anta	4	2	2	2	9. Crazyghost	10
9. Spalding	3	0	1	0	10. Anatomix Spawn	9
10. And 1	3	0	0	0	11. Crazyquick PE	8
11. Ball'n	1	1	1	0	11. Air Jordan XX8 SEPE	8
12. 361 Degrees	1	1	0	1	13. Air Max Hyperposite	6
13. Oiaodan	1	0	0	0	13. Hyperdunk 2012 Low iD	6
14. Brandblack	1	0	0	0	13. LeBron X Elite PE	6
					13. Crazy 8	6

资料来源："HoopsHype Sneakers by HoopsHype". HoopsHype：http：//hoopshype. com/sneakers. htm, Updated：August 15，2014.

  与 NBA 的联手成就了匹克随后几年的业绩增长，这种双赢的战略也让 NBA 对匹克体育越发信任。即使在全行业深陷调整、业绩普跌的阶段，匹克体育也坚持聚焦战略，没有打算缩减赞助 NBA 的规模。截至 2015 年底，匹克体育已与 11 位 NBA 球员签署了代言协定，包括 NBA 全明星球员托尼·帕克（Tony Parker）和德怀特·霍华德（Dwight Howard）并赞助了休斯顿大箭队（Houston Rockets）、迈阿密热火队（Miami Heat）及圣安东尼奥马刺队（San Antonio Spurs）三支 NBA 球队。匹克体育还与德国、澳大利亚及塞尔维亚等 8 个国家篮球协会签订了赞助协议；还签下塞尔维亚男篮国家队队长 Miloš Teodosic'，强化了匹克品牌在欧洲的影响力。与 2016 年奥运会相连的 FIBA 洲际锦标赛是 2015 年最重要的篮球赛事，匹克品牌借助于和 FIBA 的全球战略合作伙伴，在全球范围内取得了大量的曝光。为增强匹克在女子体育用品市场的竞争力，2015 年匹克体育赞助了包括武汉网球公开赛、珠海精英赛、WTA 新加坡年终总决赛等顶级网球赛事。截至 2015 年底，匹克体育已有 8 位国际女子网球代言人。

借鉴篮球的成功推广经验，匹克体育在田径及马拉松赛事赞助上亦取得成效，匹克体育于 2015 年内共赞助了 34 场专业跑步赛事，包括 2015 年欧洲室内田径锦标赛、2015 年国际田联世界田径挑战赛（北京站）、2015 年大连国际马拉松、2015 年宁波国际马拉松以及 2015 年国际垂直马拉松系列赛等。为配合跑步赛事和赞助活动，匹克体育在产品的更迭上进展迅速，在年内推出了"箭羽1.1"、"天行者"、"S－PAD"、"悦跑三代"、"律动"五款跑鞋新产品，全面覆盖专业需求和生活需求，满足不同跑步者的喜好。①

4. 商标国际注册

2012 年，许景南董事长提出了匹克的"三个 100"的目标，即在 100 多个国家商标注册；三年内进入 100 个海外市场；十年内外销达到 100 亿元。

在实施"走出去"战略之初，匹克体育曾经因为没有及时在国外注册商标而遭遇市场壁垒。1993 年，当匹克体育去美国拉斯维加斯参加一个国际性鞋展时，由于在美国有人先行注册了"PEWAK"、"PEAKS"，所以匹克体育的"PEAK"商标被指与上述商标近似，构成侵权。参加展会的匹克体育人员在接到展览活动的组委会要求其撤离、否则扣留侵权产品的通知后，不得不退出了展会。这次"拉斯维加斯"事件使许景南深切认识到商标国际注册是企业国际化道路的奠基石，是国际化战略的核心与前提。

从那之后，匹克体育高度重视商标国际注册工作，在此后 20 多年里，匹克体育积极加强与工商部门的沟通联系，了解商标国际注册的途径、程序，不遗余力地通过马德里商标注册体系、逐一国家注册等方式，加强商标的国外注册。2006 年，匹克 PEAK 英文名称及图形商标就通过马德里体系在西班牙、匈牙利、奥地利等 78 个国家的 18 类包袋、28 类体育用品商品上进行注册；2010 年，匹克三角形图形商标通过马德里体系商标注册在英国、新加坡、芬兰、美国等 50 个国家的 18 类包袋，25 类服装、鞋商品上。

截至 2015 年，匹克体育已经在全球 180 多个国家和地区注册商标，实现了"产品出口到哪里，商标注册到哪里"，形成了商标国际注册"两个百"（即"商标国际注册数量超百件、商标国际注册国家超百个"）的立体化保护体系，每年投入商标注册维护的费用达 200 多万元。

5. 全球市场布局

根据"三个 100"的目标，近年来匹克产品在美国、加拿大、英国、德国、

---

① 2015 年的体育赞助信息源自匹克集团 2015 年年报，第 4 页。

法国等欧美一线市场已经获得突破，海外市场销量逐年提升，使"品牌输出"策略日见成效。

（1）美国子公司。在完成了在100多个国家商标注册的目标之后，许景南认为要打开海外市场还是得从美国市场入手。他看好了身量不高，却胆气十足的重庆分公司总经理粟佳。通过他的一番鼓舞，粟佳决定放下多年来他在重庆闯下的蓬勃发展的事业，和CEO许志华一起飞向大洋彼岸去闯荡一番。

美国体育用品零售大致有以下形态：专业体育用品卖场、专卖店、职业教练体育用品店、折扣商店、仓储型体育用品超市、百货公司、邮购等。但风头正劲的仍是类似Foot Locker的专业零售店。其原因在于在零售连锁化及大型化发展下，大型零售商渠道占据将近50%的市场份额，美国体育用品销售层级已缩短至仅1~2个。体育用品公司不是由公司直销就是委托代理商将产品直接送往零售店。其中仅有极小的一部分会因为美国幅员辽阔而通过批发商转销给零售商。一般而言，规模较大的连锁零售业者通常都直接向厂商订货。除了规模庞大、连锁经营的大型零售店外，美国亦存在为数不少的小规模零售业者。不过这些零售业者的进货规模小或者位置偏僻，通常无法符合厂商订货的最小起订量，因而必须通过批发商或采购集团进货。

Foot Locker是全球最大的体育运动用品网络零售商，在美国国内销售额已经超过耐克、阿迪达斯的销售额。到2015年，其年营收将突破75亿美元。它赖以起家的秘密在于所销球鞋在款式上风格独特，因此吸引了很多追随者。Foot Locker极擅长以赛事及明星营销促进球鞋销售。Foot Locker还擅长发起街头篮球、3对3篮球赛等，这都是匹克所缺的。

2010年1月，纽约寒冷冬季的一天，全球最大体育运动用品网络零售商Foot Locker总部来了一位从洛杉矶远道而来的不速之客。这位客人带了两只超大尺寸的行李箱，里面塞满了超过40双篮球鞋。这些球鞋均为肖恩·巴蒂尔和贾维尔·麦基代言的匹克原创设计。匹克美国分公司总经理粟佳信心十足地希望签下一笔大生意，因为Foot Locker拥有超过7000家店铺，匹克单品一旦进入，即使只有10%的铺货率，以单店120双的订货量，每双100美元计算，一次订货金额即可达数百万美元。这是一次酝酿已久的拜访，但是破局却比许景南预想的要艰难得多。

粟佳早在6个月前就开始准备拜访包括Foot Locker、Champs、Footaction、百货公司希尔斯（Sears）、梅西（Macy）在内的诸多零售商，他给这些资深买手们的电话请求都石沉大海。最后粟佳求助于数名球员经纪人，许志华亦通过日本伊藤忠商社的一名美国高级经理撮合，对Foot Locker的拜访方才成行。但粟佳还是吃了闭门羹，Foot Locker挑剔的买手们并不愿下单。粟佳认为球员版的产品打开美国市场的可能性还是比较大。可是，Foot Locker 买手们拒绝的理由很奇怪，他们认为匹克鞋的重量尽管很轻，但肉眼感觉不够轻，普通消费者无法从外观及材质上感知其科技含量，因此会缺乏购买欲望。买手们认为如果匹克做不到令消费者"感觉轻"，Foot Locker 就不愿意再浪费时间。除此之外，Foot Locker 还有挑剔的工作周期，其样品确认耗时超过 2 个月，产品规划则多提前 3 年。

与 Foot Locker 这样的会谈结果使匹克面临渠道困境，从而不得不考虑自行开设旗舰店。匹克统计发现，当时耐克在美国仅有约 20 家 Nike Town，阿迪达斯几乎为零。2007 年，李宁在美国波特兰设立研发中心，开设品牌体验店，并与 Champs 等运动品牌渠道商合作。李宁产品均价超过 100 美元，这一价格与耐克美国售价几乎相当。但李宁在美国无足够的品牌知晓度，产品很快积压严重，Champs 最终竟以 4.99 美元、9.99 美元倾销其货品。所以，在许志华看来，直营可以为消费者提供更多更便捷的服务。

当时，匹克体育已成为 NBA 俱乐部里仅次于耐克和阿迪达斯的赞助商，其商标注册国家和地区超过 160 个，总计拥有超过 200 家海外网点，海外销售额约占营业额亦达 10%，但是匹克体育一直没有机会真正打入美国市场。NBA 的光环效应使得"大鲨鱼"沙克·奥尼尔的经纪人佩里·罗杰斯专程邀请许志华去其家中做客。这次见面令许志华对"美式享乐"认识更为深刻。罗杰斯的豪宅内有一个奢华的篮球场、保龄球场以及电影院，这令湖人队诸多队员都趋之若鹜。罗杰斯希望全面代理匹克产品，但不承担研发等衍生职能，考虑到品牌在海外的长期发展，许志华毫不犹豫地拒绝了。

美国人崇拜科技含量，如果没有科技含量，再好的设计也无法支撑高价。一位资深买手曾告诉粟佳，现在市场上运动鞋类旺销的秘诀就是疯狂的轻以及看得见的科技含量——这亦成为现在匹克销往美国市场产品的两条军规。

为此，许景南亲自考察了纽约、华盛顿和洛杉矶的数十家商场，匹克调研团队也发现美国消费者不像国内消费者那样热衷于新产品，他们对外观亦不敏感。在美国，5 年前、10 年前的球鞋照样热卖，这在国内是难得一见的。美国的商场很分散，很多城市并无明显的商圈。白人更热衷于跑步，而黑人更偏爱篮球。显而易见的是，打开美国市场缺口，匹克需要创造出适合美国文化、人群细分和有科技含量的产品。

在随后的一年之内，匹克在美国成立研发中心，委托猎头公司招募到来自耐克、新百伦等公司的四名设计师。粟佳还重新组建了四人的销售团队，品牌总监来自耐克，其余员工则来自阿迪达斯、彪马等。

粟佳根据以下需求对货品重新进行调整，美国货品中仅有 40% 会从既有产品库中直接挑选，30% 继续改进，剩下 30% 则需重新设计研发。

首先要是依据美国人的消费习惯重新对球鞋配色——在美国，球鞋的配色很少超过 3 种以上。美国球鞋文化早在 20 世纪 70 年代业已形成，当地人拥有十分浓烈的篮球情结、球星情结和球鞋情结，对球鞋的性能外观及裤子、上衣、帽子的搭配均有个性化的想法。国内则明显滞后，其设计需要照顾到大多数普通消费者，因而基础款式较多，而美国人更在意个性——要求鞋、服在色彩和细节上的统一搭配。美国人并不喜欢碎花式的色块，而更喜欢大块的颜色，并且材质颜色需要更适合美国文化。这种变化的结果是，匹克体育供美国市场的产品中大约 50% 的既有款式需要调整。

另一项棘手的工作是尺码调整。因为之前匹克体育采取的一直是法国尺码，现在则要将数以万计的货品重新调整为美国尺码。如此，匹克体育所有鞋类产品的模具及楦头均需重开，仅此两项即花费数千万元。

同时，美国市场为匹克体育带来的另一个变化则是研发体系的改变。匹克体育的国内设计师水平并不输于美国，但工作量过于密集——设计师需完成一年四季的订货设计，3 个月即要滚动开发，其 1 个月的开发量相当于美国半年。在美国，一个货品从创意到最终出炉，改动六七次亦很正常，但迫于上市压力，国内设计师的改动最多仅有两三次。

在设计开发巴蒂尔七代蛇年特别款时，美国设计师首先确定将在明年春节期间推出，然后讨论具体的方案细节，中国设计师总结创意元素，然后与服装和帽子做整体的色彩、细节搭配。最终体现在图纸上，交由开发部门打样制作，反馈做必要的修改。这与匹克体育平时的开发流程别无二致，但最终的产品却差距甚远。除了明星款产品之外，匹克体育的国内设计团队与美国设计师协同工作的机会并不多。双方款式设计各自独立，平时仅通过 E - mail 发送文件交流。只有在美国设计师造访中国时，才能与国内设计师面对面，相互提供一些图纸、意见以及想法。

另一个挑战则是文化差异。对匹克体育设计师来说，他们不少人没有去过美国，对当地消费者喜好了解不深，很难把握其设计是否具有"美国味"。例如，中国设计师曾以大黄蜂为概念为美国市场设计一款寓意为极强攻击性的球鞋，而在美国的文化中，大黄蜂寓意为新手和菜鸟。这个方案最终被抛弃。

（2）下力研发以迎合海外顾客需求。还有重要的一点，赢得美国消费者的认可就需要确保其篮球产品的专业性。为提升运动鞋防滑性能及消除运动中鞋底摩擦在地板上的留痕问题，匹克重新购置的研发设备超过 100 万元。除此之外，还有诸多检测纺织品特性的专业设备，其中涉及的材料检测最多可达 16 项。

运动鞋的运动特性往往依赖于鞋底设计，以实现避免运动伤害、减震、抓地等特殊功能。因此，匹克体育投入不菲以加强对鞋底的研发设计，根据篮球场上不同位置的需要设计不同的鞋底。匹克体育国内自营鞋底工厂里面这样一套橡胶鞋底模具成本价在 7000 ~ 8000 元不等,针对美国市场重新开发的鞋底亦需要数百万元的投入。为了获取 NBA 赛场最专业的数据,匹克体育鞋类技术研发中心技术总监曾亲自前往 NBA 赛场测试其地板。以麦基战靴为例,鞋底纹路专为内线球员设计的,不同的受力区域使用不同的纹路,并在旋转区域设置旋转钮,匹克在分析了麦基的技术特点后,设计了弯折沟的分布。如此一来,麦基就能更顺畅地做出动作。而足弓的支撑结构增加了一个透气通道,通往鞋内,随着运动,源源不断将湿气排出,再长时间的比赛仍然保持干爽舒适。

在中国,体育用品公司多喜欢自建仓库及物流,而在美国多为第三方物流。后者则提供从海关报关到终端卖场、网上销售的物流整体解决方案。因此,粟佳在半年时间内考察了 5 家物流商方才做决定。

完成产品研发和品类调整之后,经过综合考虑,匹克体育决定将美国总部设在洛杉矶。一方面洛杉矶在店铺租金、物流及人工方面更具成本优势,估计至少比纽约低 30%;另一方面洛杉矶周边聚集着大量体育用品公司,如耐克、阿迪达斯、哥伦比亚等,更有利于招募人才。粟佳在具体的选址方面也煞费苦心,他从专业中介公司处筛选超过 20 处店铺逐一考察,最终选择 2 处。其中一家为篮球专业店,靠近湖人和快船队主场,聚集大量篮球人群;另一家则为潮流店,距离好莱坞时尚大道一箭之遥。粟佳调查发现,美国人购物目的非常明确,而且由于当地缺少步行街,门店必须临近驱车容易经过的主干道。

2011 年 12 月,匹克体育独自投资的首家篮球概念主题店在洛杉矶韦斯特菲尔德商场二楼试营业。位于洛杉矶霍华德休斯中心的美国分公司打造成了一个纯粹的美国公司,在办公室周围方圆 5 英里范围内没有一家中餐馆。3 个月后,另一家店铺在洛杉矶的好莱坞梅尔罗斯大街开业。匹克美国公司现在已有超过 20 名员工,其中仅 3 名中方员工。美国分公司成为匹克以美国市场为基点、辐射全球市场的前沿阵地,成为匹克迈出国际化战略标志性的一步。

在美国,匹克体育希望与横亘于前的 5 大品牌(耐克、阿迪达斯、乔丹、K – SWISS、锐步)展开直接竞争。在美国篮球鞋市场,耐克、阿迪达斯分别占据 60% 与 20% 的市场份额,其余品牌则瓜分剩余的 20%。同时,匹克的消费人群设定为 15 ~ 21 岁的男性、草根、篮球爱好者、乐于尝鲜者。其调研发现,在耐克、阿迪达斯之外,美国市场有一批乐于尝鲜者,他们是推动美国球鞋产业更新换代的主力。美国球鞋市场约 10 年就产生一次新的领导品牌,如 20 世纪 60 年代的匡威、20 世纪 70 年代的阿迪达斯、20 世纪 80 年代的锐步,20 世纪 90 年代至今则是耐克。

美国公司成立之初,粟佳无意中得知当地的 DJ 指责科比并不是洛杉矶人,理由是他没有在德鲁高中打过球。通过了解当地人对篮球文化的理解，匹克体育大胆赞助了在国内并不为人所知的洛杉矶德鲁联赛（Drew League）。这一联赛一般是在街头公园或者非常小的体育馆进行，但每当 NBA 歇赛，这座不起眼的体育馆里就会座无虚席。比赛球员均是当地人都不认识的无名小卒，夹杂在平民球员中的队友却不乏鼎鼎大名者，例如科比·布莱恩特、勒布朗·詹姆斯等。顶级球星让德鲁联赛星光四溢，但骨子里面，它依旧是个平民化的联赛。亲和力和草根特性是德鲁联赛的精神。在匹克看来，这亦是其品牌精神。

随着匹克品牌在美国知名度的提升，其坐落在美国洛杉矶的两家全球旗舰店全年销售一路走高，2013 年的单店销售额比 2012 年增长了一倍多。其中 Westfield 店全年销量增长了 200%，而位于西好莱坞大道的 Melrose 店也有 60% 的增长。匹克体育在美国市场 2013 年销量同比 2012 年实现了超过 100% 的增长。"去年 12 月美国匹克全球旗舰店的单店销售额已经与国内旗舰店的销量非常接近。"美国负责人粟佳说。

（3）海外渠道及经销商。早在 1993 年，匹克体育已将产品出口到海外市场。截至 2015 年末，匹克体育的海外市场已扩展到 90 多个国家和地区。海外客户包括分销商、零售商、体育代表队及俱乐部。

匹克体育的海外拓展策略是"当地资源当地化"，通过赞助当地赛事，来配合品牌宣传，进而寻找合适的经销商来销售产品。因为体育用品产品的特殊性，在全球分销的时候往往不需要考虑特殊的地域，对匹克体育来说主要考虑的是渠道，如专业的篮球经销商就是匹克体育在海外经营的首选。匹克体育挑选经销商的标准主要是对方在体育用品特别是篮球相关品类方面的经验以及资源。

匹克体育在海外积极与经销商合作研发新产品，研发成果将全球共享，经销商也会获得研发费用分成的激励。通过店面，经销商往往可以第一时间发现消费者的偏好和当地市场的动向，再经过与匹克体育的及时沟通甚至提出创新意见，由匹克体育进行研发和生产从而快速响应可以极大化地做到"当地化"并且推广到相似的国际市场。

在美国之外，匹克体育在全球其他国家和地区都是采用和经销商合作的方式。目前有 40 多家海外代理商已经与匹克体育展开合作，匹克体育在海外拥有200 余家店，遍布欧美、中东、亚太地区，其中最大的市场是在欧洲地区。在黎巴嫩、伊拉克等国家，匹克体育的市场占有率位列前三。①

匹克体育最早于 2011 年进入乌克兰。经过经销商和匹克共同的努力，截至2013 年在乌克兰首都基辅及中西部人口密集城市匹克专卖店的数目已经达到 11

---

① 匹克官方网站. 匹克国际化排列前行［EB/OL］. http：//www. epeaksport. com/XP100 - News - Content/Initial - 20121012001. html，2012 - 10 - 12.

家，平均面积 200 平方米左右。因为乌克兰的冬季长达 5 个月，因此乌克兰消费者需要更多的冬鞋款式。通过匹克体育和乌克兰经销商的深度合作产品创新，截至 2013 年匹克体育在乌克兰年销售额已由最初的几十万美元增加到几百万美元。类似匹克在乌克兰的经销商这种合作了 3 年以上的国家或区域经销商还来自菲律宾、以色列、瑞典、阿尔及利亚、阿根廷等国，以及马来西亚、爱沙尼亚、伊朗、印度、德国等国的新合作的经销商。

随着与国际体育组织合作的深入，匹克体育开始将顶级联赛与零售店面整合营销，将品牌与销售完全捆绑在一起，实现了全球化市场战略升级。匹克也成为了首个借助海外大型赛事打造主题旗舰店的中国运动品牌。2014 年 9 月，在首个 FIBA 篮球世界杯冠军诞生的前一天，匹克西班牙旗舰店在马德里正式开业。匹克西班牙篮球世界杯旗舰店面积约 150 平方米，位于西班牙首都马德里大学区 Fernandez 大街。店面以匹克杯主题进行整体包装，并在店面中设立了匹克世界杯系列产品专区，供前来观看篮球世界杯的消费者体验。

在赞助国际化赛事扩大品牌知名度和美誉度的同时，匹克体育尝试用电商拓展国际市场。匹克体育通过以国家为单位，降低授权费门槛的方式招商。目前已经吸引到了来自俄罗斯、波兰、加拿大、德国等多个国家的经销商表示合作意向。

（4）国内渠道策略。针对国内市场，尽管一线城市的年轻人对于耐克或阿迪达斯的消费偏好已经形成，但在更为广阔的二三线城市，却存在另一种截然不同的消费结构。在这些市场，中国消费者对体育用品的购买力在持续增长。因此，许志华提出战略的反向倒推，率先在二三线城市开设专卖 NBA 球星们战靴和战袍的篮球小店。他认为，对匹克来说，国内的二三线城市市场有着巨大的增长潜力，品牌忠诚度也很好培养，而在一线城市的店面则不宜太多。

匹克体育每年举办四次订货会，介绍每一季度的新产品系列。国内的分销商和零售网点营运商均会参加订货会，并在会上订购产品，这些订单一般比实际发货日期早 6 个月。匹克体育自 2013 年开始执行渠道扁平化策略，积极增加分销商的数目，一方面将部分业绩表现优秀的零售商提升为分销商，另一方面也通过引进具有较强零售经验的新分销商加强零售业务的管理。匹克体育还鼓励现有分销商开设更多的匹克授权零售网点，使其能更快地对市场的变化做出反应。因此，匹克体育分销商数目由 2014 年底的 88 个增加至 2015 年底的 100 个。

在渠道管理方面，匹克体育采取了多种措施以主动管理库存水平和订单能见度，包括改变订货模式、增加补单比例、进一步优化分销渠道的库存状况。此外，为了进一步提升分销商的服务水平和管理能力，匹克体育定期派遣实地考核团队，就分销商的管理能力、财务实力、店铺人力配置和位置等关键指标进行长期监测和评估。对持续绩效不佳的分销商，匹克体育会通过重新分配或缩小其分销区域以及于其分销区域引入新的分销商等措施进行调整，提升绩效。

六、当前的挑战

在全球范围内，2008 年以来体育运动的发展态势提供了很多市场机会，不断提升体育用品销售的增长。我国全民健身运动也迅速普及，体育用品的市场需求不断增长。2014 年，我国国务院印发的《关于加快发展体育产业促进体育消费的若干意见》中预测，2025 年中国体育总产值要达到 5 万亿元，可见整个体育用品行业仍有很大的发展空间。同时，消费者的生活方式和对体育用品的偏好也发生了一些变化。

1. 新生代的消费偏好

新生代是伴随着日本动漫和移动互联网而成长起来的一代，他们的消费主张更加鲜明。

首先，随着社会的进步，现在的中国进入了越来越崇尚自由和个性的消费时代，尤其是对于作为新生代消费者的"90 后"和"00 后"。这就是快时尚品牌能够迅速风靡的原因，款式多样和快速更新的快时尚品牌可以确保顾客能够按照自己的个性特点来为自己的生活创造时尚和潮流。

其次，人们对健康生活的要求也不断提升。体育运动休闲成为人们业余时间的休闲娱乐方式，覆盖各个阶层、各个年龄段，开始步入工作岗位的"90 后"，以及上中小学的"00 后"，更是体育用品消费的中坚力量。

最后，没有环境和场地限制的手机购物已经成为年轻人，尤其是"90 后"的主流生活方式之一。他们对智能手机中各种应用的使用更加熟练，从简单通信社交到玩游戏再到购物，手机已经成为年轻人不可缺少的必备工具。来自手机淘宝 2013 年的数据显示，25 岁以下的年轻人更钟爱手机购物，25 岁以下的年轻男性使用手机购物的比例占其整体消费额的 37%。

2. 时尚生活化与可穿戴设备

消费者的运动生活方式随消费升级发生显著变化，并向成熟体育市场迈进。典型特征是，对功能性为主的专业运动产品的需求逐步增加，更加注重产品品质以及不同场景的个性化需求。这激发了本土品牌进行产品创新。过去各大运动品牌主打休闲化路线，差异并不明显，品牌同质化是成熟运动用品面临的主要挑战。

除了童装和户外领域，361°还公开宣传签下吉克隽逸作为代言人进军时尚领域。为追求更快的响应速度，阿迪达斯已从 H&M 和 Zara 等快时尚品牌"挖"到了一些人才，这意味着阿迪达斯未来在产品设计和更新速度上将进一步加快。

跑步是现代人的一种时尚生活与社交方式。跑步爱好者在跑步装备上的花费要比打篮球还多。马拉松比赛或者露天跑步比赛的火爆就是"跑步热"的直接反映。在 2013 年某媒体评选的《中国十大最具品牌价值体育赛事》中，北京马拉松以估值 2.5 亿元的品牌价值上榜，与中超、中职篮和中网等传统比赛不分伯仲。

随着科技的发展以及跑步运动和集体运动的持续升温，可穿戴设备作为潮物也逐渐走入我们的生活。可穿戴设备是可以直接穿在身上，或是整合到用户的衣服或配件上的一种便携式设备。它不仅仅是一种硬件设备，更是可以通过软件支持以及数据交互、云端交互，来实现强大的功能。

在运动领域，可穿戴设备消费趋势是专门用于运动或者进行其他特殊身体活动时，甚至通过蓝牙配合智能手机成为运动教练，而不像常见的活动追踪设备那样测量人们所有的移动情况。例如，阿迪达斯推出的 Fit Smart 的运动手环，除了测量心率、卡路里消耗量、步法、总距离和步频之外，还可以根据自己的身体情况定制化锻炼。这些智能设备的目的无疑是要提升客户的品牌黏性，在这方面耐克就是一个杰出的案例。耐克 2006 年推出数字运动平台"Nike +"，在这个平台上耐克用户可以上传自己的跑步记录，包括时间、路程、消耗热量、速度、路线等，用户在这个平台上分享运动量，为对方点鼓掌按钮；对方在跑步的时候就可以听到耳机里传来掌声。将用户平台社区化，不但增加了娱乐和社交体验，更制造了一种人人参与的健康运动氛围，防止客户流失。

国内鞋服企业也在探索可穿戴设备的运用。安踏表示可穿戴设备很可能将成为公司转型升级的新方向。361°与百度联合将于 2015 年发布我国第一双防走丢智能童鞋，这款童鞋在脚跟内置 GPS 芯片，与家长手机上预装的 App 连接，家长就可以追踪到小孩所在的位置和行动轨迹。这款鞋子不仅能定位，家长还可以自设"安全"活动范围，当小孩远离设定范围时，鞋子就会启动警报。相较于运动手环等具有 GPS 跟踪功能的可穿戴设备，将芯片镶嵌在鞋底更具有隐蔽性，穿戴者看不到也感觉不到，更易于被穿戴者接受。借助于百度技术平台，可以在后台 361°监测到使用者的行走轨迹；又如通过分析用户经常去的商场、游乐场、教育机构等，公司可根据从中所获数据决定在某些热门路线沿途投放广告和增开门店。在 App 终端还会形成用户社区，企业可以向用户推送资讯，增加与消费者的互动, 从而提高用户黏度。

继智能手机之后, 可穿戴设备被专家认为是下一个智能设备市场上的增长点。不过可穿戴设备市场还需要培育的时间, 此类设备的研发技术难度和成本也都比较高。仅一个 App 客户端的研发成本就高达 10 万元, 除了硬件开发、售后、数据分析, 都需要具备一定实力的技术团队来配合。

随着使用人数的增长和技术的进步, 移动终端已成为传统销售渠道外的新增长点, 体育产业的发展随着各种新兴移动应用程序的兴起, 由产品主导逐渐转向服务主导。

3. 电子商务

值得一提的是, 品牌运动鞋、运动服品类都是各大传统电商所涉及的, 而淘宝已经占据了这一品类市场的最大份额。中国用户除在实体店购买运动鞋或者运动服, 大多数用户也都习惯在淘宝上浏览和选购。因此, 除了匹克体育官方商城 (www.epeaksport.com), 匹克体育在国内与其他知名的第三方电子商务平台都有合作, 包括亚马逊中国、当当网、京东商城、拍拍网、天猫、凡客诚品和 1 号店。虽然电子商务收入占匹克体育整体销售收入总额的比例仍较低, 但增长正在加速。

作为国际品牌, 匹克体育与国内的第三方电子商务平台合作面临的最大问题就是价格冲突。为了执行线上与线下的统一价格, 匹克体育在国内只保留了一家授权的天猫店, 同时严格监控其他授权 B2C 店的价格; 一旦发现非统一价格立即调查货源, 取消该店授权资格。目前, 匹克体育在线销售以新款和中高端产品为主, 因此顾客平均消费额以及毛利均保持了较高的水平。通过电商平台, 匹克体育还直接与消费者沟通, 并且做一些预售和团购校服、球服的活动。

相对于国内市场, 匹克体育对用电商开辟海外市场寄予厚望。许景南提出 10 年外销达到 100 亿元的目标, 意味着进一步大力开拓海外市场。尽管中国是体育大国, 但是中国的体育软实力在全球并不占优势, 这让本国体育用品品牌的国际化进程所遇的挑战更大。因此, 针对海外市场, 匹克体育正在积极培育大学生创业队伍, 通过电子商务以国家为单位拓展海外市场空间。2014 年初, 匹克体育与对外经济贸易大学经贸学院联合举办了 "匹克体育杯" 中国体育用品海外创业大赛, 获得一等奖的团队将有机会利用匹克体育的全球平台进行海外创业。

4. 新一轮海外扩张热潮

许志华也注意到, 虽然国内体育用品市场整体仍低迷, 但多个体育用品巨头已然加快了海外市场扩张的业务。安踏被 Interbrand 连续两年评为中国第一大本土体育用品品牌①，是一个值得关注的竞争对手。安踏的主要产品类别涵盖运动鞋、服装以及配饰等，其中，运动鞋市场占有率综合指数连续 11 年在中国荣列第一。NBA 火箭队的老板亚历山大拥有安踏近 10% 的股份，因此安踏与火箭队早已成为战略合作伙伴。在前述基础上，安踏深度整合 CBA 和 NBA 资源，成立 CBA 安踏球星火箭训练营。与耐克、李宁等轻资产运营模式不同，安踏采取的是垂直整合业务模式，设计、开发、部分制造及营销都由自身完成。

2013 年，安踏在中东地区的首家旗舰店在阿联酋迪拜开张，海外零售商已在东南亚、东欧及中东市场开设安踏店和专柜，但收入基本可以忽略不计。2015 年 12 月 20 日，安踏为 NBA 球星克莱·汤普森打造的正代签名战靴——KT1 正式发售，这是安踏首次踏入美国市场。为了实现中美同步发售，安踏与美国两大渠道平台 DA 和冠军体育用品店 Champs–Sports 合作，在美国地区线上线下同时销售 KT1 产品。其中冠军体育用品店（Champs Sports）是全球最大专业体育运动用品网络零售商 Foot Locker 旗下开设的网店，同时拥有超过 550 家实体店。KT1 延续了安踏"实力无价"战略，国内市场零售价为 499 元，美国市场零售价为 99 美元。2013 年，安踏启动"实力无价"篮球战略，签约一系列 NBA 球星，并推出售价 399 元的球星签名篮球鞋。2014 年，安踏成为 NBA 官方合作伙伴推出相关篮球鞋，延续"实力无价"战略定价 449 元。与动辄上千元的签名篮球鞋相比，"实力无价"系列因高性价比被称为国民球鞋，一年内销量超过 100 万双。

2014 年 10 月，安踏以每年 2 亿元的赞助费（数倍于此前的匹克体育）正式成为 NBA 官方中国市场合作伙伴以及 NBA 授权商，替换了与 NBA 中国合作 7 年的匹克体育。②

拓展海外市场的欲望在其他体育用品巨头身上同样很明显。已经在东南亚、俄罗斯等有经销网络的 361°公司公布，2014 年集团六大战略部署之一是开拓海外市场。361°在中国台湾开设分公司经营海外业务，目标市场包括美国、南美洲、东南亚以及欧洲，计划以买断或产品代理的形式快速占领海外市场。为了及时掌握海外市场对产品的认知和需求，361°已经将研发中心放到了中国台湾。2016 年 6 月底，361°已经在巴西这个南美洲最大的国家拥有 908 个网点，相较 2015 年底的 300 多个，这种扩张无疑是激进的。由于巴西目前经济羸弱，且本土体育品牌也很有竞争力，361°在巴西的销售也许未必像 361°自己预计的那么高，这种扩张对于投资者来说，将是一种风险。

① 中金在线.2015 最佳中国品牌价值排行榜发布 安踏连续两年成为唯一上榜运动品牌［EB/OL］. http：//news. cnfol. com/shangyeyaowen/20150601/20877824. shtm.

② 网易财经.匹克体育结束与 NBA 中国 7 年合作 安踏数倍金额接盘［EB/OL］. http：//money. 163. com/14/1013/21/A8FF071J00254TFQ. html，2014 – 10 – 13.

特步作为一家定位为时尚体育的企业，截至 2013 年拥有约 200 个海外零售点。特步在 2013 年年报中也表示将继续开拓海外市场，主要位于中东、中欧及西班牙。2014 年，特步与速卖通平台签订 "千万俱乐部拓展计划——运动品牌 KA 商家合作" 协议，将试水新兴海外市场（南美、东欧等主力市场），探索市场需求，扩大品牌海外市场影响力与口碑传播。但目前为止，特步的海外布局并没有带来较大的业绩回馈，特步在海外仍然主要以品牌宣传角度为主。

5. 居安思危

在 2014 年结束与 NBA 中国的合作伙伴关系之后，匹克体育 CEO 徐志华表示将启动营销 "星战略"，通过签约更多明星球员和顶级赛事，打造 "明星球员 + 明星赛事 + 明星产品" 的 "星战略"，并在未来几年内投入 2 亿元用于提升产品的研发和设计，开启新的营销模式。① 匹克体育于 2015 年继续加大空白市场的招商力度，巩固在海外市场上的优势。

截至 2015 年底，匹克体育的国际销售额达到 6.7 亿元，占总营业额比例达 21.6%。目前，匹克体育的产品已经销售到全球 90 多个国家和地区，是海外市场销售占比领先的中国体育品牌（见表 4）。

坐在办公室里，立志建树全球品牌的匹克体育 CEO 许志华不得不为如何实现第三个 "100 目标" 弹尽竭虑；近期主要思考的问题如下：匹克体育虽然凭借对篮球运动用品的专注取得很大的成就，也因与全美篮球协会（NBA）、国际篮球协会（FIBA）、国际女子网球协会（WTA）等结盟参与重要赛事，签约篮球顶级明星和网球国际明星各 20 多位而初步建立了国际品牌声誉，然而与耐克、阿迪达斯，甚至老牌翻新的新百伦和后起之秀安德玛（UA）相比，仍然存在很大差距。在国内市场，匹克体育占有的市场规模也落后于体量更大、综合发展的安踏，以及品牌积淀更多的李宁集团。在 "互联网 +" 时代，全球各家体育用品企业正以空前的速度扩张，匹克体育如何在白热化竞争中突围，有效提升全球扩展速度、品牌知名度、美誉度和竞争力？具体而言，怎么迎合渐成主要顾客群的 "90 后"、"00 后" 年轻消费者的需求？是否需要和怎样由运动鞋服制造商到体育综合解决方案提供商的转型升级？匹克体育近年来在篮球运动鞋市场表现突出，并已开始在国内涉足跑步及网球市场，然而海外许多国际球迷对足球的热衷和体育用品的需求是否值得尽快迎合，怎样及时开拓这些市场？是否有必要积极参与电商和社交平台的网络营销？如何克服由此引起的对传统营销模式（如价格）的冲击？

---

① 网易财经. 匹克体育结束与 NBA 中国 7 年合作　安踏数倍金额接盘 [EB/OL]. http：//money. 163. com/14/1013/21/A8FFO71J00254TFQ. html，2014 - 10 - 13.

表4 匹克体育用品全球区域市场的营业额情况

	2015 年		2014 年		2015 年较 2014 年变动比例（%）
	区域营业额（百万元）	占总营业额比重（%）	区域营业额（百万元）	占总营业额比重（%）	
中国市场	2434.8	78.4	2188.8	77.0	11.2
欧洲	264.9	8.5	219.0	7.7	21.0
亚洲	150.2	4.8	292.7	10.3	(48.7)
北美洲	100.1	3.2	48.0	1.7	108.5
南美洲	96.3	3.1	55.8	2.0	72.6
非洲	54.3	1.8	29.9	1.1	81.6
大洋洲	6.9	0.2	7.2	0.2	(4.2)
海外市场	672.7	21.6	652.6	23	3.1
总计	3107.5	100.0	2841.4	100.0	9.4

注：1. 2015 年中国市场的收入占总营业额的 78.4%，而海外市场的收入占总营业额的 21.6%。与 2014 年相比，2015 年中国市场与海外市场的营业额分别增加了 11.2% 及 3.1%。

2. 中国市场营业额于 2015 年的增加主要归因于：①本集团于年内推出了受顾客欢迎的新产品，尤其是跑步鞋类产品；②顾客对专业运动鞋需求的日渐增加提高了本集团鞋类产品的销售；③于年内本集团分销渠道的效益因分销商数目增加而得到改善。北部营业额的增长百分比相对较高主要是由于区内分销商于年内增加了零售网点。

3. 2015 年海外市场营业额的上升主要是由以下情况互相抵销所导致：①亚洲销售增加主要是因为于年内引入更多分销商以及分销商在区域内（如阿联酋、马来西亚、泰国、伊朗以及约旦）开设更多零售店。②多个欧洲国家销售减少，包括荷兰、法国、斯洛伐克以及希腊，主要是因为于年内欧元兑美元（本集团的发票货币）贬值以及这些国家经济环境恶化。③非洲销售增加主要是多个国家的政治和经济环境于年内得到改善，从而支持区内的消费开支；以及非洲于年内举行了两个体育项目，包括 2015 年非洲运动会以及 2015 年非洲篮球锦标赛，从而导致对体育用品的需求增加。④北美洲销售增加主要是因为美国经济环境日益改善，从而增加对体育用品的需求。⑤南美洲销售增加主要是因为区内正准备预计由 2016 年里约奥运会所带动的销售热潮，从而导致区内对体育用品的需求增加。⑥大洋洲轻微销售下跌，主要是因为澳元兑美元贬值，导致澳洲经济转弱。

资料来源：《匹克体育用品有限公司 2015 年财报》，数据截至 2015 年 12 月 31 日。

参考文献

［1］HoopsHype. HoopsHype Sneakers by HoopsHype［EB/OL］. http：//hoopshype. com/sneakers. htm，2014 - 08 - 15.

［2］李媛. 2008～2012 国产运动品牌从爆发到急坠［EB/OL］. 新京报网，http：//www. bjnews. com. cn/finance/2013/04/03/256394. html，2013 - 04 - 03.

［3］匹克体育用品有限公司. 匹克体育 2011 年年报［EB/OL］. 匹克体育官网，http：//

ir. peaksport. com. hk/s/reports. php.

　　[4] 匹克体育用品有限公司. 匹克体育 2012 年年报 [EB/OL]. 匹克体育官网，http：//ir. peaksport. com. hk/s/reports. php.

　　[5] 匹克体育用品有限公司. 匹克体育 2013 年年报 [EB/OL]. 匹克体育官网，http：//ir. peaksport. com. hk/s/reports. php.

　　[6] 匹克体育用品有限公司. 匹克体育 2014 年年报 [EB/OL]. 匹克体育官网，http：//ir. peaksport. com. hk/s/reports. php.

　　[7] 匹克体育用品有限公司. 匹克体育 2015 年年报 [EB/OL]. 匹克体育官网，http：//ir. peaksport. com. hk/s/reports. php.

百富 POS 机

——中国民营高技术企业的国际营销之路[①]

熊　伟　傅慧芬　赖元薇　孟繁怡[*]

　　本案例分析的企业百富计算机技术（深圳）有限公司（以下简称百富）是一家中国民营高技术企业，专门从事电子支付相关产品的研发、生产、销售和服务，是提供全电子支付销售点（EFT - POS[②]）终端机解决方案的供应商。它虽然没有国有企业相对强大的资金和政策优势，但是凭借着对国际市场上行业和技术趋势的敏锐跟踪和把握，以及灵活的经营理念，自成立伊始就勇于试水国际市场并不断进步，成功搭上了高技术的快车，抓住机遇，走上捷径，逐渐名列行业前茅。

　　百富近年来在高度竞争、复杂多变的国际市场中，在进入模式选择、分销网络建设、品牌塑造、市场沟通、营销信息传播、技术趋势把握和技术创新投入等国际营销策略上的思考和选择，促成了他们今天的成功，也值得那些开始走向国际市场的中国民营高技术企业借鉴。

一、问题的提出

　　2013 年 12 月 1 日，又是一个阳光明媚的南国暖冬的下午，百富 CEO 李

---

　　① 本案例是对外经济贸易大学"中国企业国际化经营案例集"子项目、国际商学院案例研究中心的资助项目，由熊伟副教授、傅慧芬教授和博士研究生赖元薇、孟繁怡合作开发完成，作者拥有著作权中的署名权、修改权、改编权。未经允许，本案例的所有部分都不能以任何方式与手段擅自复制或传播。本案例涉及数据截至 2014 年 10 月。

　　* 熊伟：对外经济贸易大学国际商学院。傅慧芬：对外经济贸易大学国际商学院。赖元薇：对外经济贸易大学国际商学院博士研究生。孟繁怡：对外经济贸易大学国际商学院博士研究生。

　　② EFT - POS = Electronic Funds Transfer Point of Sales System，即电子转账销售点服务系统，是指将商家的 POS 系统与金融机构相关的电子转账（EFT）系统结合在一起，实现完整的电子转账收款。

纬①站在位于深圳科技园的办公室落地窗前,回想着不久前在美国参展时,业内全球第一品牌惠尔丰(VeriFone)的新任 CEO Andrew Georget② 的拜访。据公司同事说,当时,Andrew Georget 并没有直接去拜会在他们相邻展位的全球第二品牌安智(Ingenico),而是首先直接来到百富的展位。可见惠尔丰对百富的重视已经提到了较高的层面,李纬想,这应该与百富开始在美国市场发力,以及最新的全球 POS 终端(Point – of – Sales Terminal)出货量排行榜中百富的表现密切相关。

作为一家来自发展中国家的技术型民营企业,百富的全球化之路一直面临着缺乏市场资源和客户积累的挑战。如今,作为跻身于全球 POS 终端出货量前列的品牌,百富将在欧美成熟市场如何应对来自当地成熟品牌的竞争?又能否积极赶超,后来者居上,在未来的 3~5 年内成为全球最大的支付设备提供商?这些都是李纬在 2013 年财年年末的董事会上,需要向董事会成员们报告的公司战略问题。

二、国际金融 POS 终端行业及百富公司背景

1. 金融 POS 终端行业(Point – of – Sales,POS Terminal Industry)

金融 POS 终端交易,即"刷卡消费",是银行卡电子支付的重要形式。零售商家需要使用 POS 系统来接受客户的刷卡消费,因此可以说零售商是 POS 系统的终端用户。但是随着产业的分工和细化,从 20 世纪 80 年代中期开始,美国出现了一些非银行的第三方服务提供机构(Processor)。这些服务提供机构为上游的收单银行提供除了资金清算和划拨之外的其他收单服务,这样收单银行就可以专注于自身的核心业务,从而初步形成了银行卡收单产业链的上游和中游。进入 21 世纪,国际银行卡和收单产业中出现了专业从事开发客户并提供支付终端的专业化服务组织,进一步丰富了收单产业链(见图 1 和表 1)。

收单机构,即银行和第三方服务供应商,是 POS 终端厂商的客户。收单机构指的是负责特约商户的开拓与管理、授权请求、账单结算等活动的金融机构,其利益主要来源于商户回佣、商户支付的其他服务费(如 POS 终端租用费、月费等)及商户存款增加。大多数发卡银行都兼营收单业务,也有一些非银行专业服务机构经营收单业务。服务供应商处理电子交易授权和从销售点到网络的(前端

---

①② 使用化名。

处理）以及网络传回销售点（后端处理）的将电子记录和所需要的信息与支付流之间的转换。大多数较大的收单机构自己完成这一流程，还有一些小的收单机构需要依赖于第三方服务供应商的服务。

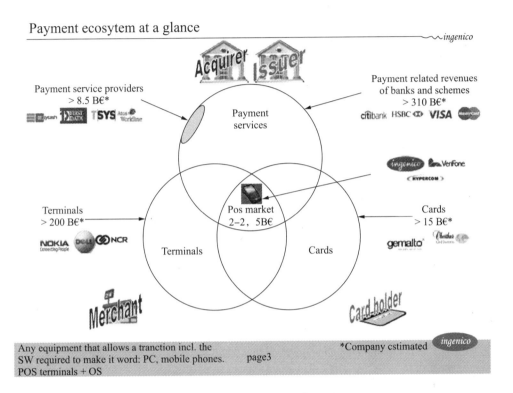

图 1　海外支付市场生态圈概览

资料来源：Ingenico 公司内部资料，Overview of Ingenico value proposition，2010 年 5 月。

表 1　美国的消费者信用卡支付流程与涉及的利益相关方

步骤	流程	涉及的利益相关方
第一步	持卡人使用信用卡通过 POS 终端向特定商户进行支付	持卡人、商户、POS 终端的软硬件厂商
第二步	通过支付网关（Payment Gateway）进行身份认证，提请交易授权	银行和第三方服务提供机构

续表

步骤	流程	涉及的利益相关方
第三步	支付网关通过收单机构的安全交易认证,收单机构向信用卡网络联盟提交信用卡交易信息 国际授权清算网络联盟将交易信息下达给发卡方	支付网关、收单机构(银行或第三方服务提供机构)、国际授权清算网络联盟(Visa/MasterCard)、发卡方
第四步	发卡方根据消费者的可用资金接受或拒绝交易,同时将交易结果返回国际授权清算网络联盟 国际授权清算网络联盟将交易结果传回收单机构,收单机构再传给支付网关	
第五步	支付网关储存交易信息,并将信息以 POS 终端、网页、手机或短信等形式传给持卡人和商户	银行和第三方服务提供机构、持卡人、商户、POS 终端的软硬件厂商
第六步	持卡人在购物小票上签名,商户安排配送货物或提供服务	持卡人、商户
第七步	发卡方将交易金额转给国际授权清算网络联盟,再转给收单机构	收单机构、国际授权清算网络联盟、发卡方

注:如果是借记卡,发卡方直接从持卡人账户扣款。

资料来源:笔者根据 Authorize. net 的 Credit Card Processing Diagram 翻译整理。

2. 百富计算机技术(深圳)有限公司(Pax Global Technology Limited)

百富计算机技术(深圳)有限公司,成立于 2001 年 7 月,港股上市公司(股票代码 327),是一家专门从事电子支付相关产品的研发、生产、销售和服务,以提供全电子支付销售点终端机解决方案的供应商。

据尼尔森统计,百富 POS 终端机出货量在 2011 年全球排名第四位,全球市场份额从 2010 年的 5.47% 升至 6.24%。产品售出到超过 70 个国家与地区,其中海外市场营业额贡献从 2008 年的 14.2% 提高至 2013 年 6 月 30 日的 32%。

(1)发展历程。成立以来,百富紧随中国银联协助其于国内推动 EFT-POS 普及化并同步成长,并积极迎来海外急速扩张机遇。根据统计,百富目前的销量在国内排名第一,约占 30% 的市场份额,主要客户包括银联商务、商业银行等金融机构及一众第三方支付商,同时还深入拓展到移动、电信、电力、社保、税务、石化、交通、物流等多个行业及领域。2011 年百富在国内的销售达到 100 万台,从 EMV 迁移到央行 PBOC2.0 规范的制定,已经成为国内的 POS 终端行业规定制定者之一。

百富在海外的发展策略是提供性价比高的产品以扩大成熟市场的占有率,同时积极开拓支付终端普及率远低于世界正常水平的新兴市场及成熟市场。百富早于 2001 年已成为全亚洲第一家取得 EMV 认证的 POS 终端供货商并获得韩国订单，并于 2003 年开始进入中国香港市场，现已取得约 40% 的市场份额。海外市场里面来自东南亚、越南、新加坡和中国香港的销售量占总销量的 50%。百富从 2006 年涉入中东、欧洲、非洲市场，2011 年，百富在中东非的销售量达到十几万台。

（2）产品与研发。百富目前的员工数量接近 700 人，其中有 340 人从事研发和应用软件开发，这个团队在进行持续研发创新。针对全球市场的需要，研发部门分别针对海外和国内市场来开发应用软件。根据客户的需求，位于深圳的海外研发团队需要做当地化适应，与销售团队一起分布于全国各地的国内研发团队也需要根据具体情况进行产品调整。为进一步提升效率，百富进行区域性开发，采用条块化管理以及软件产品生命周期管理，由研发总监和当地职能经理交叉管理，源代码上传总部，从而保证企业信息和知识的共享和积累。

百富研究团队积极进行应用软件创新。一次，百富收到客户的反馈，由于 NFC 技术漏洞，有犯罪分子将集成公交卡刷卡功能的 POS 终端放在背包中混入人群，由于 NFC 技术小额支付、风险小、非实时（回去再联机）、可预付的特殊性，使得被接近而无意识，被盗刷受害人群很难察觉。因此，百富研发团队改良了基于 NFC 技术的 POS 终端，加入一个水平仪，使得有效刷卡必须要与 POS 终端保持水平，这样就可以有效规避这种非法盗刷的问题。

百富善于通过软件合作开发来拓展市场。例如，2013 年 10 月，海信智慧商用系统与百富在深圳举行战略合作暨 D200 订购签约仪式，海信订购了 10 万台百富无线 POS 终端 D200，用于一体化收款设备，这款新产品收银 POS 把导购和收银设备一体化了，适用于餐厅和店面，可以方便实施付款，促成快捷交易，降低人员成本。

百富现有的 P 系列和 S 系列两条成熟产品线的产品可以满足各种复杂的支付环境和支付应用。百富负责设计产品外观和电子模块、软件和应用开发，将生产外包。产品制造来自于日本的全资工厂以及番禺的备选工厂，这样使得产品的返修率比惠尔丰还低，所以百富一旦获得用户认可，客户的流失量比较低。

POS 终端属于高附加值工业品，产品标注的使用寿命是 5 年，一般可以用 6~10 年。产品售出之后，百富提供全天 24 小时服务（服务包括配合本地渠道商和客户需求，新应用软件开发和培训），这种方式可以加强沟通和深入了解，与客户保持长期良好关系。目前，百富在海外应用软件的开发费用是单独收取的，产品软件更新也要收取费用，而国内应用软件与机器一起捆绑销售，并且后续服务不收费。另外，百富的价格在海外极具竞争力，比惠尔丰低 10%~15%。据业内估计由于美国本土的高昂成本，惠尔丰的利润空间也只有 10%~15%。因此，百富在美国市场给惠尔丰带来了不小的冲击。

（3）品牌与渠道建设。全球行业专业展会是每年一次的行业交流的好机会，百富每年都会参与法国的 CARTES（Secure Connexions Event），美国的 ETA Annual Meeting & Expo，非洲的 Card，ATM & Mobile Expo Africa，并有选择地参与一些区域性展会，例如，印度的 SmartCards Expo，南美洲的 Bank Convention，伦敦的 European ATMs，以及中东地区的 Cards & Payments。除此之外，参加区域性用户推荐会，与经销商联合在酒店开用户会展示产品，并与客户交流以及带客户参观公司、参观工厂都是百富品牌建设的方式。

百富的海外营销主要通过当地展会和推荐会寻求合适的经销商洽谈合作。评估和选择经销商的标准基于历史产品经验、当地终端客户经验、软硬件技术团队以及能否尽快开展试用、做招投标等方面。除了在美国，百富采用直销之外，在海外其他地区都是与合作伙伴共同开拓市场。除了认证之外，对 POS 终端厂商的海外发展来说最大的障碍就是区域差异而造成的支付习惯差异以及消费者对于某些特定应用的需求。通过有经验的当地合作伙伴就可以克服这一难题。百富通常在一个地区最多有 1~2 个经销商，并以提供专业技术支持、培训支持等方式全力支持经销商的工作。海外的合作伙伴可以分为经销商（拥有当地的关系和资源，如在尼日利亚和乌兹别克斯坦等国）和专业代理商（除了渠道之外，业务能力也很强，可以整合行业价值链，提供整体解决方案，如在欧洲、新加坡等国和地区）。

2013 年 10 月，百富通过印度方案提供商 Trimax 成功投得 10000 台百富 S90 移动 POS 设备提供于印度班加罗尔用作电子售票业务。Trimax 是百富在海外合作伙伴中专业代理商的典型代表：Trimax 拥有超过 2000 名雇员，总部位于孟买，在印度全国有 13 个区域办公室，提供各种 IT 解决方案和服务，包括 IT 基础设施建设和整体解决方案，数据中心服务和云端计算机服务。Trimax 公司在政府项目及许多公共服务自动化方面有坚实的基础，特别专注于交通运输、银行和金融服务方面。Trimax 是印度 ITMS 解决方案提供商的领导者，为印度各种各样的公共运输运营商提供服务，包括 MSRTC、RSRTC、BEST、UPSRTC 和正在合作当中的 BMTC。班加罗尔大都会运输公司（BMTC）对百富来说是一个全新市场的全新客户，作为班加罗尔独家的公共巴士运输提供商，主要服务于城市、城郊及乡村地区，拥有近 35000 名雇员和近 7000 辆的车队，每天载客量 500 万人次。

3. 收单机构市场

目前，海外银行卡收单市场大致发展形成了以下三种业务模式 ①：

---

① 艾瑞咨询. 中国线下收单市场研究报告简版（2011~2012 年）［EB/OL］. http：//report. iresearch. cn/1831. html，2012－12－19.

（1）银行和专业化收单机构并存发展（代表国家：美国）。美国收单市场主要掌控在美国第一资讯集团（FirstData，FDC）、摩根大通和美国银行手中，其中，FDC 是全球最大的银行卡专业化服务机构，负责交易处理、银行提供销售支持、发展与商户多样化的金融业务往来关系，从而发挥了第三方专业服务机构和银行各自的长处。

（2）以银行收单为主（代表国家：英国、法国、澳大利亚）。英国有 Stream-line、巴克莱银行、汇丰银行等 8 家收单银行，其中，前三大银行占 90% 的市场份额。

（3）以专业化收单机构为主（代表国家：德国、日本）。德国主要收单机构为 ConCardis、B + S Card Service、Citibank Card Acceptance、GZS、Easycash、Tele-cash（FDC 子公司）。

全球不同地区收单机构业发展各有特点：北美地区的收单市场经历了整合，Global Payments、Heartland Payment Systems、大通支付处理技术公司（Chase Paymentech Solutions）、JP 摩根商户收单（JPMorgan Chase's Merchant - Acquiring Business）、Sun Trust、PNC 等几家大联盟收单主体已经站稳脚跟，但是市场上仍然存在大量的个体收单主体。由于欧洲银行习惯上自己内部处理整个的支付业务，对于非银行收单机构和独立代理来说，除了少数几个国家如英国之外，目前欧洲的市场机会还是很有限的。所以欧洲地区的收单市场的集中程度相对较低——十几家公司争夺市场份额。在亚洲地区，虽然收单业务市场每年正高速增长，但独立第三方专业收单机构业尚未形成，银行卡收单业务主要被金融机构包揽。

在全球支付产业发展的机会下，商户要求的不仅是传统的支付服务，而且是能够区别于竞争者的个性化支付解决方案，因此，美国收单机构市场格局相对复杂，竞争也很激烈。早在 2007 年之前，以联盟合作关系为收单主体是美国银行卡收单市场中的重要运作形式，一方面，联盟在很大程度上改善了行业运作的效率，另一方面，联盟各方利用互补的优势在自身发展的同时，也促进了受理市场的良性发展。但随着金融业的不断发展，支付和商户收单都成为各自战略的核心，因此收单机构都希望通过内包形成比各自领域的同业竞争者更具优势的竞争力。2011 年，市场份额前五大收单机构为 BA Merchant Services（17.2%）、First Data（14.4%）、Chase Payment Sol（14.0%）、Vantiv（Fifth Third）（7.7%）和 Elavon（6.9%）。[①]在这种异常复杂的竞争背景下，收单机构需要继续深度挖掘现有市场，最新的发展趋势是通过与非支付企业联盟的方式进军特别的垂直市场，

① The Strawhecker Group . Directory of U. S. Merchant Acquirers［EB/OL］. http://www. thestraw-group. com/sites/default/files/downloads/TSG - Directory - of - U. S. - Acquirers - Preview. pdf, 2012.

提供技术和解决方案,以应对变幻莫测的市场。

据不完全统计,除了银行和FDC之外,POS终端厂商在美国的主要客户是超过2000家的第三方服务供应商(Processor)。因此这是一个复杂而又相对分散的客户群体,即使是美国当地企业惠尔丰也没有在美国获取到大部分的客户。业内人士认为这是因为POS行业的特殊性:①行业的门槛高,有严格的招标进入标准,需要企业投入大量的资源不断研发取得多层面的认证;②市场容量不大,客户对其技术的依存度高,需要厂商提供维护和售后培训、持续进行软件升级和技术支持等服务,通过长期的精耕细作积累客户资源;③行业集中度极高,无论是在国内或全球市场,前三大主要供货商已占60%以上市场份额;④交易安全需求高,客户采购很谨慎,往往对产品有试用需求;⑤出口税率和运输成本都相对低。

由于以上原因,也使得POS终端厂商进入发展中国家的市场较为容易,因为当地客户对产品的容忍度高,客户与厂商关系没有根深蒂固的垄断关系,所以壁垒相对较低。

4. 认证

POS系统由硬件和软件组成,需要通过包括硬件、软件和应用层面的多种认证。从范围上来说,POS终端需要进行三个层面的认证:国际认证(如Visa、MasterCard以及EMV)、本地认证(如中国的银联入网和3C、美国的Discover、日本的JCB、巴西的ABECS等)以及客户(通常是指第三方银行卡处理商)认证。完成各个地区、各个客户的认证所需的材料和周期都不相同,因此也给企业带来了极大的挑战。

百富从成立至2014年,开发出完全拥有自主知识产权的产品和技术专利近100项。在EMV、PCI、PayPass/PayWave等主流金融、行业认证上成功突破技术门槛,产品和技术实力得到了行业的认可。

三、全球市场的发展趋势与百富面临的国际营销挑战

1. 技术发展趋势

(1)从磁条卡到芯片卡的趋势。支付安全是银行卡产业与POS终端生产和服务的核心目标。为此,Europay(欧陆卡,已被万事达收购)、MasterCard(万事达卡)和Visa(维萨)这三大组织于1999年2月共同成立了EMVCo组织,发展制定与主管维护EMV支付芯片卡的规格、标准与认证,监督并确保该标准适

用于全球的 EMV 标准的芯片卡。相对于传统的磁条卡，智能 IC 卡的信息量大、安全性更高，EMV 需要消费者在交易时通过输入一套密码以鉴定此次交易的真实性。EMV 一方面可以打击刷卡犯罪，防止有人盗刷等问题；另一方面形成一套不用联机的交易授权机制，让商家在结账时不用通过固定网络就可以"实时确认，实时交易"。

银行卡从磁条卡到 IC 卡的迁移以及相伴随的 POS 等终端设备的加密强度从低向高迁移，被称为"EMV 迁移"。EMV 迁移是当前国际 POS 终端制造和支付技术体系中最主要的技术发展要求。在美国，2013 年的 EMV 受理已经全面就绪，并积极部署到各个相关领域：ATM 机提供者将全面支持 EMV、上百万的 EMV 芯片卡将进入市场、商户 POS 将全面升级以支持 EMV。①

（2）非接触式移动支付趋势（NFC 钱包）。伴随着移动通信技术的发展，由飞利浦和索尼公司在 2003 年发布的 NFC（Near Field Communication）近场通信技术也开始普及。NFC 是由非接触式射频识别（Radio Frequency Identification，RFID）及互联互通技术整合演变而来，在单一芯片上结合感应式读卡器、感应式卡片和点对点的功能，能在短距离内与兼容设备进行识别和数据交换。对于移动电话或是移动消费性电子产品来说，NFC 的使用比较方便，甚至可以实现一部 NFC 手机集成公交卡、购物卡、门禁卡、银行卡等所有卡片的功能，成为一个电子钱包。NFC 移动支付甚至可以让人通过一部手机、一个应用再加一个 POS 终端近距离完成小额支付。NFC 的短距离通信特性正是其优点，由于耗电量低、一次只和一台机器连接，拥有较高的保密性与安全性，NFC 可以避免信用卡交易时被盗用。

但是，NFC 移动支付在使用过程中也会面临一些小问题，如支付安全性如何保证、手机丢失怎么办、小额支付如何设定等问题，这些用户习惯都需要教育和培养。另外，还有一个关键问题是 NFC 移动设备的普及必须建立在 NFC 手机的开放性、稳定性、各大运营商标准的统一的基础上。因此，各个相关利益方和产业格局博弈十分复杂。

2013 年全球移动支付交易价值将超过 2350 亿美元，较 2012 年增长了 44%，然而 Gartner 预计其中 NFC 交易只占 2%。② 但无论是哪种非接触技术的手机支付，支付的受体都是 POS 终端，这对于行业的 POS 机终端产商来说是一个

---

① 一卡通世界. EMV 迁移论坛总结美国芯片卡迁移各领域进展［EB/OL］. http：//info. cs. hc360. com/2013/12/291507115245. shtml，2013 - 12 - 29.

② STAMFORD，Conn. Gartner Says Worldwide Mobile Payment Transaction Value to Surpass MYM235 Billion in 2013［EB/OL］. http：//www. gartner. com/newsroom/id/2504915，2013 - 06 - 04.

机遇。①

（3）云技术带来的移动支付趋势（云钱包）。就像 NFC 钱包那样，云钱包通过一部智能手机（或者一个平板或其他合适的电子设备）来运作。和 NFC 钱包不同的是，它依赖于软件，不需要一个特殊的芯片，较少依赖于移动运营商，它所需要的是任何一个可连接移动网络的智能手机。

云钱包使用云连接应用程序，例如 PayPal 在线支付系统。消费者必须为此服务注册，或者它可以由用户的移动网络供应商提供。完成购买之后，消费者会收到来自 POS 的收据。收据上印有 PIN，这个 PIN 必须被输入智能手机。专家表明："这不如 NFC 的解决方案灵便，但是由于商家不用更换他们的 POS 基础设备，所以起初会有更高的交易额。"②

（4）电信计费系统的发展。一些专家对任何类型的电子钱包的需求表示质疑的原因是电信计费系统可以让消费者使用运营商账单作为移动支付的信用额度。它不需要技术上的额外投资，没有任何试验性的东西。提供电子支付设备的商家通常喜爱运营商记款系统。当然，移动支付的移动钱包的一种可能性是 NFC、云和其他可能的技术的融合。③

2. 全球移动支付市场的发展趋势

移动支付受到 3G、4G 电信技术的发展以及智能手机普及的影响。随着消费者越来越娴熟地使用智能手机，消费者的移动商务活动以及移动银行的使用也不断增加。据 Business Insider 报道，预计 2017 年全球移动设备离线交易总额将从 2012 年的 1200 亿美元增加到 1.5 万亿美元，电子商务将迎来移动支付新战场。④在非洲，移动支付已经成长为引导经济活动增长的又一新指向标，这源于银行基础设施的欠缺。在亚洲，移动支付为更广泛的智能手机中心文化带去繁荣，移动支付将手机整合入日常经济生活的各个方面，使其成为面向消费者的基础设施。随着智能手机的普及，有待实现全球范围内的移动支付。

在美国，2017 年交易总额将从 2012 年的 150 亿美元上升至 2440 亿美元。全球移动支付用户数正在迅速膨胀，截至 2012 年底，移动支付用户数低于 7500 万；到 2017 年，总消费用户群会夸张地超过 2012 年的 5 倍，翻过 500 万大关。

① 杨洪. 也谈中国金融 POS 终端市场的发展趋势 ［J］. 信息与电脑, 2010（7）：65 - 66.

② Yarbrough Scot, Taylor Simon. The Future of Payments: Is It in the Cloud or NFC? Total System Services White Paper ［EB/OL］. http: //www. tsys. com/Downloads/upload/Future - of - Payments - Cloud - of - NFC - WP - 2. pdf, 2012.

③ 褚静. 移动支付在欧洲三个主要的技术竞争者 ［EB/OL］. http: //news. yktworld. com/201304/201304122022569369. html, 2013 - 04 - 12.

④ Business Insider. 2017 年全球移动支付将达到 1.5 万亿美元 ［EB/OL］. http: //www. 199it. com/archives/156466. html, 2013 - 09 - 29.

据市场研究公司 Gartner 预测，2013 年全球移动支付市场规模将扩大 31%，至 2354 亿美元，至 2017 年将扩张超过 3 倍（见图 2）。①

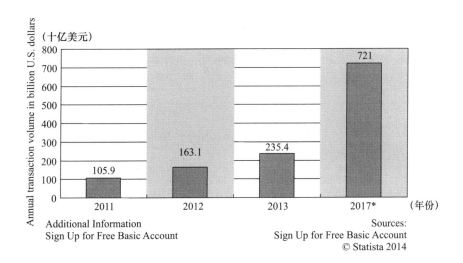

图 2　2011～2017 年全球移动支付交易量预测

注：＊为 2017 年预测数据。

资料来源：Gartner. Forecast：Global Mobile Payment Transaction Volume 2011 – 2017 ［EB/OL］，http：//www. statista. com/statistics/226530/mobile – payment – transaction – volume – forecast/，2011.

　　然而，现阶段仍然是移动支付交易期阶段。移动支付交易包含移动电子商务以及通过 APP 或者移动版网页进行的电子商务。根据 Master Card 统计的最新美国移动支付意愿指数（Mobile Payments Readiness Index）统计，移动电子商务虽然已经成为了美国消费者最多使用的支付方式，但是这个数据却只达到中国和沙特阿拉伯的一半（见图 3）。②

　　截至 2012 年底，只有 790 万美国消费者（不到总消费者的 9%）已经使用了面向消费者的 NFC 兼容系统，如谷歌钱包、使用 QR 码或其他方法来完成付款的应用程序。但是，在实体店，移动支付 2013 年翻了近两番，读卡器建立起真正的规模。移动支付正作为移动电子商务的一部分在兴起，通过 PayPal 单独完成的移动支付额达到了 14 亿美元。

---

①　Gartner. Forecast：Global Mobile Payment Transaction Volume 2011 – 2017 ［EB/OL］. http：//www. statista. com/statistics/226530/mobile – payment – transaction – volume – forecast/，2011.

②　MasterCard. The Mobile Payments Readiness Index ［EB/OL］. http：//mobilereadiness. mastercard. com/country/? us，2013.

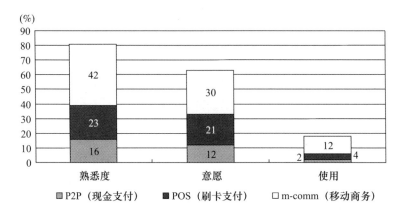

图3 美国移动支付消费信息指数

资料来源：Master Card. The Mobile Payments Readiness Index ［EB/OL］. http：//mobilereadiness. master-card. com/country/？ us，2013.

3. POS 终端行业的全球竞争格局

金融 POS 终端和支付技术服务的规模与经济发展水平直接相关。目前，发达国家金融 POS 终端市场保有量较大。根据世界银行的统计数据，2009 ~ 2013 年，美国、澳大利亚、英国和加拿大四国银行卡市场中每万人分别平均拥有 216 台、384 台、218 台、220 台 POS 终端。① 银行卡产业的发展、POS 终端交易规模的扩大构成了对金融 POS 终端和技术服务的最终需求，并带动了其市场规模的不断扩大。

IHL Group 统计显示，尽管很多传统 POS 终端设备被智能手机和平板所取代，但是由于零售店仍然是商户与客户互动的主要接触点，所以 2012 年 POS 终端北美洲的市场仍会扩张。②

根据分析预测，2012 ~ 2016 年，全球无线 POS 终端市场将以 7.7% 的复合年均增长率增长。随着越来越多的市场渗透和新进入者的竞争，无线 POS 终端的平均价格一直在下降，这也将进一步推动市场发展。③ TechNavio 的分析预测，在

---

① The World Bank. Point – of – Sale Terminals（per 100000 adults），http：//data. worldbank. org/indicator/FB. POS. TOTL. P5？ order = wbapi_ data_ value_ 2009%20wbapi_ data_ value%20wbapi_ data_ value – first&sort = asc，2013.

② IHL Group. Despite Pressure From Mobile Devices，POS Terminal Numbers Continue Strong Growth，According to New IHL Report ［EB/OL］. http：//finance. yahoo. com/news/despite – pressure – mobile – devices – pos – 130000526. html，2013 – 02 – 27.

③ TechNavio. Global Wireless POS Terminal Market 2012 – 2016 ［EB/OL］. http：//online. wsj. com/article/PR – CO – 20130610 – 905304. html，2013 – 06 – 10.

2011～2015 年，美洲的 NFC POS 终端市场将以 18.7% 的年复合增长率增长。关键因素之一是在非接触式支付的良好用户体验。但是，NFC 的 POS 终端成本高，可能会对这一市场的增长构成威胁。①

根据尼尔森统计，2012 年全球的集成有芯片和/或磁条卡读卡器的手持 POS 设备出货量达到 2010 万台，较 2011 年增长 16.9%。② 这些终端可以单独使用，或者被连接到电子收款机上。并且以上 2010 万台的出货量中不包括智能手机、平板电脑、外围设备密码键盘、收款机和基于 PC 的系统或无人值守亭。图 4 显示了 2012 年全球 POS 终端地区出货量以及较 2011 年增长率情况。高速增长的区域市场有亚太、拉丁美洲、欧洲，中东/非洲地区的出货量也较 2011 年有所增长。但是美国和加拿大的出货量较 2011 年都出现了负增长。

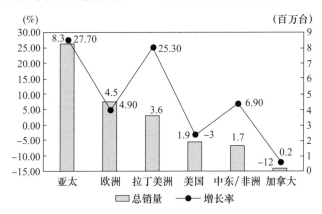

图 4　2012 年全球 POS 终端区域出货量以及较 2011 年增长率

资料来源：HSN Consultants Inc. 2013 The Nilson Report［J］. October, 2013（1）：27.

经过一系列的并购整合，目前全球 POS 支付终端市场集中度较高，2012 年前两家公司的销售额合计共占总销售额 80%～85% 的中值（根据公开数据估计）。但是，来自制造商、经销商以及同业竞争者的压力使得行业不得不面临价格降低、利润减少、市场份额缩水以及技术被赶超等情况。

根据尼尔森统计的 2012 年全球 POS 终端出货量排名（前 20 名），排在百富之前的共有三家企业，分别是安智（Ingenico）、惠尔丰（VeriFone）和证通电子股份有限公司（见表 2）。

---

① TechNavio. Research and Markets：NFC PoS Terminal Market in the Americas 2011 – 2015 Report Featuring Many Key Vendors［EB/OL］. http：//www. reuters. com/article/2012/08/21/idUS79346 + 21 – Aug – 2012 + BW20120821, 2012 – 08 – 21.

② HSN Consultants Inc. 2013 The Nilson Report［J］. October, 2013（1）：27.

表2　2012 年全球 POS 终端出货量排名（前 20 名）

排名 （2012 年）	排名 （2011 年）	制造商	总部	备注	数量	份额 （%）	变化率 （%）
1	1	Ingenico	France	①	5673000	28.22	17
2	2	VeriFone	U. S.	②	5177530	25.75	19
3	3	SZZT Electronics	China		1608500	8.00	18
4	4	Pax Technology	China		1254286	6.24	32
5	6	CyberNet	South Korea		805000	4.00	2
6	9	Shenzhen Xinguodu	China		748230	3.72	87
7	11	Fujian Newland	China		659640	3.28	172
8	7	Bitel	South Korea		649442	3.23	15
9	8	Castles Technology	Taiwan		576000	2.86	8
10	14	Vanstone Electronic	China		289519	1.44	62
11	12	Spectra Tech.	Hong Kong		270510	1.35	27
12	10	Gertec	Brazil		259000	1.29	4
13	19	Equinox Payments	U. S.		241235	1.20	129
14	13	Hangzhou Sunyard	China		239800	1.19	34
15	15	Spire Payments	U. K. Spain		221400	1.10	28
16	16	Yarus	Russia		214000	1.06	53
17	23	New POS Technology	China		164538	0.82	131
18	17	Worldline	Belgium		138205	0.69	12
19	18	First Data	U. S.	②	110000	0.55	−6
20	21	Infocrypt	South Korea		91000	0.45	1
			......				
合计					20105137		16

注：①包括福建联迪；②估计量。

资料来源：HSN Consultants Inc. 2013 The Nilson Report ［J］. October, 2013（1）: 27.

（1）安智。安智（Ingenico）公司是全球最大的 POS 终端制造商，总部位于法国，全球员工总数超过 4000 人。其 2012 年的市场份额从 2011 年的 27.9% 升至 28.22%。安智公司的远景是向欧盟支付市场提供差异化的解决方案。在亚太、欧洲、亚美洲以及加拿大占有最大的市场份额。在美国的市场份额排行第四，在中东/非洲排行第五。安智全球销售网络遍布 125 个国家和地区，2012 年安智在成熟市场和新兴市场的销售收入比为 13：12。安智年报中指出百富是其重要的区域竞争者。安智的主要客户包括以下几个：①收单机构（银行、代表银行和交易解决方案分销商的交易管理公司），如 Barclays、Crédit Agricole、中国银行（Bank of China）、Garanti Bank to Bank of America 等；②大型零售商（提供可以集成零售商数据系统的全面解决方案），如 Home Depot、Safeway、Auchan、Ikea、BestBuy、McDonald's、Starbucks Coffee、Kiabi、Coles 等；③垂直市场，如加油站、医疗保健以及彩票等；④在欧洲直接面向商户销售或租赁 POS 终端，并提供交易管理等增值服务。①

（2）惠尔丰。惠尔丰（VeriFone）是全球第二大的 POS 终端供应商，总部设在硅谷，在美国已有 30 年的行业经验，全球员工近 5000 人。市场份额从 2011 年的 25.15% 升至 2012 年的 25.75%。在美国的市场份额排行第一，在加拿大、拉丁美洲以及欧洲、中东/非洲排行第二。惠尔丰公司 2012 年年报指出，惠尔丰面向分销商、渠道商以及系统集成商等进行销售，主要客户包括金融机构、支付服务提供商、石油公司、大型零售商、出租车车队、交通代理、政府组织、医疗保健公司、快餐厅、广告和媒体公司等。公司竞争优势在于端到端系统解决方案、产品认证、增值应用和更先进的产品功能、领先的通信模块、可靠性、供应链规模和灵活性、付款数据安全性，以及较低的总成本。惠尔丰已经开始聚焦面向中小企业的包括移动支付在内的全面支付解决方案。②

（3）证通电子。证通电子股份有限公司是我国商用密码产品的先行者，于 2007 年 12 月在深圳证券交易所上市。证通电子围绕核心技术不断进行产品线的延伸和扩展，使产品由原来的相对单一的加密键盘扩展到自助终端和 POS 支付终端产品③，丰富的产品结构使公司具备较强的抵御单个应用行业市场波动风险的能力，证通电子的 ATM 加密键盘、电话 E-POS、银行自助服务终端的市场份额均位居行业前列。目前，证通电子是出货量全球第三、亚太地区第二的 POS 终端制造商，2012 年全球市场份额占 8.00%，高于 2011 年的 7.88%。根据证通电子的年报显示，2012 年公司营业收入较 2011 年同期下降 13.67%，主要原因是受公司主要商业银行客户清理库存的影响，对传统支付产品的需求下降，公司电话

---

① Ingenico. 2012 Annual Financial Report ［EB/OL］. http：//www. ingenico. com/en/media – centre/press – releases/20130227 – ingenico – annual – results – 2012/，2013 – 02 – 27.

② VeriFone. 2012 Annual Report ［EB/OL］. http：//ir. verifone. com/phoenix. zhtml？c = 187628&p = irol – irhome，2013.

③ 包括新型 IC 卡 POS（受理金融 IC 卡使用的 POS 终端，能够受理接触或非接触金融 IC 卡）、手机 POS、智能 POS、传统电话 E – POS 产品（在普通电话的基础上集成了 LCD 大屏幕、磁条卡读卡器、IC 卡读卡器、加密键盘等设备的金融刷卡支付终端）。

E – POS在农行体系的销售量下降等。①

四、百富未来的国际竞争与营销策略分析

1. 技术发展趋势的影响分析

对于技术方面的挑战，百富CEO李纬认为，虽然移动支付对POS终端产业有所冲击，但是预期不会造成完全替代，应该会是大家把支付行业的蛋糕一起做得更大。他认为，包括生物识别技术的虚拟货币也许对行业更具挑战。基于生物识别技术的穿戴设备包括手机的移动支付方式非常多样，这种多样化主要体现在身份验证上。身份验证的目的等同于密码，用来确认付款方是否为用户本人。在穿戴设备中也一样集成了一些生物识别方式，甚至于凭借脉搏也可以知道用户的身份。因为现在的信息系统和平台太多了，密码往往容易被记混或遗忘，使用生物识别，一切都解决了。所以，未来的移动支付技术，肯定是生物识别为导向。但是李纬预测在五年之内，刷卡是目前最广泛和基础的移动支付手段，而且在很长一段时间内，它依然会是移动支付最广泛的途径，行业现状不会有革命性的颠覆。

2. 国内市场未来的营销策略分析

尽管近年来国内银行卡发卡量、银行卡跨行支付系统联网商户和联网POS终端均保持快速增长，但截至2011年，国内POS终端渗透率仍然小于4台/1000人，相较新兴及成熟市场分别为9台/1000人及23台/1000人的数值，存在广阔的发展空间。银行卡正在成为现代消费的重要组成部分，中国也已经成为信用卡行业发卡最多、发展最快、最有潜力的国家之一，加上中国政府支持发展国家电子支付设施等因素，预期能推动中国境内的POS终端机的需求，预计未来3~5年国内POS终端需求年复合增长将达23%。在国内，二三线城市支付终端机普及率提高是百富的机遇。

截至2012年12月31日，中国人民银行向超过190家第三方支付营运商发出支付牌照，其中超过40家营运商拥有收单资质，该批持牌营运商已陆续开展为商户安装POS终端，而这些商户很多都是以前金融机构所忽略的客户群。因此，此新增市场的需求会有数倍的增长，甚至远高于其他市场。预期未来3年将是营运商POS终端网络铺开的快速扩张期。在不久的将来，中国收单业务市场很

---

① 证通电子. 深圳市证通电子股份有限公司2012年度报告 [EB/OL]. http: //www. cninfo. com. cn/finalpage/2013 – 04 – 27/62438161. pdf, 2013 – 04.

可能会出现中国银联商务、金融机构和运营商三分天下的局面。这将改善百富的客户集中度，并为行业带来更多增长机会。

金融机构等 EFT - POS 终端机买家继续积极给商户安装终端机，发展银行卡收单业务。在国内特殊的经济体制下，移动通信、石油、电力、铁路和公共交通等行业形成了寡头垄断的局面，核心企业在业内形成了一个规模较大的封闭支付网络，这些特殊行业应用有很大的增长空间。因此，接下来，百富在中国市场将继续专注研发技术支援及服务，同时加强客户关系及销售网络，以巩固在中国市场的领导地位。

3. 国际市场未来的营销策略分析

POS 终端行业的海外市场占全球市场份额的 80% 以上，开展海外业务不但可以给百富提供额外业务增长，同时也可以分摊公司的业务风险。美国/加拿大和拉丁美洲分别拥有超过 3 亿和 5 亿的人口，是刷卡交易的两大市场，也是全球 POS 终端行业最大的两个市场。尼尔森对 2016 年世界通用卡片购买交易区域市场份额的预测，美国、欧洲以及加拿大的市场份额都将下降，亚太地区、拉丁美洲以及中东/非洲的市场份额将有所上升。但在 2016 年世界通用卡片购买交易市场中，美国的市场份额仍然领先于第二位的欧洲和第三位的亚太地区。美国是银行卡产业最发达，也是刷卡消费最为普及的国家之一。2011 年，美国消费者支付系统显示美国消费者 2011 年刷卡支付（信用卡、借记卡等）的交易量达到 42220 亿美元，这个比例从 2010 年的 48.44% 升至 50.61%。根据尼尔森报告的估计，到 2016 年，美国消费者刷卡支付将更加普及，在刷卡交易额和交易数量都将有大幅提升。

考虑美国市场的重要性，在 2008 年，百富在美国成立了当地公司，组建了当地团队。产品价格并不是美国客户最重要的考量，产品质量稳定性与服务软件平台等才是买家考虑的重要因素。2012 年，百富通过品牌、技术和质量良好的声誉获得了市场的认可，在美国的销售额和销售量都获得大幅提升。百富的成熟产品已经在 2012 年完成了美国市场大部分的认证，并且增聘销售人员来服务日益增加的客户。

在拉丁美洲，百富特别关注巴西市场。人口众多的巴西以个人消费为国家经济的主要增长动力之一，而且巴西人已经养成使用信用卡的习惯，因此市场每年的 POS 终端销售量巨大，同时安全性比其他国家更高。巴西政府在推动电子支付方面不遗余力，加上世界杯和奥运会将陆续举行，这将是这个市场的增长催化剂。在巴西，百富和当地有名的合作伙伴去开拓这一巨大市场。但是，巴西的进口税收很高甚至达到 100%，所以百富下一步计划在巴西买原料找代工工厂组装。

针对以上两个市场，百富拥有丰富的经验和完整的产品线，稳定的产品和良好的声誉，以及强大的合作伙伴。因此，这两个市场将会成为百富继独联体中东和非洲以外，又一个海外市场的增长亮点。

在发展与扩张的同时，百富也面临着压力和困难。因为海外市场涉及70多个国家和地区，百富所面临的困难是用工成本逐年增高，员工工资平均年增长达到50%以上，其中用于员工福利（健康）以及环境方面的成本很高，公司费用中超过60%来自于用工成本。另外，随着市场深化和人员扩张带来的必要投入也在增长，例如研发、市场、办公费用等都迫切需要百富提高管理效率（见表3）。

表3　百富主要财务指标（2008～2012年）

报表日期	2012-12-31	2011-12-31	2010-12-31	2009-12-31	2008-12-31
基本每股收益（港元）	0.18	0.18	0.19	0.11	0
摊薄每股收益（港元）	0.18	0.18	0.19	0.11	0
毛利率（%）	35.34	35.51	40.34	39.12	38.67
贷款回报率（%）	—	—	—	—	—
总资产收益率（%）	8.34	9.06	9.66	14.95	21.64
净资产收益率（%）	10.10	11.35	11.30	19.99	31.33
流动比率（%）	5.70	4.93	6.85	3.90	3.18
速动比率（%）	5.06	4.17	6.16	3.12	2.50
资产负债率（%）	0.00	0.00	0.00	0.00	3.10
资本充足率（%）	—	—	—	—	—
资产周转率（%）	0.60	0.55	0.48	0.87	1.01
存贷比	—	—	—	—	—
存货周转率（%）	5.39	3.61	4.87	4.46	4.83
管理费用比率（%）	58.06	45.08	49.32	42.54	47.97
财务费用比率（%）	0.00	0.00	0.00	0.43	0.72
销售现金比率（%）	0.96	0.94	0.68	2.02	4.45

资料来源：百富公司年报。

五、百富国际营销案例的启示

随着全球经济一体化和市场无国界化进程的加快，越来越多的中国企业走出了国门。从国有企业到民营企业，从简单出口到在海外经营自己的品牌，从周边国家到全球市场，从面向新兴的发展中国家到迈进成熟的发达国家，从初加工产品到高技术产品，从产品销售到全面营销介入，我国企业参与全球经营的程度越来越深入。面对竞争激烈、差异显著、风险性高的海外市场，如何在企业的总体战略框架之下开展行之有效的营销活动，不断提升自身的竞争优势，已经成为这些"走出去"的中国企业迫切需要解决的重要问题。

百富作为一家中国民营高技术企业，没有国有企业相对强大的资金和政策优势，但是它凭借着对行业和技术趋势的敏锐跟踪和把握，以及灵活先进的经营理念，自成立伊始就勇于试水海外市场并不断进步，成功搭上了高技术的快车，抓住机遇，走上捷径，逐渐名列行业前茅。

百富在海外市场进入模式选择、分销网络建设、品牌塑造、市场沟通、营销信息传播、技术趋势把握和技术创新投入等国际营销策略上的思考和选择，值得那些开始走向国际市场的中国民营高技术企业借鉴。

然而，百富 CEO 李纬还有很多困惑和棘手的问题，他再次陷入思考。在美国市场，百富如何应对来自当地成熟品牌的竞争？凭借着技术优势和暂时的成本优势，百富能否在未来 3~5 年内成为全球最大的支付设备提供商？面临日新月异的支付技术的发展趋势，百富能否不被淘汰而始终保持自己的领先地位？作为一个发展中国家的技术型民营企业，百富的海外市场赶超之路将如何继续？

参考文献

[1] David B. Montgomery, George S. Yip. The Challenge of Global Customer Management [J]. Marketing Management , 2000: 22 – 29.

[2] Don R. Garber. How to Manage a Global Product Development Process [J]. Industrial Marketing Management, 1996 (25): 483 – 489.

[3] Gary Hamel, C. K. Prahalad. Do You Really Have a Global Strategy? [J]. Harvard Business Review, 1985: 139 – 148.

[4] Gurhan – Canli Zeynep, Durairaj Maheswaran. Cultural Variation in Country of Origin Effects [J]. Journal of Marketing Research, 2000 (37): 309 – 317.

[5] Lilach Nachum. Does Nationality of Ownership Make Any Difference and If So Under What

Circumstances [J]. Journal of International Management, 2003 (9): 45 – 51.

[6] Luanne Flikkema. Global Marketing's Myth: Differences Don't Matter [J]. Marketing News, 1998 (20): 4.

[7] Michael G. Harvey, Robert F. Lusch, Branko Cavarkapa. A Marketing Mix for the 21st Century [J]. Journal of Marketing Theory and Practice, 1996 (4): 1 – 15.

[8] Oystein Moen. The Born Globals [J]. International Marketing Review , 2002 (19): 156 – 175.

[9] Peter G. P. Walters, Brian Toyne. Product Modification and Standardization in International Markets: Strategic Options and Facilitating Policies [J]. Columbia Journal of World Business, 1989 (24): 37 – 44.

[10] Shaoming Zou, S. Tamer Cavusgil. The GMS: A Broad Conceptualization of Global Marketing Strategy and its Effect on Firm Performance [J]. Journal of Marketing, 2002 (66): 1 – 21.

[11] Shlomo Kalish, Vijay Mahajan, Eitan Muller. Waterfall and Sprinker New Product Strategies in Competituve Global Markets [J]. International Journal of Research in Marketing, 1995 (12): 105 – 119.

[12] Tevfik Dalgic, Ruud Heijblom. International Marketing Blunders Revisited: Some Lessons for Managers [J]. Journal of International Marketing, 1996, 4 (1): 81 – 91.

[13] Theodore Levitt. The Globalization of Markets [J]. Harvard Business Review, 1983 (61): 92 – 102.

[14] Warren J. Keegan. Multinational Product Planning: Strategic Alternatives [J]. Journal of Marketing, 1969 (33): 58 – 62.

[15] Yoram Wind, Susans P. Douglas. International Market Segmentation [J]. European Journal of Marketing, 1972, 6 (1): 17 – 25.

[16] Yoram Wind, Susan P. Douglas, Howard V. Perlmutter. Guidelines for Developing International Marketing Strategies [J]. Journal of Marketing, 1973 (37): 14 – 23.

财务与会计

迈瑞医疗的"拿来主义":
以创新科技拥抱世界

——关于国际化进程中的技术追赶路径及
其实践效果的案例研究

孙旭婷　陈德球*

　　自 2006 年党中央、国务院作出建设创新型国家的战略决策,增强自主创新能力、发展先进科学技术、构筑参与国际竞争合作的新优势成为未来我国可持续发展蓝图的基本基调。伴随全球财富力量消长浪潮,中国企业立足世界产业发展态势,积极融入全球市场,利用海外资源,引进国外技术,用国际化的眼光前瞻发展方向,提高科技创新能力,不仅有助于增强自身核心优势,更能推动国家整体产业优势的建立,形成日益强大的国际竞争力。

一、公司背景及研究问题

　　医疗器械行业作为新兴的朝阳产业,在中共十八大以来医疗卫生体制改革、构建"大健康产业"的宏观背景下,具有广阔的发展前景,值得作为研究对象充分关注。

　　医疗器械一直是高度垄断的行业,其研发制造跨越诸多领域,核心技术和专利几乎都掌握在国外巨头手中。然而,于 1991 年成立于深圳的民族医疗器械企业——迈瑞,就在这样的行业环境中逆势成长,自主研发创新技术打破进口品牌垄断市场的局面,填补多项国内科研、开发空白,改变国产医疗设备在国际高端领域的市场格局,历经创业初期引资风投、2006 年纽交所上市、相继收购美国

---

　　*　孙旭婷:华晨宝马汽车有限公司。陈德球:对外经济贸易大学国际商学院。

Datascope 和 Zonare 公司，成功由民族企业转型为真正的国际化公司，体现中国国际化进程的多元化和丰富性。中欧商学院 Meyer 曾表示，"迈瑞是医疗器械领域专注于'利基战略'当之无愧的世界领导者"。

参考《中国企业家》杂志自 2011 年起启动的中国企业国际化评选，迈瑞医疗在国际化导向、国际化绩效、国际化运营、海外并购与管理等维度上综合位列 2014 年中国企业国际化 20 强，国际化程度高，具有典型性。

迈瑞医疗是全球领先的医疗设备和解放方案供应商、美国纽交所上市企业，领跑我国医疗器械行业，其成功经验对行业发展具有较强的指导与借鉴意义。

迈瑞医疗一直放眼全球市场拓展，在海外市场的销售已覆盖 190 多个国家和地区，其全线产品已在欧美市场的医疗机构赢得广泛认可。其以技术创新为核心的国际化路径，更是为这一国际市场的成功保驾护航。因此，通过分析行业领头企业国际化道路上的具体方式，总结概括经验教训，有助于行业内其他企业调整战略，扬长避短，积极参与国际竞争，最终从整体上提高产业竞争力，促进国民经济的发展。

迈瑞医疗作为国内领先的医疗器械供应商，其主要业务涵盖生命信息与支持、体外诊断、数字超声和放射影像四大领域。自成立以来，迈瑞医疗始终着眼于全球技术最前沿，相继推出 80 余项新产品，拥有全部自主知识产权及 1400 余项专利技术，填补多项国内科研、开发空白，创造无数中国"第一"。截至 2013 年，在迈瑞全球市场分布中，国外市场占比 58%，产品覆盖 190 多个国家和地区，在全球形成庞大的研发、营销和服务网络。公司年复合增长率接近 26%，在国际市场上交出漂亮的答卷。

因此，我们不禁进一步思考，迈瑞医疗如何在国际市场取胜，由民族企业跃升为卓越的国际化公司？特别是在中共十八大以来"健康中国"、"大健康产业"的医疗健康产业改革扶持、老龄化社会到来、医疗器械刚需潜力广阔的宏观背景下，借鉴优质企业的成功经验，对整个医疗器械行业结构调整和产业升级势必具有极大的借鉴意义和促进作用，从而提高我国医疗器械行业发展水平。

基于以上背景，本文研究问题包含但不限于：①梳理技术创新与国际技术转移理论；②对比国内外同行企业，分析迈瑞医疗竞争优势的建立途径（源自技术研发、成本优势，抑或营销渠道）；③研发投入，特别是人力资本成本对企业绩效的影响；④国际并购对企业绩效及资本市场表现的影响；⑤国际风险资本对企业国际化战略的影响。

因此，本文选取迈瑞医疗为案例研究对象，以技术创新追赶路径为视角，结合经典理论文献，研究其在企业国际化进程中的具体措施以及实践结果。本文将结合财务视角，综合运用定性与定量分析工具，纳入国内外同行业参照比较，在

分析其财务资本特征的基础上，考察不同发展路径具体实现方式、其绩效贡献与
市场表现以及对企业财务状况的影响。同时，本文希望在此基础上有所拓展，结
合风险投资视角，研究国际资本进退对国内企业国际化步伐的影响。

二、理论依据及文献回顾

自 20 世纪 50 年代以来，国际产业转移的形式开始多样化，规模也不断增
大，伴随着经济全球化的发展和国际分工的出现，国际产业转移开始进入了新的
阶段：以跨国公司为主要形式的国际产业转移不断出现，各层次的国家纷纷加入
到全球制造的行列中，相关的研究理论也不断出现。综观国内外关于国际产业转
移深层次动因挖掘的研究，目前较为有说服力的主要有以下几种：大卫·李嘉图
的比较优势理论、赫克歇尔—俄林的资源禀赋理论、雷·弗农的产品生命周期理
论、赤松要的"雁形模式"理论、小岛清的边际产业转移理论、卢根鑫的产业
重合理论及赵张耀的"龙形发展模式"等。

1. 比较优势理论

比较优势理论（Theory of Comparative Advantage）最早是由英国经济学家罗
伯特·托伦斯在《论对外谷物贸易》中提出来的。英国经济学家、古典政治经
济学的重要代表人物大卫·李嘉图后来在《政治经济学及赋税原理》一书中针
对亚当·斯密的绝对优势理论正式提出了比较优势理论。大卫·李嘉图认为：在
资本与劳动力在国际间不能自由流动的前提下，各个国家不一定要专门生产劳动
力成本绝对低的产品，而只要专门生产劳动力成本相对较低的产品。这样，即使
在资本、劳动力等生产要素不变的情况下，一个国家也可以增加其商品总量，并
且可以通过对外贸易获利，这样形成的国际分工对贸易双方都有利，而且在自由
贸易的前提下，还可以降低进口商品的价格，减少消费者的支出，提高消费者的
福利。即国际分工应遵循"两优取其重、两害取其轻"这一比较优势原则。

大卫·李嘉图的比较优势理论是众多古典贸易理论中的代表观点，它成功地
发展了亚当·斯密的绝对优势理论，即国际贸易的基础是比较优势而不是绝对优
势。以现在的理论和视角，比较优势理论存在较多的缺陷和不足，例如，比较优
势理论并没有从根本上揭示国际贸易产生的原因；其中的假设存在过多的苛刻条
件、不符合经济现实、不符合现实的国际贸易实际问题等情况。但是这一理论的
提出是当时科学理论发展的结晶，它代表着当时的理论水平，并为以后相关理论
的发展起到了基石的作用。可以说，亚当·斯密的绝对优势理论和大卫·李嘉图

的比较优势理论是众多国际产业转移理论的源泉。

2. 资源禀赋理论

赫克歇尔—俄林的资源禀赋理论最初是为解释国际贸易的成因的。因其对国际产业转移现阶段的理由具有基础作用，这里也将对这一理论作简要的介绍。

1919 年，赫克歇尔在《对外贸易对收入分配的影响》中提出使用要素禀赋、生产部门技术水平来解释国际贸易形成的原因，第一次运用资源禀赋理论来分析国际贸易的成因，建议从实际优势出发决定自身的对外贸易形式。1933 年，俄林在《区域贸易和国际贸易》中更为详细地提出了要素禀赋的国际贸易理论，最终使这一理论受到了极大的关注。

资源禀赋理论认为，国际贸易源于各国商品的成本和价格的不同，而其成本和价格取决于各国生产要素禀赋的差异。由于在各种商品的生产过程中所需的生产要素比例不尽相同，一个国家在生产产品时能够较多使用自身较为丰富的生产要素时，产品的生产成本就比较低；而生产某产品时较多地使用自身相对稀缺的生产要素时，产品的生产成本就相对较高。基于此，每个国家都倾向于多生产自身有成本优势的产品并以此向其他国家换取自身缺乏生产优势的商品。随着这种交换的频繁发生和逐渐扩大规模，国际贸易逐渐形成并推动了国际分工的进一步深化。因此，不同国家的生产要素禀赋的不同是产生国际贸易的最重要的基础条件。一个国家在进行国际贸易时应"扬长避短"，即劳动力资源丰富的国家应出口劳动密集型产品，进口资本密集型产品；资本资源丰富的国家出口资本密集型产品，换取劳动密集型产品。虽然资源禀赋理论在后期受到瓦西里·里昂惕夫的极大质疑，但前者仍在国际贸易理论历史上具有不可磨灭的功勋，它是新古典贸易理论探索和发展的开端。后者不断地深入研究后形成了又一理论巨作——里昂惕夫悖论。

3. 产品生命周期理论

1966 年哈佛大学教授雷·弗农在《经济学季刊》中发表《产品周期中的国际贸易和国际投资》一文，他试图从生物生命周期的角度解释国际贸易形态的动态变化。他认为产品如同自然界生物一样都要经历一个从生到死的生命过程，而在产品生命过程的不同阶段，各种生产要素所占比例会呈现规律性的变化。基于此，一个产品从新生到成熟的生命过程中，各个国家在成本上所具有的比较优势会随着技术的传播和普及发生动态的变化。

雷·弗农认为，一个产品的生命周期可以分为产品创新阶段、产品成熟阶段、产品标准化阶段三个阶段；不同的产品生命周期阶段决定生产产地的不同，从而导致生产在要素丰裕度不同的国家之间发生转移。产品创新阶段的生产地区选择主要取决于技术的比较优势：该阶段的生产中，新产品的研发需要较高的资本和技术支持，而一旦研发成功，产品将会进行小批量的生产，能够以较高的产品价格获得丰厚的利润收益。产品成熟阶段的生产产地选择主要取决于资本的比较优势：在该阶段中，生产技术已经趋于稳定并开始扩散，在产地的战略选择中，技术因素的权重相应降低而资本因素权重相应升高，企业需要在同类竞争产品不断出现的情况下通过批量生产和规模经济获取收益。产品标准化阶段的生产产地选择主要取决于劳动密集程度：在该阶段中，原来的新产品已经逐渐老化，开始进入更新换代的阶段，技术已经成熟并全部扩散，企业需要依靠廉价的劳动力降低产品的生产成本，在市场需求趋近于饱和的情况下追求利润。

1968 年，美国经济学者威尔斯对雷·弗农的产品生命周期理论进行了深化和细分并形成了新的产品生命周期理论。在该理论中，威尔斯将原来的三个生命周期阶段细分为投入期、成长期、成熟期、标准化期和衰退期五个连续的阶段。在深化理论研究的同时，威尔斯将该理论应用到各国工业制成品贸易的分析中，并逐渐演化成为今天的产品生命周期理论。

4."雁形模式"理论

"雁形模式"理论是由日本经济学者赤松要在 1956 年以发展中国家角度分析研究产业的空间转移形成的理论。通过对本国棉纺工业的历史研究，赤松要发现在一国经济发展的初期，由于工业基础相对薄弱，需要从其他国家尤其是发达国家进口日用工业品。当该种进口日用品达到一定规模时，市场需求趋近稳定并呈现不断上升的趋势。日用工业品的生产技术门槛相对较低，当技术成熟后其较大程度地依靠廉价劳动力，此时工业落后的发展中国家开始具有优势，国内进口替代产业在本国政策保护等优势下开始迅猛发展。经过一段时间的发展，进口替代工业开始能够满足国内对该产品的基本需求，原来的进口商品改成国内生产并自给自足。随着技术的不断成熟和扩散，落后的工业国依靠国内廉价的劳动力成本开始大量生产并进行出口贸易。其他产业相应遵循依靠发展进口替代逐渐形成产品的从无到有、从微弱到强盛的发展模式。这种模式呈现出"进口—国内生产—出口"的曲线，将各阶段的曲线进行连接后会形成"雁阵飞行"的态势，故称"雁形模式"。

"雁形模式"理论对 20 世纪 60 年代日本的经济发展，乃至对亚洲四小龙和东盟的发展都起到了关键性的指导作用。但该理论存在着严重的缺陷：其所建议的产业分工属于典型的垂直型国际分工，雁形低端的国家在国际分工中永远处于劣势地位。技术落后的国家只能依靠本国的廉价生产力进行生产，在技术领域将一直处于被动的地位，受发达国家的利润剥削和技术压制。

5. 边际产业转移理论

边际产业转移理论是日本经济学者小岛清以大卫·李嘉图的比较优势理论和

赫克歇尔—俄林的要素禀赋理论为基础，通过对赤松要的"雁形模式"理论进行研究和深化形成的理论。小岛清认为，相对于技术和资本密集型产业，劳动密集型产业应首先进行边际产业转移。该理论指出，不同国家间其劳动和资源的比率存在不同程度上的差异，而这种差异会导致比较成本的差异。比较成本优势明显的行业其利润较为丰厚，而比较成本优势不明显或不存在优势的行业应进行对外直接投资，依靠国际间的成本差异追求利润。边际产业的转移不仅能够促进产业承接国该产业的发展，更能够促进产业输出国自身的产业结构升级。依据比较优势理论，产业承接国在该产业领域的技术应处于落后地位，通过产业转移，产业承接国能够获得更先进的生产技术，通过对先进技术的吸收消化，承接国能够对本国资源进行更好的优化配置，发展进口替代产业。产业输出国剔除自身不具备优势的边际产业后，能将更多的资源用于发展自身的优势产业，聚集更多精力和资本技术等资源进行技术等的创新，促进自身产业结构的升级。

三、案例描述

1. 总体分析

从区域布局来看，迈瑞医疗目前业务主要呈以中国以及海外新兴市场为主的多元化布局。目前看来，国内业务占比最大，并一直保持着强劲的增长态势，2013年上半年实现25%的同比增长。主要得益于迈瑞医疗抓住了各级政府加大在县医院的投入以及新农合政策、医保报销政策支持的契机。同时，迈瑞医疗在国内业务拥有最大的营销网络和售后服务平台以及完善的、切合中端市场需求的产品，并在此基础上不断完善营销渠道以及产品布局。在未来，医改本身以及通过医改释放的病源的增加将持续带动迈瑞医疗业务的增长，预期中国市场将持续成为带动迈瑞医疗总体业务增长的主要动力。

海外新兴市场上半年增速放缓，主要受两个单一国家——俄罗斯和委内瑞拉政局的外部环境影响，但迈瑞医疗的核心竞争力并没有发生变化。

发达国家市场中，西欧保持稳健的增速，主要得益于迈瑞医疗在英国、法国、德国等直销网络的加强和品牌认可度的提高，以及产品不断丰富、医院采购偏好的推动作用，预期该竞争优势将继续保持。

核心创新能力一直是制约国产医疗器械发展的最大瓶颈，特别是伴随迈瑞医疗产品从中低端往高端进军，技术研发难度加大，开发周期变长，积极推行国际化战略、利用全球资源优势成为大势所趋。结合技术追赶理论，迈瑞医疗在国际化道路上主要依托两种路径，以开放的姿态面向世界"拿来"，在不违反知识产权法规、不侵犯商业秘密的前提下，"借力"别人的经验和核心技术使之嫁接到迈瑞医疗自身的平台上，最终实现飞速跨越，扎根国际市场。具体包括如下两种路径：

（1）引进海外人才，立足自主研发。研发一直被认为是价值链上国际化程度最低的环节（Berry，2013）。在国内的医疗器械行业中，迈瑞医疗引进海外人才的战略一直走在前端，相继在海外设立数个研发中心，并加强与国际一流院校的人才交流合作；同时公司根植海外研发中心聚焦当地和周边的本土人才，特别是华裔人才，他们不仅接受过良好规范的专业训练，其中更有不少人是自主知识产权的拥有者，具备国际视野和经验，可以加快企业技术进步进程。融合全球十大研发中心、1900余人研发团队的创新智慧，加之每年最低10%销售收入的研发投入，迈瑞医疗以每年7~12款新产品的速度推进研发，并拥有全部知识产权，形成强大的研发综合实力。凭着自主研发的产品，迈瑞医疗几乎每进入一个产品领域，就能将该产品领域的价格砍掉30%~50%不等，从而借助良好的性价比，即使面对国际三巨头（飞利浦、西门子、GE）的激烈竞争，也能在全球任何市场上都占有一席之地。

（2）审慎选择并购目标，拓展产品渠道。除了人才战略上的"拿来主义"，迈瑞医疗同时在国际资本市场上动作频繁。通过全球资源的整合与协同，加速国际化能力的成长，是迈瑞医疗快速跃升为国际化公司的重要因素。为了提高国内医疗设备在海外市场上的占有率，同时拥有欧美发达市场最好的技术和品牌，海外并购成为迈瑞医疗国际化进程的另一重点。2008年迈瑞医疗并购美国Datascope公司生命信息监护业务，获得Datascope监护产品的研发部门以及相关知识产权，并直接成为全球生命信息监护领域的第三大品牌。2013年，迈瑞医疗又全资收购美国Zonare公司，顺利进入移动彩超领域（全球能做移动彩超的公司不足5家），成为全球高端影像产品的领导者。2013年公司宣布收购澳大利亚Ulco公司，顺势获得其在大洋洲市场成熟的销售和售后服务渠道。通过海外并购，迈瑞医疗在拓展产品和营销渠道的同时，更是获得某些全新技术，进一步巩固自身创新能力和创新优势，进而推动实力长足发展，逐步打破进口品牌对中国市场的垄断局面，改变国产医疗器械在中高端市场的竞争格局。迈瑞医疗总裁李西廷更是表示，"欧洲很多中小企业拥有核心技术，却没有做大做强的野心；加之目前欧洲深陷债务危机，给迈瑞医疗带来开拓欧洲市场的机会，成为下一步海外并购重点"。

2. 并购过程

根据迈瑞医疗2014年年报，公司前两大持股股东为徐航和李西廷，分别持有公司 14.1% 和 12.8% 的股份、31.2% 和 29.0% 的控制权。其他大股东均为机构投资者。公司管理当局的核心是李西廷，自 2014 年起担任公司董事会执行主席。徐航为董事长。

迈瑞医疗具有较为规范的管理层结构，董事会下设审计委员会、薪酬委员会、公司治理与提名委员会、交易委员会。

迈瑞医疗的三次海外并购历程如下：

（1）2008 年，迈瑞医疗以 2.02 亿美元的价格收购美国 Datascope 公司（NASDAQ：DSCP）生命信息监护业务。这项交易被称为"医疗器械行业的联想收购 IBM 全球 PC 业务案"。Datascope 总部位于美国新泽西，创建于 1964 年，其医护监控产品主要市场在美国和欧洲，2007 年收入为 1.61 亿美元，与迈瑞医疗在中国市场的年收入相当。借此迈瑞医疗成为全球监护行业第三大厂商。

在这次收购中，Datascope 剥离的是核心业务，迈瑞医疗将获得 Datascope 的众多监护产品。迈瑞医疗计划保留 Datascope 现有品牌产品线，并继续在美国生产 Datascope 品牌的产品。李西廷表示，迈瑞医疗将保留 Datascope 公司的主要管理团队，因为两家公司合作已经超过 5 年，公司高层之间都比较了解。

（2）2013 年，迈瑞医疗与美国超声诊断系统生产企业 ZONARE 医疗系统（ZONARE Medical Systems, Inc.）达成最终协议，将以 1.05 亿美元对其进行收购。ZONARE 成立于 1999 年，位于美国加州山景城，是全球高端放射领域中的超声领导品牌之一，2012 年销售收入约 6400 万美元。这家做垂直超声产品的企业，在与迈瑞医疗结缘之前，一直在寻求上市，但是由于美国资本市场的大环境不好，且公司连续亏损多年，上市并未成功。2011 年，ZONARE 开始寻找买家，但由于其第一代产品并没有在市场上有太大的反响，迈瑞医疗不愿意出更高的价钱。如今，ZONARE 在超声诊断系统上推出了更加通用的新产品，迈瑞医疗才决定出手。

迈瑞医疗与 ZONARE 的接触始于 2008 年，迈瑞医疗曾经在 2008 年收购的 Datascope 的原总裁正是 ZONARE 的现任高管，且迈瑞医疗一直与 ZONARE 有产品上的合作。

（3）2013 年 9 月 13 日，深圳迈瑞医疗宣布收购了总部位于澳大利亚的原迈瑞医疗分销商 Ulco 医疗有限公司。

Ulco 成立于 1964 年，以提供创新、可靠且品质卓越的医疗产品而闻名。2007 年至收购之前，Ulco 一直是迈瑞医疗生命信息与支持产品的分销商。根据收购协议，迈瑞医疗将获得 Ulco 在大洋洲市场成熟的销售以及售后服务渠道，迈瑞医疗也将利用其全球资源平台支持 Ulco 在该市场的未来发展。收购完成后，Ulco 将成为迈瑞医疗澳大利亚分公司，并更名为 "Mindray Medical Australia"，同时维持现有运营不变。迈瑞医疗预期 Ulco 完善的销售渠道以及售后服务能力，将有助于进一步加强迈瑞医疗在澳大利亚、新西兰以及其他大洋洲岛屿的市场表现。

3. 并购分析

迈瑞医疗的并购逻辑主要有四点：一是利用原有渠道拓展新的产品，如收购新增的尿液分析、输液泵系列、微生物诊断、血凝业务；二是获得某些全新的技术/产品，如骨科、软硬镜，及医疗 IT 产品业务；三是获得高端产品，如 2013 年 7 月完成的对美国 ZONARE 公司的收购，帮助迈瑞医疗未来加快在高端市场产品的研发进程；四是拓展销售渠道。

目前，体外诊断业务已发展成为迈瑞医疗继生命信息与支持之后的第二大业务领域。公司在医疗耗材领域积累的技术、渠道经验，无疑有助于加强在该领域的进一步拓展。在传统的血球分析以及生化分析的基础上，公司近两年又通过收购手段，进入快速成长的尿液分析、微生物诊断以及血凝业务领域，并计划在 2014 年底通过自主研发从而进入体外诊断业务最大的分支——免疫业务，以进一步完善该产品线。

在医疗耗材领域，2012 年，迈瑞医疗收购了德骼拜耳公司，进入骨科业务领域。德骼拜耳的产品范围广，可以提供关节、脊柱与创伤一系列的产品。总体来看，收购整合的进程符合公司预期。

通过并购，迈瑞医疗不断地扩充自己的产品线，完善产品种类，为临床提供更全面的服务。今天的迈瑞医疗，将在生命信息与支持、临床检验与试剂、数字超声、放射影像四大领域的基础上继续发展壮大。

除了遵循前述收购逻辑外，从区域维度来看，医疗行业高端技术/产品主要集中在国外的发达国家市场。因此，高端的技术收购主要发生在国外，如迈瑞医疗在美国收购 ZONARE 高端超声产品。

从新产品收购来看，在国内本土更容易实现整合。对于新进入的领域，迈瑞医疗还处在学习阶段，并且不会贸然进入海外不熟悉的业务领域。

在迈瑞医疗并购的 8 家中国企业中，有两家属于全资收购，而其余的 6 家都是采用控股的方式。迈瑞医疗要求这 6 家公司原股东保留一部分权益，甚至长期持股。这么做主要是因为迈瑞医疗之前的产品品类较少，在国内很多领域，迈瑞医疗也是刚刚进入，因此需要向之前的团队学习经验。

目前来看，各项业务整合符合公司预期。综观迈瑞医疗所并购的这些企业，既有国外公司也有国内公司，而无论是从公司规模、产品还是企业文化上来看，它们都与迈瑞医疗有着较大差异。通过 5 年前收购 Datascope 的监护业务，迈瑞医疗积累了相关的海外整合经验，公司也不断探索在整体资源的利用上如何加快实现并购后的双赢。

对品牌的整合，迈瑞医疗有比较高的要求。在迈瑞医疗所并购的 8 家国内企业中，惠生电子已开始使用迈瑞医疗品牌，其他被收购的公司仍保留原有品牌。只有并购公司的产品质量达到迈瑞医疗标准，才能使用迈瑞医疗品牌。但是由于迈瑞医疗在有些细分领域并没有涉足，而对方的品牌在该细分市场更有知名度，迈瑞医疗则会沿袭原有品牌。

从整合国外公司来看，比较突出的问题就是文化差异。迈瑞医疗所做的第一步是保持原有公司的稳定，保留原有的企业文化；第二步是促进并购后业务的持续增长与盈利，同时让员工的专长获得充分的发挥；第三步是帮助被并购方了解中国公司业务，通过人员交流，增进彼此的认知。

四、案例启示

经过 20 多年的发展，迈瑞医疗已发展成为独特的以中国为主要市场、中国人为主要管理团队全球最大的医疗设备跨国公司。2012 年销售收入超过 10 亿美元，产品遍布全球 100 多个国家并且大多都是自有品牌，且出口占一半以上。其他传统医疗公司一般要经过四五十年才有可能发展到其同等水平。从医疗行业的国际环境来看，作为一家以中国为基地的跨国公司，迈瑞医疗的主要竞争对手（飞利浦、西门子、GE、强生等）都是发展超过 100 年的国际大公司。和这样的公司竞争，压力和挑战都很大。从国内行业环境来看，销售额过 10 亿美元的公司几乎没有，可以借鉴的成熟经验也比较少。从迈瑞医疗一系列 "走出去" 举动，我们归纳出了以下几点启示，可为同行业企业走国际化道路提供参考。

1. 提供高质量产品与服务，勇于迈向更大市场

提供高质量的产品与服务，寻觅一个更大的市场，是迈瑞医疗 "走出去" 的初衷。迈瑞医疗 "走出去" 的第一步并不是迈向空白市场，而是直接挺进欧洲、美国这些市场竞争最激烈的前线，这意味着从产品到服务体系，迈瑞医疗都将面临与实力雄厚的行业龙头去竞争的局面。相较于行业巨头们，迈瑞医疗也有着自己独特的 "小、快、灵" 的特点：以持续研发为核心动力、垂直整合业务模式以及研发总部在中国等特点，不断降低研发成本、缩短新产品的研发周期，提供高性价比的产品与服务。

2. 加快本地化布局

目前，公司在海外 20 多个重点国家均建立了分公司或者办事处，海外员工

占总体员工比也超过10%，并根据不同国家市场特点，建立不同的营销模式。以欧洲市场为例，2001年初迈瑞刚进入欧洲市场的时候，迈瑞的产品很难进入公立医院、大型私立医院。因此，迈瑞选择让代理商从相对而言处于市场外围的私立诊所找到突破口。2000年，迈瑞医疗通过了欧洲的质量体系认证，这令迈瑞在欧洲得以与一些实力较强的代理商建立合作关系，并依靠当地代理商与医院的稳固关系，进而开始将产品打入欧洲的医院。

在"走出去"的过程中，企业需要去创新、取长补短，也要因地制宜。迈瑞医疗总的发展目标就是提供优质的产品，宏观来说是怎么能覆盖更多的用户及科室。目前的出口销售额已占了公司销售额的50%以上，多数还是发展中国家的出口。产品从低端向中高端发展，低端产品要做到保持份额、坚守阵地，高端产品的发展依靠新品研发，从而占领新市场。

3. 注重人才

迈瑞医疗将人才视为公司最宝贵的资产，为此，公司制定了完善的薪酬激励机制以及职业发展规划，在加强内部培养的同时，公司也吸引海内外专业人才的加入。例如，迈瑞医疗于2010年引进"细胞分析世界级工业创新团队"，以及于2011年引进"医学超声影像世界级工业创新团队"。

4. 注重自主创新和知识产权保护

随着迈瑞医疗的发展壮大，从过去的跟随者变为了领先者，这种地位的转变无疑会让迈瑞医疗成为其竞争对手、甚至模仿的对象，对于这一点，迈瑞医疗的应对是立足"自主创新、自主品牌"的发展战略，自1991年成立以来，迈瑞医疗始终致力于临床医疗设备的研发和制造，在深圳、北京、南京、上海、西安、成都，美国西雅图、新泽西，瑞典斯德哥尔摩设立有研发中心。

对于未来，迈瑞医疗会继续坚持前述战略，在具体的思路上，有以下几点原则不会动摇：

（1）持续的研发投入。迈瑞医疗自创立以来，始终坚持每年将年销售收入的10%投入到技术研发，并建成了与国际一流水准同步的研发管理平台，研发人员超过1500人，每年向市场推出7~10款新产品。以不断问世的精良产品，续写科技创新的品牌内涵，展示着自主创新的企业精神和品牌形象。

（2）加强知识产权以及专利保护。自公司成立以来，公司很重视知识产权以及专利技术保护，迄今为止，拥有全部自主知识产权及1300余项专利技术，其中200余项国际专利，创造了20多项"中国第一"。目前，迈瑞医疗全系列产品已远销全球190多个国家和地区，在中国拥有4万余家医疗机构客户，有超过95%的三甲医院在使用迈瑞医疗产品。在专利保护方面，迈瑞已结合公司实际建立了专门的管理制度和流程，逐步形成公司知识产权预警平台，以有效规避专利风险。同时，高额的专利奖励激励研发人员产出更多的发明创造。

（3）完善 IT 平台建设，利用科学化的管理手段。为了配合国际化战略进一步推进，增进总部与海外机构之间的知识分享和工作协同，迈瑞医疗与 IBM 合作，构建了横跨全球各分支机构、纵跨各业务板块的信息一体化运营管理平台，并建立起 IT 全球服务台，以更好地支持公司业务的发展需求。

参考文献

[1] 雷辉，吴婵. 董事会治理、管理者过度自信与企业并购决策 [J]. 北京理工大学学报（社会科学版），2010（4）：43 – 47.

[2] 章细贞，何琳. 管理者过度自信、公司治理与企业并购决策相关性的实证研究 [J]. 湖南医科大学学报（社会科学版），2012（5）：148 – 153.

[3] 范黎波，周英超，杨震宁. "中国式婚姻"：成长型企业的"赘婿式"并购与跨国公司的"教练型"治理 [J]. 管理世界，2014（12）：152 – 166.

[4] 潘颖，王凯. 上市公司董事会治理与并购绩效关系的实证研究 [J]. 西北大学学报（哲学社会科学版）2014（44）：176 – 182.

[5] 宋淑琴，刘淑莲. 融资约束、债务融资与海外并购绩效——光明集团并购英国维他麦案例分析 [J]. 辽宁大学学报（哲学社会科学版），2014（2）：36 – 43.

[6] 周瑜胜，宋光辉. 集中式股权结构、公司控制权配置与并购绩效——基于中国上市公司 2004 ~ 2012 年股权收购的证据 [J]. 山西财经大学学报，2014（8）.

[7] 刘大志. 股权结构对并购绩效的影响——基于中国上市公司实证分析 [J]. 财务与金融，2010（3）：17 – 23.

[8] 潘颖，聂建平，庞震. 公司治理内部机制与并购绩效关系研究的文献综述 [J]. 生产力研究，2012（12）：247 – 249.

[9] 胡朝晖. 并购中的董事会特征与股东财富研究综述 [J]. 经济问题探索，2012（11）：141 – 146.

[10] Chemmanur T. J. , Paeglis I. , Simonyan K. . Management Quality, Financial and Investment Policies, and Asymmetric Information [J]. Journal of Financial & Quantitative Analysis, 2009, 44（5）：1045 – 1079.

[11] Chemmanur Thomas J. , Paeglis Imants, Simonyan Karen. Management Quality and Equity Issue Characteristics：A Comparison of SEOs and IPOs [J]. Financial Management, 2010, 39（4）：1601 – 1642.

[12] Chemmanur T. J. , Paeglis I. . Management Quality, Certification, and Initial Public Offerings [J]. Journal of Financial Economics, 2005：331 – 368.

中国海外上市公司的私有化

——基于盛大互动与阿里巴巴的案例研究[①]

祝继高　隋　津　汤谷良[*]

根据清科研究中心发布的中国企业上市年度研究报告统计：2008～2012 年，每年超过 200 家中国企业选择到海外市场上市，平均每家上市企业融资 2.44 亿美元。2010 年中国企业海外上市达到高峰，上市企业 423 家，较 2009 年增加 179 家，增幅为 73.4%，融资额达到 1108.26 亿美元，较 2009 年增长了 83.6%。当众多中国企业竞相申请股票首次公开发行（Initial Public Offerings，IPO）时，部分企业却反其道行之，选择从证券市场退市。据周煊和申星（2012）统计，2010 年 10 月至 2012 年 6 月从美国纽约证券交易所、美国证券交易所、纳斯达克交易所三大市场主动或被动退市的中国概念股公司达到 41 家（其中，转向粉单市场 27 家；退市 13 家；转向 OTCBB[②]市场 1 家）。通常认为上市公司相比非上市公司有许多优点，例如，更容易获得资金、提高股票的流动性、提高企业知名度以及创始人和高管的个人声誉等（Renneboog、Simons，2005）。既然企业上市有诸多优点，为什么我们会发现这么多上市公司却选择了私有化呢？

本文基于盛大互动娱乐有限公司和阿里巴巴网络有限公司这两家分别从美国和中国香港资本市场主动退市的典型案例，研究了上市公司私有化的影响因素。本文通过研究发现，盛大互动和阿里巴巴的私有化作为企业的一项资本战略，是私有化成本与收益综合权衡的结果，符合成本收益原则，同时企业私有化也是企业整体战略的一部分，符合资本战略服从于企业整体战略的要求。本文的结论表

---

①　本文的主体内容发表在《中国工业经济》2014 年第 1 期上（祝继高，隋津，汤谷良. 上市公司为什么要退市？[J]. 中国工业经济，2014（1）：127-139.）。

*　祝继高：对外经济贸易大学国际商学院。隋津：中国人民银行济南分行。汤谷良：对外经济贸易大学国际商学院。

②　美国场外柜台交易系统（Over the Counter Bulletin Board，OTCBB），是美国多层次成熟证券市场的一部分。

明，私有化作为企业发展过程中的一个重要决定，并不是孤立存在的，企业战略、企业再上市的动机以及制度环境的变化都是影响企业私有化的重要因素。

一、公司的背景资料与问题提出

上市公司私有化（Going‑private）是指上市公司被收购，进而终止上市的交易（Renneboog、Simons，2005）。① 现有的私有化理论主要从税收、代理成本、交易成本、抵御收购、股票价值低估和财富转移等角度探讨企业私有化的动机，这些研究认为，企业私有化是成本和收益的权衡。当企业私有化的收益超过其成本时，企业就会选择私有化（Renneboog、Simons，2005；Renneboog 等，2007；Bharath、Dittmar，2010）。但是，已有研究主要关注企业私有化的一种或者几种动机，忽视了企业私有化各种动因之间的关联性，也缺乏统一的研究分析框架。而且，已有研究较少关注企业再上市，也未将企业再上市与企业私有化联系起来。事实上，企业退市以后并不会一直保持私有化状态（Kaplan，1991）。除此之外，目前关于企业私有化的研究主要是基于美国和欧洲国家的研究（Renneboog、Simons，2005），缺乏对于转型经济国家企业私有化的深入探讨。相比美国和欧洲的金融体系和企业，转型经济国家的金融体系发展不完善，企业融资相对困难（Allen 等，2005），私有化意味着企业失去了重要的股权融资来源。转型经济国家企业面临的制度环境与发达国家存在很大的差异（Shleifer、Vishny，1997；祝继高、王春飞，2012），制度环境的差异也可能导致企业私有化影响因素的不同。因此，基于美国和欧洲企业获得的研究结论可能并不能很好地解释中国企业的私有化行为。

盛大互动娱乐有限公司（NASDAQ：SNDA）（以下简称盛大互动）与阿里巴巴网络有限公司（HK：01688）（以下简称阿里巴巴）的私有化为我们提供了很好的研究案例来分析中国海外上市公司的私有化。盛大互动于 2004 年 5 月 13 日在美国纳斯达克股票交易所挂牌交易。2011 年 10 月 17 日，陈天桥向盛大互动董事会提交了一份初步的非约束性建议函，宣告了盛大互动私有化过程的正式开始，2012 年 2 月 14 日，盛大互动完成私有化并购，并于 2012 年 2 月 15 日停止在纳斯达克的交易。阿里巴巴于 2007 年 11 月 6 日在香港联合交易所有限公司主板上市。2012 年 2 月 21 日，阿里巴巴集团作为要约人向阿里巴巴董事会提出私

---

① 本文所指的私有化（Going‑private）是指上市公司的主动退市，是相对企业上市行为而言的，而不是国有企业中国有股份出售或转让的私有化（Privatization）。

有化要约，2012 年 5 月 25 日，股东大会上投票通过了私有化计划。阿里巴巴于 2012 年 6 月 20 日正式从香港交易所退市。

基于对理论文献的分析，本文从企业战略、企业再上市动机和制度环境三个维度来分析盛大互动和阿里巴巴的私有化决策。在案例研究基础上，本文进一步提炼转型经济国家企业私有化的动机，以期完善企业私有化的理论研究框架。

二、具体案例的描述

1. 盛大互动案例介绍

（1）盛大网络创立。1999 年 12 月，陈天桥与其弟陈大年成立上海盛大网络发展有限公司（以下简称盛大网络），发展运营网络虚拟社区游戏。2001 年 11 月，盛大网络涉足网络游戏，并迅速成为中国网络游戏业的"领头羊"。盛大网络拥有在中国地区经营在线游戏的许可和牌照，它是由陈天桥和陈大年控制的中国公司。

（2）盛大互动上市。2003 年 11 月，盛大互动在开曼群岛注册成立，它是拟在美国上市的主体。由于现行的法律法规对于外资企业在中国大陆经营互联网业务存在一定的限制[1]，在海外上市的公司很难获得互联网经营业务的许可。为了规避法律限制，可变动利益实体（Variable Interest Entities，VIE）[2] 结构被应用到盛大互动的组织结构中。如图 1 所示，盛大互动对盛大网络没有持股，但是盛大互动通过 VIE 结构实质性地控制了盛大网络——在中国大陆实际运营的公司。

2004 年 5 月，盛大互动在美国纳斯达克股票交易市场正式挂牌交易。目前盛大互动通过盛大游戏有限公司（NASDAQ：GAME）（以下简称盛大游戏）、盛大文学有限公司（以下简称盛大文学）、盛大在线有限公司（以下简称盛大在线）等业务主体，向用户提供多元化的互动娱乐内容和服务。

（3）盛大游戏赴美上市。盛大网络于 2001 年创办了网络游戏业务，一直通过多家子公司和 VIE 结构运营该业务。2008 年 6 月，网络游戏业务重组，盛大游戏在开曼群岛注册成立，负责运营与网络游戏相关的业务。盛大互动是盛大游戏的控股股东。2009 年 9 月 25 日，盛大游戏在美国纳斯达克股票市场上市。

---

① 《互联网信息服务管理办法》（2000 年 9 月 25 日中华人民共和国国务院令第 292 号）规定："经营性互联网信息服务提供者申请在境内境外上市或者同外商合资、合作，应当事先经国务院信息产业主管部门审查同意；其中，外商投资的比例应当符合有关法律、行政法规的规定。"

② 可变动利益实体是指企业所拥有的实际或潜在的经济来源，但是企业本身对此利益实体并无完全的控制权。

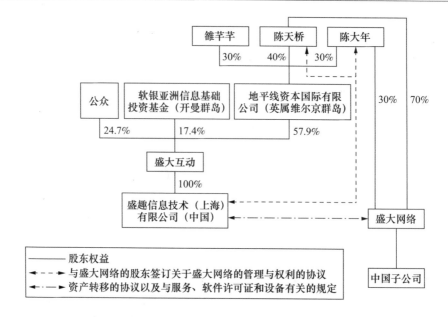

图1 盛大互动股权结构

资料来源: 盛大互动的 IPO 招股说明书, 经笔者整理。

（4）盛大互动私有化。2011 年 10 月 15 日盛大互动收到陈天桥提交的一份初步的非约束性建议函。在该建议函中, 陈天桥提出以每股 ADS（American Depository Share）41.35 美元或每股普通股 20.675 美元的现金价格收购盛大互动已发行的股票中非由陈天桥、雒芊芊（陈天桥之妻）以及陈大年直接或间接控制的所有股份。2011 年 11 月 22 日, 盛大互动与 Premium Lead Company Limited 和 New Era Investment Holding Ltd. 达成合并协议。2012 年 2 月 14 日, 盛大互动召开了特别股东大会, 投票通过了合并协议。同日, 盛大互动宣布, 公司完成了合并协议。2012 年 2 月 15 日, 盛大互动暂停其美国存托股份在纳斯达克全球精选市场的交易, 从而实现了盛大互动的退市。①

（5）盛大文学拟上市。盛大文学成立于 2008 年 7 月, 是盛大集团旗下文学业务板块的运营和管理实体。盛大互动是盛大文学的控股股东。2011 年 5 月 24 日, 盛大文学的海外控股公司正式向美国证券交易委员会（SEC）递交招股说明书。此时, 虽然盛大文学营业收入增长迅速, 但是一直面临亏损的困扰。2011

---

① 根据 1934 年美国《证券交易法》第 13e-3 条的规定: 当一家公众公司登记的权益证券持有人不足 300 人（或资产少于 1000 万美元时, 权益证券持有人不足 500 人）, 或者从全国性证券交易所或全国证券协会中间交易商报价系统（例如纳斯达克）下市或不再报价, 美国证券交易委员会将会认为这一家公司实现了退市。

年 7 月 21 日盛大文学宣布，由于美国股票市场不乐观，延期进行路演及上市。2012 年 5 月 8 日，盛大文学再次向 SEC 递交了相关文件，其 2012 年第一季度季报显示盛大文学首次实现扭亏为盈，这将有利于盛大文学的重启上市。

2. 阿里巴巴案例介绍

（1）阿里巴巴集团创立。1999 年，马云与另外 18 名创办人创立了阿里巴巴集团。阿里巴巴集团最初主要通过网上交易市场"阿里巴巴在线"提供商用电子公告服务，发布买卖商机信息。目前，阿里巴巴集团的主要业务包括消费者电子商务、网上支付、B2B 网上交易市场及云计算等，其目标是促进一个开放、协同、繁荣的电子商务生态系统。

（2）阿里巴巴上市。2006 年 9 月 26 日，阿里巴巴在开曼群岛注册成立，它是拟在香港联交所上市的主体。与盛大互动一样，由于法律法规对于外资企业在中国大陆经营互联网业务存在限制，阿里巴巴通过 VIE 结构控制杭州阿里巴巴广告有限公司——在中国大陆实际运营的公司（见图 2）。杭州阿里巴巴广告有限公司持有经营中国交易市场所必要的执照及许可证①，由马云及谢世煌（阿里巴巴集团创办人之一兼董事）分别拥有 80% 及 20% 的权益。

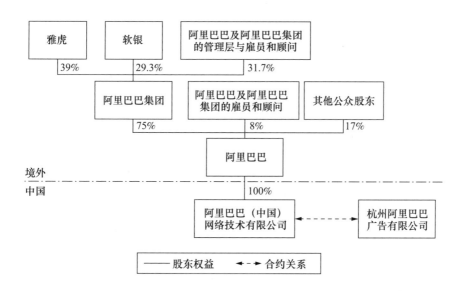

图 2　阿里巴巴股权结构

资料来源：阿里巴巴的 IPO 招股说明书，经笔者整理。

---

① 重组前，由浙江阿里巴巴电子商务有限公司持有经营互联网信息服务与有关 B2B 业务的其他服务所必要的执照及许可证。

经过一系列公司架构重组后，2007 年 11 月 6 日，阿里巴巴在香港联交所上市。2008 年 3 月，阿里巴巴成为恒生综合指数及恒生流通指数成份股。

（3）阿里巴巴集团的控制权之争。2005～2012 年，阿里巴巴集团的主要三大股东有雅虎、软银[①]和阿里巴巴集团管理层。由于以马云为首的管理层与雅虎之间的矛盾日趋激烈，阿里巴巴集团八年间先后发生了雅虎收购阿里巴巴集团股权、支付宝股权转让[②]、阿里巴巴集团回购股权等重大事件，其实质是股东与管理层对阿里巴巴集团控制权的争夺。2012 年 9 月 18 日，阿里巴巴集团和雅虎完成股份回购计划，马云等管理层最终获得阿里巴巴集团的控制权。

（4）阿里巴巴私有化。2012 年 2 月 21 日，阿里巴巴集团向阿里巴巴董事会提出退市要约。要约建议向少数股东支付每股 13.5 港元现金的注销价，要约人及其一致行动人共同持有阿里巴巴 73.45% 的股份[③]。2012 年 5 月 25 日，阿里巴巴召开股东大会，股东投票通过了退市计划。2012 年 6 月 15 日（开曼群岛时间），开曼群岛大法院批准退市计划，阿里巴巴成为阿里巴巴集团全资拥有之私营附属公司。2012 年 6 月 20 日，阿里巴巴正式从香港交易所退市。

（5）阿里巴巴集团整体上市。通过回购雅虎持有阿里巴巴集团的 20% 股权以及将阿里巴巴退市，马云等管理层重新获得阿里巴巴集团的控制权，并为阿里巴巴集团整体上市扫清了障碍。2014 年 9 月 16 日，阿里巴巴集团赴美上市，发行价每股 68 美元，成为全球范围内规模最大的 IPO 之一。

三、问题分析与理论解释

1. 企业战略与企业私有化

Zingales（1995）指出，企业私有化要从企业整体出发，要服从于企业的长远战略。现有关于企业私有化的研究发现，企业的私有化决策能显著影响企业未来价值，体现出了私有化的战略性特点（Kaplan，1989；Smith，1990）。

（1）企业私有化决策作为企业的一项资本战略，应符合企业私有化综合收

---

① 软银集团于 1981 年由孙正义在日本创立并于 1994 年在日本上市，是一家综合性的风险投资公司，主要致力于 IT 产业的投资，包括网络和电信。

② 2011 年 5 月 12 日，在未得到主要股东雅虎和软银同意的情况下，马云以 VIE 结构违规致使支付宝无法获得中国人民银行颁发的支付牌照为由，单方面终止了支付宝与阿里巴巴集团之间的协议控制关系，将支付宝所有权全部转给了马云控股的浙江阿里巴巴电子商务有限公司。

③ 该股权比例是根据阿里巴巴发布的退市要约中公布，于最后实际可行日期及在紧随建议完成后，阿里巴巴公司的股权结构及计划股份。

益大于私有化成本的原则。从私有化的直接收益考虑，企业私有化可以直接减少企业的上市维护成本。我们分别统计了盛大互动与阿里巴巴自上市以来每年支付的审计费用。由表1可知，盛大互动的审计费用从2005年的约500万元提高到2010年的约2400万元，五年间增长了380%，并且盛大互动与盛大游戏、酷6媒体有限公司（NASDAQ：KUTV）多家子公司并存于资本市场，大大增加了监管成本。阿里巴巴的审计费用从上市当年（2007年）的约500万元增加到2011年的约1400万元，四年间增长了180%。我们认为，避免高额的上市和维护费用是盛大互动和阿里巴巴选择私有化的动机之一。

表1　盛大互动与阿里巴巴的审计费用　　　　　　　　单位：百万元

公司＼年份	2003	2004	2005	2006	2007	2008	2009	2010	2011
盛大互动	2.7561	9.3276	5.0842	8.4300	12.5000	13.0200	26.2900	24.1170	
盛大游戏							11.5400	8.4860	
酷6							2.3800	6.7760	
阿里巴巴					5.0040	5.0640	7.4910	7.8000	13.8980

资料来源：笔者根据盛大互动、阿里巴巴年报整理。

　　自2010年开始针对中国概念股的做空风潮愈演愈烈，从借壳上市的小公司到多年来的明星企业分别遭到不同程度的财务质疑。盛大互动作为中国概念股的典型企业，虽然没有公开资料显示其被做空，但盛大互动时刻面临被做空的威胁，并且其市盈率（PE）指标一直较低。2009年和2010年，美国纳斯达克信息技术行业上市公司[①] PE的均值分别为66.59和222.11（中值分别为27.46和27.11）。相比在美国纳斯达克上市的同行业上市公司，盛大互动的PE也都处于相对较低的水平，这说明盛大互动的股价被低估。在中国香港资本市场上市的阿里巴巴，PE也是呈下降趋势。2009～2011年，A股信息技术业平均PE分别为152.56、135.52、81.51。相比A股的同行业公司，盛大互动和阿里巴巴的股价明显被低估。而且，2008年金融危机以后，资本市场所能提供的再融资机会有限，因此盛大互动和阿里巴巴的私有化对其自身是有利的。盛大互动和阿里巴巴的PE数据如表2所示。

①　SIC等于7370、7371、7372、7373、7374、7377。

表 2　盛大互动和阿里巴巴的 PE 数据

年份 公司	2007	2008	2009	2010	2011
盛大互动	12.4403	12.6406	15.1178	25.7403	
阿里巴巴	134.3949	21.2417	77.1739	41.9162	19.6341

资料来源：根据公司年报数据整理。

　　对于盛大互动与阿里巴巴的私有化，股票市场投资者反应积极，企业价值得到进一步提升。我们依据现有文献中的通行做法，采用事件研究法来分析盛大互动和阿里巴巴私有化过程中几个关键时点的股票市场反应。我们采用事件日前一天至事件日后一天（［-1，1］）、事件日前三天至事件日后三天（［-3，3］）两个事件窗口来分析私有化信息对上市公司股价的影响。由表 3 可知，无论是盛大互动退市方案的初步提议（2011 年 10 月 17 日 ［-1，1］ 窗口的超额回报为16.9079%），还是盛大退市方案的正式确定（2011 年 11 月 22 日 ［-1，1］ 窗口的超额回报为 4.7333%），股票市场都给予了积极的反应。阿里巴巴退市提议提出时（2012 年 2 月 21 日 ［-1，1］ 和 ［-3，3］ 事件窗口的超额回报都超过40%），股票市场的反应更为强烈，这说明无论是盛大互动还是阿里巴巴，其私有化对现有股东价值的提高是有积极意义的，符合企业私有化的综合收益大于私有化成本的原则。

表 3　盛大互动和阿里巴巴私有化的事件研究　　　　　单位:%

公司	事件日	［-1，1］	［-3，3］
盛大互动	2011 年 10 月 17 日 （陈天桥提交退市的非约束性建议函）	16.9079	19.8424
	2011 年 11 月 22 日 （合并协议计划达成）	4.7333	4.2174
阿里巴巴	2012 年 2 月 21 日 （阿里巴巴集团提出退市要约）	42.3379	51.9256
	2012 年 5 月 25 日 （股东大会投票通过了退市计划）	-0.5720	1.8327

　　注：①超额回报＝个股回报－市场回报。由于盛大互动和阿里巴巴分别在纳斯达克和香港上市，市场回报选取的分别是美国纳斯达克指数及香港恒生指数的市场回报。②如果采用市场调整模型来计算个股的超额回报，研究结论保持不变。其中，Beta 值的估算期间为事件日前 120 天到前 11 天 ［-120，-11］。

　　资料来源：笔者整理。

（2）企业私有化作为一项资本战略，要服从于企业的产业战略，为企业未来经营发展布局。因此，我们有必要从企业战略的角度重新审视企业的私有化决策，关注产业战略和资本战略的调整对于企业私有化的影响。盛大互动自2004年上市后一直处于扩张期，积极在不同领域拓展新业务。企业新扩张的业务领域通常需要母公司持续的资本投入，并且需要承受新业务长期亏损带来的资本市场压力。盛大互动为了更好地实现其作为控股公司的职能，促进盛大集团的整体发展，最终选择退市。阿里巴巴早年的业务模式着重于吸引制造商、贸易公司及批发商通过其网上交易市场销售产品，从而迅速提升付费会员数，2011年阿里巴巴实施了重大的调整，将业务重点从增加会员数转移到提升买家在阿里巴巴网上交易平台上的使用体验，这令付费会员数的增长速度有所减缓。马云指出："此次业务升级涉及面广，系统复杂，规模巨大，对阿里巴巴未来几年的收益肯定会产生较大影响，从而可能影响到股东利益。但阿里巴巴业务迫切需要进行全面的调整、升级和变革，才能满足我们的客户和适应未来的发展，正是以上的思考，促使我们下决心把阿里巴巴私有化。"

通过对盛大互动与阿里巴巴私有化决策的分析，我们发现，企业私有化作为一项资本战略符合成本收益原则，同时私有化服从于企业整体战略，有助于企业价值的提升，其实质上是企业的资本战略服从于企业的经营战略，为企业未来产业发展布局。

2. 企业再上市动机与企业私有化

Kaplan（1991）首次提出企业私有化以后可能会再次上市。他以1979～1986年183家通过杠杆收购（Leveraged Buyouts）实现退市的企业为样本发现，到1990年8月，62%的样本企业依然为退市状态，14%的样本企业再次成为上市公司，24%的样本企业被其他上市公司收购。Renneboog和Simons（2005）总结了企业私有化之后的再上市，他们发现，平均而言，企业退市3～7年后再上市的概率会增加。因此，我们有必要从企业未来资本运作的整合分析视角对企业的再上市动机与目前的私有化决策做进一步的分析。

（1）企业私有化可以增强大股东控制，为企业再上市奠定股权基础。盛大互动和阿里巴巴一直在努力理顺股权结构，增强大股东控制，为企业私有化和未来再上市做准备。我们根据盛大互动和阿里巴巴的年报整理了两个公司控股股东的持股比率（见表4），陈天桥家族对于盛大互动的持股比例自2007年不断提高，根据2011年11月合并协议，陈天桥家族共同受益拥有盛大互动发行在外的股份约69.7%。而在阿里巴巴案例中，阿里巴巴集团持有阿里巴巴的股份一直占总股本的70%以上。相比网易、携程等未退市的同行业公司，盛大互动和阿里巴巴控股股东的持股比率是非常高的。盛大互动与阿里巴巴私有化的完成有助于企业大股东更有效地监督管理层，有效降低代理成本，更为重要的是，使得企业大股东进一步理顺了企业的股权结构，为企业未来再上市奠定了良好的股权基础。

表4　盛大互动、阿里巴巴及主要可比公司第一大股东的持股比例　　单位：%

年份\n公司	2004	2005	2006	2007	2008	2009	2010	2011
盛大互动（SNDA）	60.5000	58.5000	58.1000	43.0000	46.8000	49.7000	55.3000	
阿里巴巴（01688）				80.7400	74.1600	73.6000	73.2800	73.1200
网易（NTES）		45.9000	47.2000	46.3000	43.8000	44.9000	44.6000	44.5000
携程（CTRP）		20.6000	20.3000	14.9000	12.6000	12.4000	10.7000	20.3000
完美世界（PWRD）				28.3000	25.1000	22.6000	22.9000	17.6000
新浪（SINA）				9.4100	9.5300	9.2000	8.5200	9.6500

资料来源：笔者根据各公司年报整理。

（2）企业大股东积极策划企业再上市。作为政协委员，陈天桥分别在2008年和2011年"两会"上提交了名为《鼓励境外上市红筹企业回归A股市场　完善自主创新投融资环境》和《加速推进国际板上市　助力红筹"孤儿股"归国效力》的提案，不难看出，陈天桥有意让盛大互动回归A股，实现其价值的二次发现。2014年9月16日，阿里巴巴集团赴美上市，发行价每股68美元，成为全球范围内规模最大的IPO之一。在盛大互动和阿里巴巴的案例中，盛大互动私有化的一个重要动机就是为回归A股做准备，实现企业价值的二次发现，而阿里巴巴集团也在积极推动企业的整体上市。这充分说明，企业再上市动机与企业私有化的决策是紧密联系的。盛大互动退市以后，陈天桥一直在推动盛大互动的子公司——盛大文学在美国上市，即盛大互动部分业务的再上市。而支付宝涉及资金的流通，对于阿里巴巴集团来说是非常重要的，也会谋求独立上市。这也体现出陈天桥及阿里巴巴集团管理层通过企业再上市这种资本运作手段实现对集团战略的调整。基于上述分析，我们得出，企业再上市是影响企业私有化的重要因素。

　　3. 制度环境与企业私有化

　　制度环境会影响企业的决策，例如，企业融资和长期业绩（Faccio，2006；Leuz、Oberholzer-Gee，2006；戴璐、汤谷良，2007）、财务会计报告（Ball等，2000；Bushman等，2004）、审计行为（Wang等，2008）和寻租活动等（李雪灵等，2012）。但是，现有的文献很少探讨企业面临的制度环境对于企业私有化的影响。发达国家资本市场功能完善，融资功能强，企业上市和退市的门槛较低，企业私有化现象较为普遍。相反，转型经济国家资本市场起步较晚，证券市场的准入门槛较高，上市公司的壳资源具有重要的价值，上市公司私有化的现象较少。这表明，资本市场环境是影响企业私有化的重要因素。发达资本市场国家和转型经济国家企业制度环境的动态调整将会对企业的私有化决策产生重要影响。

相比上市之初，盛大互动和阿里巴巴在上市后期面临股票估值水平低、美国及中国香港证券市场更严格的监管以及中国概念股被做空的风险。美国资本市场环境的变化使得盛大互动维持其在美国上市地位的成本已经远远超过其收益。正如陈天桥所言，"盛大退市这个想法几年前就有。国外上市让盛大得到了很多，如知名度、资金，但也让盛大失去了很多，如纯粹、坚定。公司上市后，股东给了很大压力，这样的盛大让我觉得越来越偏离我的初衷，我希望再次回到专注游戏、敢于创新的'小时候'的盛大"（袁元，2012）。马云同样表示资本市场给予上市公司过多压力，"将阿里巴巴私有化，可让我们免于承受拥有上市子公司所需面临的压力，能够制定对客户最有利的长远规划"（陆春、张云山，2012）。同时，中国资本市场的发展也为盛大互动和阿里巴巴集团未来的再上市提供了一定的前提和基础，从而更加坚定了陈天桥和马云的决心与勇气。

盛大互动和阿里巴巴一直通过 VIE 结构来实现其对中国大陆业务的控制，但是从现有监管部门对于 VIE 结构的监管以及企业案例来看，VIE 的潜在风险不容忽视。盛大互动在 2010 年年报中提到"涉及互联网监管与股权结构的风险"，并披露其 VIE 结构存在风险。[①] 尤其在支付宝事件中，由 VIE 引发的公司治理风险更加显现。马云对于支付宝事件的解释是，因为中国人民银行不允许境外投资人通过持股、协议控制牌照支付企业的规定，因此，阿里巴巴集团必须解除对支付宝的 VIE 结构来确保支付宝获得中国人民银行首批第三方支付牌照。Zhang（2009）的理论也证实 VIE 结构会提高企业的信息风险。而盛大互动和阿里巴巴退市在一定程度上有利于消除 VIE 结构带来的风险。基于上述分析，我们得出，企业面临的制度环境变化是影响企业私有化和再上市决策的重要因素。

4. 企业私有化理论分析模型的构建

前文分析了盛大互动与阿里巴巴私有化的影响因素。虽然盛大互动在美国纳斯达克上市，阿里巴巴在香港联交所上市，但是两个公司在注册地点、VIE 结构、上市公司在集团中的地位、退市时回购股份的资金来源等方面存在诸多共同之处。通过案例分析和理论探讨，我们发现，企业战略、企业再上市动机和制度

---

① 盛大互动 2010 年年报第 41 页中披露：盛大互动几乎所有的收入都是通过经营中国公司获得，对于中国公司的控制基于 VIE 协议，通过合同安排使得盛大互动能够控制中国公司。但是中国公司股东与盛大互动之间可能存在潜在利益冲突，导致前者违反或者修订合同而损害公司的利益。

环境是驱动盛大互动和阿里巴巴私有化的共同因素，这些分析也为本文研究的外在效度提供了强有力的支持。

综合以上分析，并借鉴 Renneboog 和 Simons（2005）的企业私有化理论分析框架，我们提出了转型经济国家企业私有化的理论分析模型（见图3），具体而言：①企业战略是影响上市公司私有化决策的关键因素，上市公司私有化是企业资本战略服从于产业战略的必然结果。现有的关于企业私有化文献检验了大量企业私有化的影响因素，但忽略了企业私有化行为应服从于企业的整体战略。Zingales（1995）认为，企业的私有化决策符合企业长期战略的行为，是各种影响因素综合驱动的，具有整合性特点。本文提出的私有化理论分析模型考虑了上述因素，强调了企业战略对于企业私有化决策的决定性影响。②非上市公司的再上市决策也服从于企业整体战略，未来的再上市决策与企业当前的私有化决策是紧密相关的。Renneboog 和 Simons（2005）指出，企业上市、私有化与再上市是一个动态演进的过程。本文分析了企业再上市动机对私有化的影响，弥补了现有文献将企业私有化和再上市割裂分析的不足。本文提出的私有化理论分析模型从再上市的角度理解私有化，有助于更好地分析企业私有化的收益与风险。③在上市公司私有化和非上市公司再上市的过程中，转型经济国家制度环境的变化会显著影响企业的战略选择，进而影响企业的私有化和再上市决策。本文提出的退市理论分析模型将企业的制度环境与私有化联系起来，凸显了制度环境变化对于企业私有化决策的影响，而制度环境的不确定性恰恰是转型经济国家企业所面临的重要问题。转型经济国家企业的财务决策行为需要考虑制度环境的变化，抓住制度环境变革给企业发展带来的机遇，尽量降低制度环境不确定性给企业上市和私有化决策带来的不利影响。

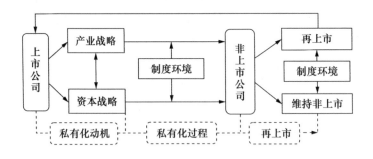

图3　企业私有化的理论分析模型

资料来源：笔者整理。

四、案例的启示

本文通过对盛大互动和阿里巴巴的案例研究，分析了上市公司私有化的影响因素。我们发现，盛大互动和阿里巴巴的私有化是企业战略调整、再上市动机和制度环境的变化综合影响的结果，是私有化收益与成本综合权衡的必然选择。盛大互动和阿里巴巴的私有化和再上市计划是企业整体战略的一部分，符合资本战略服从产业战略的要求。本文的研究结论表明，企业战略是影响上市公司私有化决策的关键因素，上市公司私有化是企业资本战略服从于产业战略的必然结果；企业未来的再上市决策与当前的私有化决策紧密相关，非上市公司的再上市决策也服从于企业整体战略；转型经济国家制度环境的变化会显著影响企业的战略选择，进而影响上市公司私有化和非上市公司再上市的决策，凸显了制度环境对于企业决策的重要影响。盛大互动和阿里巴巴的退市是中国海外上市公司私有化的典型代表，本文的研究结论具有一定的理论借鉴意义和现实启示。

1. 本文的研究结论为上市公司的私有化决策和非上市公司的上市决策提供了理论借鉴

（1）对于已经上市的公司而言，应立足于企业整体战略和长远发展，理性对待上市公司的私有化行为。盛大互动和阿里巴巴作为在美国和中国香港上市的中国概念股公司典型，其私有化行为对于中国概念股公司具有一定的示范效应，但是企业必须权衡目前私有化的收益与成本，而不是盲目跟从。企业应结合公司自身的战略发展阶段、资本市场情况以及公司股价估值情况审慎做出是私有化还是继续维持上市地位的决策。

（2）对于非上市公司而言，应对上市持谨慎态度，结合企业面临的制度环境，综合权衡上市的成本与收益。事实上，企业上市存在巨大的直接和间接成本，并且要接受市场和公众的监督，企业决策需要经过严格的决策审批程序和充分的信息披露等流程，这些在一定程度上束缚了企业对其产业战略的调整，限制了企业未来的长远发展。因此，未来计划上市的企业一定要从企业的战略高度出发，不能因片面追求上市而影响企业的长期战略规划，同时应结合不同国家制度环境和资本市场的差异，根据自身的发展战略，选择合适的上市时间和上市地点。

2. 本文的研究结论为政府监管部门的决策提供了有益的参考

（1）加快推进国际板建设，吸引海外优质公司回归 A 股市场。在海外上市的中国概念股公司大多是成长性良好的高科技企业，这些企业选择在海外上市的很大一部分原因是由制度环境造成的。政府监管部门应该利用中国概念股公司被做空和大量上市公司选择从海外资本市场退市的有利时机，加快推进国际板建设，吸引高成长企业回归中国资本市场。这些海外优质企业回归中国资本市场有利于增强中国股票市场供给，让中国投资者分享更多优质企业的成长收益。

（2）建立强制退市和主动退市相结合的退市制度。相对于大量海外中国概念股公司主动选择从资本市场退市而言，中国 A 股上市公司主动退市现象很少。监管部门可参考美国退市交易中的公平交易和公平价格原则，制定 A 股主板、中小板和创业板上市公司主动退市的原则和程序，既要保证退市主体能够高效地完成退市交易，又要保证中小投资者的利益在退市交易中不遭受损失。

（3）政府监管部门应健全多层次资本市场体系，加强和完善场外市场、创业板市场和主板市场的建设，设置不同层次市场的转板通道，让符合条件的企业能够选择合适的市场上市和交易，为退市公司继续发展提供空间。目前，中国 A 股市场缺乏针对退市企业再上市的法律法规，监管部门应结合退市制度建设，借鉴美国纳斯达克市场等成熟资本市场的监管经验，确立退市企业再上市的标准和程序，使得企业上市和私有化真正成为企业的一项资本战略。

参考文献

［1］Renneboog L. , T. Simons. Public – to – Private Transactions：LBOs，MBOs，MBIs and IBOs ［R］. Working Paper, 2005.

［2］Renneboog L. , T. Simons, M. Wright. Why Do Public Firms Go Private in the U. K. ? The Impact of Private Equity Investors, Incentive Realignment and Undervaluation ［J］. Journal of Corporate Finance, 2007（13）.

［3］Bharath S. T. , A. K. Dittmar. Why Do Firms Use Private Equity to Opt Out of Public Markets ［J］. Review of Financial Studies, 2010（23）.

［4］Kaplan S. N. . The Staying Power of Leveraged Buyouts ［J］. Journal of Financial Economics, 1991（29）.

［5］Allen F. , J. Qian, M. Qian. Law, Finance, and Economic Growth in China ［J］. Journal of Financial Economics, 2005（77）.

［6］Shleifer A. , R. W. Vishny. A Survey of Corporate Governance ［J］. Journal of Finance, 1997（52）.

［7］Zingales S. . Insider Ownership and the Decision to Go Public ［J］. Review of Economic Studies, 1995（62）.

［8］Kaplan S. N. . The Effect of Management Buyouts on Operating Performance and Value ［J］. Journal of Financial Economics, 1989（24）.

［9］Smith A. . Corporate Ownership Structure and Performance：The Case of Management Buyouts [J]. Journal of Financial Economics, 1990 (27).

[10] Faccio M.. Politically Connected Firms [J]. The American Economic Review, 2006 (96).

[11] Leuz C., F. Oberholzer – Gee. Political Relationships, Global Financing and Corporate Transparency: Evidence from Indonesia [J]. Journal of Financial Economics, 2006 (81).

[12] Ball R., S. P. Kothari, A. Robin. The Effect of Institutional Factors on Properties of Accounting Earnings: International Evidence [J]. Journal of Accounting and Economics, 2000 (29).

[13] Bushman R., J. Piotroski, A. Smith. What Determines Corporate Transparency? [J]. Journal of Accounting Research, 2004 (42).

[14] Wang Q., T. J. Wong, L. Xia. State Ownership, the Institutional Environment, and Auditor Choice: Evidence from China [J]. Journal of Accounting and Economics, 2008 (46).

[15] Zhang J. L.. Economic Consequences of Recognizing Off – balance Sheet Activities [R]. University of Washington, 2009 (61).

[16] 周煊,申星. 中国企业海外退市思考：进退之间的徘徊 [J]. 国际经济评论, 2012 (4).

[17] 祝继高,王春飞. 大股东能有效控制管理层吗? [J]. 管理世界, 2012 (4).

[18] 陆春,张云山. 阿里昨晚宣布 B2B 私有化——私有化的三大猜想 [EB/OL]. http://finance. people. com. cn/GB/70846/17190087. html.

[19] 戴璐,汤谷良. 长期"双高"现象之谜：债务融资、制度环境与大股东特征的影响 [J]. 管理世界, 2007 (8).

[20] 李雪灵,张惺,刘钊,陈丹. 制度环境与寻租活动：源于世界银行数据的实证研究 [J]. 中国工业经济, 2012 (11).

[21] 袁元. 盛大退市凸显赴美上市围城效应 [EB/OL]. http://world. people. com. cn/GB/157278/17181041. html.

中信集团中国香港整体上市
案例研究报告

韩慧博　汤谷良[*]

作为改革开放之后最早"走出去"的中国企业，中国中信集团公司（以下简称中信集团）在国际化经营尤其是跨国资本运营方面积累了丰富的经验。2014 年 9 月，中信集团在中国香港联交所成功实现整体上市，标志着中信集团的国际化经营再次取得了重要的成果。在中国企业逐步"走出去"的今天，研究大型企业集团的跨国资本运营经验具有理论与实践意义。作为一家多元化和国际化的现代企业集团，中信集团在跨国资本运作方面具有重要的研究与应用价值。

一、公司的背景资料与问题提出

1. 背景综述

中信集团是 1979 年在邓小平的倡导和支持下，由荣毅仁创办的。成立以来，中信集团充分发挥了经济改革试点和对外开放窗口的重要作用，在诸多领域进行了卓有成效的探索与创新，成功开辟出一条通过吸收和运用外资，引进先进技术、设备和管理经验为中国改革开放和现代化建设服务的创新发展之路，在国内外树立了良好的信誉与形象，取得了显著的经营业绩。中信集团的诞生成长几乎与中国 30 多年的改革开放同步，中信集团曾是中国改革开放、招商引资的重要窗口之一。

经过 30 余年的快速发展，中信集团已经成为中国最大的国际化综合性企业集团。中信集团在《财富》杂志评选的 2011 年度、2012 年度和 2013 年度"世

---

[*] 韩慧博：对外经济贸易大学国际商学院。汤谷良：对外经济贸易大学国际商学院。

界 500 强公司"中排名分别为第 221 位、第 194 位及第 192 位,并在所有上榜的中国企业中分别排名第 21 位、第 20 位和第 20 位。

2. 业务内容

中信集团所从事的业务覆盖诸多领域,包括金融业、房地产及基础设施业、工程承包业、资源能源业、制造业及其他行业等,并在诸多主要业务领域均处于领先地位(见表 1)。

表 1   中信集团各业务板块的主要经营主体

业务种类	金融业	房地产及基础设施业	工程承包业	资源能源业	制造业	其他行业
主要经营主体	中信银行	中信地产	中信建设	中信资源	中信重工	中信国际电讯
	中信证券	中信和业	中信工程设计	中信裕联	中信戴卡	亚洲卫星
	中信信托	中信兴业投资		中信金属		中信海直
	信诚人寿					中信出版
	中信锦绣资本					中信天津
	中信财务					中信旅游
						国安俱乐部

一直以来,中信集团通过创新,利用中国的发展与增长机遇为企业创造价值。中信集团的发展与中国改革开放进程紧密相连。中信集团率先在中国按照市场规律和国际业务惯例运作,在中国诸多行业中扮演着开拓者的角色,中信集团是第一家海外发债的中国企业;第一家在香港联交所上市的红筹企业;也是第一家同时在 A 股和 H 股上市的证券企业。以上开拓的历史均表现了中信集团能够把握中国经济增长与转型的机会与潜力而创造价值,而目前正值中央企业改革发展的风口浪尖,中信集团紧抓这一发展机会,积极寻求上市之路。

3. 财务背景

过去 30 年中,中信集团的经营业绩持续保持稳健。2011 年、2012 年和 2013 年,中信集团归属于股东的权益分别为 2051 亿元、2354 亿元以及 2719 亿元,复合年增长率约为 15%。2011 年、2012 年和 2013 年,中信集团归属于股东的净利率分别为 365.16 亿元、301.55 亿元及 378.39 亿元,复合年增长率为 1.8%。虽然这一数据一直比较稳健,企业能够保持稳定的增长,但从另一方面来说,增长数据比较稳定,一定程度上也限制了企业的发展空间,中信集团若要取得更高的盈利,则需要改变现有的状况。

4. 管理层

中信集团有经验丰富且业绩卓越的领导管理团队,中信集团的高级管理层具有 30 余年的管理经验，超过半数以上的高级管理人员已为中信集团服务 20 年以上，且在过往的中国国内和海外业务经营中有着诸多成功经验。此外，中信集团管理团队同时具备国际化的经营视野，多位高级管理人员具备海外工作经验和留学教育背景。中信集团稳健的公司治理结构能够缓解风险，优化决策并提高效率。

5. 企业困境

中信集团虽然具有不少优势，但是其在发展的过程中也存在诸多问题，特别是由于其隶属央企而存在的一些特殊问题。由于央企子公司可以通过市场融资快速扩充资本，央企母公司为了控股权不被摊薄，不失去控股权，需要动用大量的资金参与下属企业的增资扩股。央企的资金从何而来？一是下属企业的分红，二是银行的贷款。由于缺乏外部权益资本补充渠道，央企母公司在顶层设计上具有天然的劣势，中共十八届三中全会所提出的改革方向，要求国有企业每年上缴 30% 的利润，对于大型央企现金流管理而言，无疑是雪上加霜。

这种困境以中信集团最为突出。在公司创立之初，中信集团曾得到国家财政 2.5 亿元的现金资本金注入，依靠自身发展成为所有者权益超过 2700 亿元的大型企业。中信集团旗下的上市公司，特别是中信银行和中信证券，都面临严厉的资本充足监管要求，随着业务的发展需要不断在资本市场融资。央企的母公司必须突破资本融资的瓶颈，实现整体上市无疑是最优的选择之一。

同时，对于中信集团来说，通过整体上市推进国际化战略，以上市倒逼体制机制的改革以破解中信集团所面临的规模利润增长客观瓶颈。

中信集团上市的模式采用的是中信泰富从最终控股母公司中信集团手中收购其主要业务平台中国中信股份有限公司（以下简称中信股份）的全部股份。针对中信集团的上市模式，本报告围绕以下问题进行了分析：①中信集团在中国香港整体上市的动因；②中信集团在中国香港整体上市的交易结构设计；③中信集团的估值问题；④中国内地与中国香港的治理规范差异问题。

二、具体案例的描述

1. 整体上市过程

2014 年初，中信集团上市最终方案完整浮出。按照该方案，中国中信股份有限公司作为中信集团的上市平台，中信集团将集团的主要业务集中于中信股份。中信集团通过旗下的上市公司中信泰富以现金和发行新股的方式向中信集团反向收购中信股份100%已发股份。

按照中信泰富反向收购母公司的初步方案，中信泰富需要向中信集团现金支付499.2亿元人民币，其余1770.13亿元以发行股份支付，每股售价13.48港元，需发行股份约165.79亿股。此外，为保持公众持股量不低于25%的水平，中信泰富还需要再配发约46.75亿股股份。

（1）现金支付。转让对价中的现金对价部分为499.2亿元，应由中信泰富于交割日或之前按照定价基准日中国人民银行公布的人民币兑换港元汇率中间价计算的等值港元（即按1.00港元兑换人民币0.79207元计算约为6310371.67万港元）现金支付。在符合适用法律的前提下并经卖方书面同意，买方可以在交割日后一年以内支付全部或部分现金对价。

中信泰富应支付的现金对价，由中信泰富通过股权募资作为主要方式，并在需要的时候通过自有现金资源、银行贷款等途径筹集。但是现金对价总额可由中信泰富自行决定调整。如果现金对价金额调减，则产生的与原现金对价金额之间的差额，将由中信泰富按股份转让协议的规定以增加发行对价股份或其他方式支付。

2014年6月3日，并购双方对转让对价的现金对价部分由499.2亿元（折合约63020.6585百万港元）调整为53357554905港元。

（2）股份支付。转让对价中的股价对价部分，即17701310.00万元，应由中信泰富按照13.48港元/股（按照股份转让协议规定的调整机制调整）的对价股份单价，并按定价基准日中国人民银行公布的人民币兑港元汇率中间价计算的股份对价总金额（即按1.00港元兑0.79207元计算为约22348163.68万港元），于交割日或之前，向中信集团或其指定的全资附属公司以发行对价股份的方式支付。按照股份对价17701310.00万元计算，于交割日或之前拟发行的对价股份为16578756438股。

除建议发行对价股份外，为支付收购之部分或者全部现金对价，中信泰富还建议发行配售股份以筹措现金。配售股份将配发予专业及机构投资者。配售预期与对价股份发行同时完成。

收购完成后，中信集团仍为上市规则所指的中信泰富之控股股东，而中信集团完整将成为中信泰富的全资附属公司。

2014年8月25日，中信泰富对外宣布，已经完成了对中信股份100%股权的收购。中信泰富将持有中信股份100%的股权，同时中信集团将继续作为中信泰富的控股股东。因此，就上市规则而言，中信集团与中信泰富均被视为中信股份的控股股东。中信泰富于收购完成后将中信泰富的英文名CITIC Pacific Limited

改为 CITIC Limited，中信泰富的中文名称中信泰富有限公司改为中国中信股份有限公司。

截至 2014 年 8 月 25 日，中信集团共持有中信股份（更名后）约 194 亿股，持股比例为 77.9%。

图 1 到图 3 是中信整体上市股权架构演变过程。

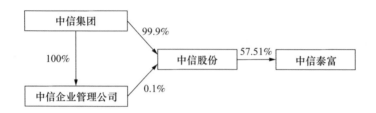

图 1 截止评估基准日的构架

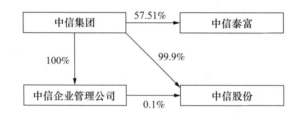

图 2 收购完成前的构架

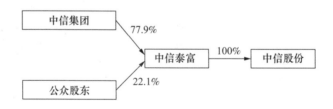

图 3 收购完成后的构架

图 4 列示了收购完成后中信集团完整的股权结构。

2. 中信股份的估值

（1）估值方法。企业价值评估的基本方法主要有收益法、市场法和资产基础法。

收益法是指将预期收益资本化或者折现，确定评估对象价值的评估方法。收益法常用的具体方法包括股利折现法和现金流量折现法。

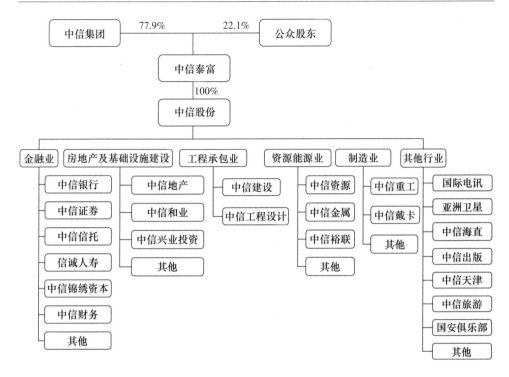

图 4　收购完成后中信集团完整的股权结构

市场法是指将评估对象与可比上市公司或者可比交易案例进行比较，确定评估对象价值的评估方法。市场法常用的两种具体方法是上市公司比较法和交易案例比较法。

资产基础法是指以被评估企业评估基准日的资产负债表为基础，合理评估企业表内及表外各项资产和负债价值，确定评估对象价值的评估方法。

根据评估目的、评估对象、价值类型、资料收集情况等相关条件，以及三种评估基本方法的适用条件，本次评估选用的评估方法为：资产基础法和市场法。

1）资产基础法。中信股份属于投资控股公司，即通过持股方式投资运营相关金融业，同时通过资本优势拓展实业的发展。中信股份本部主要为下属子公司提供战略规划，其下属各子公司在法律上都是各自独立的经济实体，它们同控股公司在经济责任上是完全独立的，相互之间没有连带责任。因此，控股公司中各企业的风险责任不会相互转嫁。

针对投资控股公司的上述特点，本次资产基础法评估路径为对中信股份本部采用成本法评估，对下属各控股子公司根据其所属行业、经营状况及资产构成等选取最恰当的评估方法进行估值。

对于在长期股权投资核算的上市公司，按评估基准日前 30 个交易日每日加权平均价格的加权平均价格与基准日当日收盘价孰高确定每股价值，然后乘以核实后基准日持股数量确定其评估值。对于以非控股形式持有的限售流通股，需要考虑合理的限售期折扣。对于在交易性金融资产和可供出售金融资产科目核算的上市公司股票，按基准日收盘价确定评估值。

对于非上市控股子公司评估方法，根据其所属行业、经营状况及资产构成等选取最恰当的评估方法进行估值。

2）市场法。市场法是指将评估对象与可比企业、在市场上已有交易案例的企业、股东权益、证券等权益性资产进行比较以确定评估对象价值的评估思路。市场法中常用的两种方法是上市公司比较法和交易案例比较法。

上市公司比较法是指获取并分析可比上市公司的经营和财务资料，计算适当的价值比率，在与被评估企业比较分析的基础上，确定评估对象价值的具体方法。

交易案例比较法是指获取并分析可比企业的买卖、收购及并购案例资料，计算适当的价值比率，在与被评估企业比较分析的基础上，确定评估对象价值的具体方法。

交易案例比较法往往是可比较案例较少或是比较和调整内容复杂，市场上真实完整的交易案例资讯较难获得；就被评估公司而言，规模庞大、业务复杂，尚无可供参考的交易案例。而上市公司比较法更多的是借鉴证券资本市场的公开交易资讯，在资料获取和操作上更加简便，因此本次采用上市公司比较法。

采用上市公司比较法，主要是通过对资本市场上与被评估企业处于同一或类似行业的上市公司的经营和财务资料进行分析，计算适当的价值比率，如市净率（P/B）、市盈率（P/E）等，在与被评估企业比较分析的基础上，得出评估对象的价值比率，并据此计算出股权价值。该种方法通常也被称为倍数法。本次估值采用的价值比率选择市净率（P/B）。

根据分析调整后的可比公司 P/B 比率和评估基准日中信股份每股净资产计算出中信股份的市场价值，再考虑适当的流动性折扣得出中信股份的评估值。

（2）评估结果。

1）资产基础法评估结果。截至评估基准日总资产账面价值为26483828.7万元，评估值为30891721.13万元，增值率为16.64%。

负债账面价值为8192155万元，评估值为8192155.04万元，增值率为0.00%。

净资产账面价值为18291673.5万元，评估值为22699566.09万元，增值率为24.10%。

中信股份股东全部权益价值的评估值为22699566.09万元。

2）市场法评估结果。评估基准日，中信股份账面净资产为18291673.5万元,采用市场法评估后的股东全部权益价值为 22871973.00 万元,增值率为 25.04%。

3)结论。资产基础法评估后的股东全部权益价值为 22699566.09 万元,市场法评估后的股东全部权益价值为 22871973.00 万元,两者相差 172406.91 万元,差异率为 0.76%。

两种评估方法结果存在的差异,主要是由于本次市场法所选用的可比公司均为境外公司,且涉及多个国家和地区。不同地区间的经济环境、市场条件存在相应的差异,这也导致了不同地区证券交易市场对同一类企业会给予不同的估值。例如,美国的金融企业已经基本摆脱了金融危机的影响,经营状况逐渐好转,近两年的股价呈现出稳步上升的局面。而国内的金融企业,如银行业,虽然盈利状况总体良好,但股价整体上呈现下行趋势,而这点更多的是证券市场对国内银行金融风险和利率市场化预期的反应。

本次采用的是资产基础法评估,在对各上市公司进行评估时,采用了各证券市场的交易市值,充分体现了该类公司的市场价值;在对各非上市控股子公司进行估值时,更多地采用了收益法的估值途径,收益法是从资产的预期获利能力角度来评价资产或者企业的价值,可以更好地体现出企业整体的成长性和盈利能力。因此,我们认为资产基础法评估结果可以全面、合理地反映中信股份的股东全部权益价值。

根据上述分析,本次评估采用资产基础法评估结果,即中信股份的股东全部权益价值评估结果为 22699566.09 万元。

3. 未来发展

目前,中信集团已经借助中信泰富完成了整体在中国香港上市,中信泰富也已更名为中信股份,中信集团由一个内地国有独资企业变成了中国香港的混合所有制企业。

虽然,中信集团总部何时迁册中国香港还未明确时间,但在外界看来,迁册中国香港将是中信集团内部整合改革的重要一步。

但对于中信集团来说,整体上市后,依然面临着诸多方面的挑战,如公司治理、法律环境变化、发展战略调整、人文环境变化、激励机制等。

三、问题分析与理论解释

1. 中信集团在中国香港整体上市的动因

中信集团本次与中信泰富的交易完成,意味着中信集团已基本完成整体上市，这是国有企业改革的一种重要形式。中信集团通过中信泰富在港上市，是国有企业混合所有制的一次试验，将国企改革延伸到中国香港市场，推动了金融企业的国际化。

首先，香港整体上市是中信集团国际化总体战略的需要。香港市场通过其高度国际化程度能够为中信集团今后走向国际市场提供良好的发展平台。

其次，中信泰富需要中信集团提供财务支持。面临不断下滑的经营业绩，中信泰富需要中信集团作为大股东为其提供相应的支持，借助中信泰富整体上市，既可解决中信泰富的财务困境，也可以为中信股份的发展提供更好的空间。

最后，整体上市相比 IPO 方式，成本更低，可行性更强。IPO 方式耗时更长，而且需要解决与中信泰富的同业竞争问题。而在香港中信泰富整体上市，效率更高，上市成本更低。

2. 中信集团中国香港整体上市的交易结构

此次整体上市的交易结构设计采用现金＋定向发行股份的形式，一方面，现金支付部分可以为中信集团提供流动性，并避免股权比例过高；另一方面，现金支付同时采用定向发行的形式募集资金，可以提高股权的分散度，并为引入战略投资者提供股份。

在整体上市中采用定向发行股份的支付方式具有以下优点：一是定向增发发行门槛低，易于实施。相对于公开增发和 IPO，定向发行股份条件更低，效率更高。二是定向发行股份为并购交易节省并购的现金流支出，避免现金支付给公司带来沉重的现金流压力。三是通过定向发行股份可以增强控股股东的控股权。中信集团通过整体上市取得定向发行的股份，进一步提高了在上市公司中的控股比例，从原来的 57% 提高到 77.9%。

3. 中信股份收购资产的价值评估方法

《资产评估准则——企业价值》规定，注册资产评估师在执行企业价值评估业务时，应当根据评估目的、评估对象、价值类型、资料收集情况等条件，分析收益法、市场法和资产基础法三种资产评估基本方法的适应性，恰当选择一种或者多种资产评估基本方法。

在此次整体上市交易中，资产的估值结果对于交易成败具有至关重要的影响。由于中信股份涉及的公司数量多、行业广，资产评估方法的选择也更加多样化。对上市公司采用市场法，对非上市公司采用资产基础法，两种方法的结合更符合中信股份的现实情况。

4. 内地和香港在公司治理结构的要求方面存在的差异

中信集团借壳上市之后，公司将同时面临内地和香港的治理环境。表 2 总结了内地和香港在公司治理法规方面的差异。

表2　内地和香港在公司治理法规方面的差异

A. 监管法律法规比较

	内地	香港
法律法规/ 法定条文	《中华人民共和国公司法》	香港法例第 622 章《公司条例》 《证券及期货事务监察委员会条例》
部门规章/ 非法定文件	《上市公司治理准则》 《企业内部控制基本规范》 《企业内部控制应用指引第 1 号——组织架构》	《香港联合交易所有限公司证券上市规则》及附录十四 《企业管治守则》

B. 公司治理架构比较

	内地	香港
1. 股东大会	根据《中华人民共和国公司法》规定,股东大会享有法律法规和企业章程规定的合法权利,依法行使企业经营方针、筹资、投资、利润分配等重大事项的表决权	股东根据《公司条例》及《公司章程细则》赋予股东的权利对公司进行授权管理。一般股东的权利仅限于财务收益、就某些影响其权利之事项作决定。公司的具体经营管理由股东选举产生的董事而组成的董事会负责
2. 董事会	董事会对股东大会负责,依法行使企业的经营决策权	上市公司的董事会须共同负责管理与经营业务。董事会应负有领导及监控上市公司的责任,并应集体负责统管并监督上市公司事务以促使上市公司成功
3. 经理及其他高级管理人员	负责组织实施股东大会、董事会决议事项,主持企业的生产经营管理工作	上市公司设立"行政总裁"一职,直接接受董事会监督,负责处理上市公司业务 董事会主席与行政总裁的角色应有区分,并不应由一人同时兼任
4. 监事会	①监事会对股东大会负责,监督企业董事、经理和其他高级管理人员依法履行职责 ②股份有限公司设监事会,其成员不得少于三人 ③监事会应当包括股东代表和适当比例的公司职工代表,其中职工代表的比例不得低于1/3,具体比例由公司章程规定	不要求设立监事会

续表

B. 公司治理架构比较

	内地	香港
5. 董事会下设专门委员会		
（1）审计委员会/审核委员会	根据《企业内部控制基本规范》，企业应当在董事会下设审计委员会。审计委员会负责审查企业内部控制，监督内部控制的有效实施和内部控制自我评价情况，协调内部控制审计及其他相关事宜等	每家上市公司必须设立审核委员会，其成员须全部是非执行董事。审核委员会至少要有三名成员，其中至少要有一名是如《上市规则》第3.10（2）条所规定具备适当专业资格，或具备适当的会计或相关的财务管理专长的独立非执行董事。审核委员会的成员必须以上市公司的独立非执行董事占大多数，出任主席者亦必须是独立非执行董事 职责：监督集团的财务报告流程及内控机制；审查集团的财务信息，并考虑与外部审计师有关的事宜
（2）提名委员会	我国法律法规没有明确提出企业必须设立提名委员会 根据《上市公司治理准则》，上市公司董事会可以按照股东大会的有关决议，设立战略、审计、提名、薪酬与考核等专门委员会。专门委员会成员全部由董事组成，其中审计委员会、提名委员会、薪酬与考核委员会中独立董事应占多数并担任召集人，审计委员会中至少应有一名独立董事是会计专业人士	上市公司应设立提名委员会，由董事会主席或独立非执行董事担任主席，成员须以独立非执行董事占大多数 职责：提名委员会负责审查公司董事会的框架、规模及组成，并就董事的委任及续任向公司董事会提出建议
（3）薪酬委员会	同提名委员会	上市公司必须设立薪酬委员会，并由独立非执行董事出任主席，大部分成员须为独立非执行董事 职责：薪酬委员会负责向公司董事会就公司董事、高管薪酬政策及结构提出建议
（4）战略委员会	同提名委员会	

续表

C. 董事权力与责任比较

	内地	香港
1. 董事会职权	对股东大会负责，行使下列职权： ①召集股东大会会议，并向股东大会报告工作 ②执行股东大会决议 ③决定公司的经营计划和投资方案 ④制定公司的年度财务预算方案、决算方案 ⑤制定公司的利润分配方案和弥补亏损方案 ⑥制定公司增加或者减少注册资本以及发行公司债券的方案 ⑦制定公司合并、分立、解散或者变更公司形式的方案 ⑧决定公司内部管理机构的设置 ⑨决定聘任或者解聘公司经理及其报酬事项，并根据经理的提名决定聘任或者解聘公司副经理、财务负责人及其报酬事项 ⑩制定公司的基本管理制度 ⑪公司章程规定的其他职权	负有领导及监控发行人的责任，应集体负责统管并监督发行人事务，行使下列职权： ①执行股东大会决议，检讨执委会对股东大会决议的执行情况 ②拟定修改公司章程的方案 ③拟定公司增加或减少注册资本的方案 ④拟定在股东大会和董事会设立"一票否决权"条款的方案 ⑤拟定关于公司设立慈善捐赠及公益赞助条款的方案 ⑥制定发行债券或其他证券及上市方案 ⑦审议批准公司的经营方针和投资计划 ⑧审议批准公司的年度财务预算方案、决算方案 ⑨制定公司的利润分配方案和弥补亏损方案，报股东大会审议批准 ⑩制定公司合并、分立、解散或者变更公司形式的方案 ⑪聘任或解聘公司总经理和其他高管人员 ⑫审议批准经理工作报告 ⑬审议决定公司薪酬方案，以及董事、高级管理人员的薪酬 ⑭股东大会授予的其他职权
2. 董事会主席（董事长）职权	①董事长召集和主持股东大会和董事会，检查董事会决议的执行情况并向董事会提出报告 ②代表公司与外界交涉 ③在董事会休会期间，代表董事会综合处理公司的重要事务 ④审查总经理提出的各项计划及执行结果 ⑤签署公司股票、公司债券 ⑥遇有重大紧急事件可先行处理，然后提交董事会讨论或追认 ⑦公司章程授予的其他职权	①应确保董事会会议上所有董事均适当知悉当前的事项 ②应确保董事会及时收到充分的资讯，而有关资讯亦必须完整可靠 ③应确保董事会有效运作，履行应有职责，并及时就所有重要的适当事项进行讨论；主席主要负责厘定并批准每次董事会会议的议程，主席可将这项责任转授指定的董事或公司秘书 ④应有责任确保公司制定良好的企业管制常规及程序 ⑤应至少每年与非执行董事（包括独立非执行董事）举行一次没有执行董事出席的会议 ⑥应确保采取适当步骤保持与股东有效联系，以及确保股东意见可传达到整个董事会 ⑦应促进董事（特别是非执行董事）对董事会作出有效贡献，并确保执行董事与非执行董事之间维持建设性的关系

C. 董事权力与责任比较	
内地	香港
	①非执行董事与执行董事有相同的受托责任以及以有谨慎态度和技能行事的责任

	内地	香港
3. 董事职权	①出席董事会并进行表决；不能出席董事会时，可书面委托其他董事代行表决权 ②可接受董事会的委托办理公司业务，执行股东会决议，并对公司业务活动提出意见 ③在章程授权范围内可对公司生产经营和管理提出建议 ④在董事会授权范围内或依法律、公司章程规定在公司对外活动中代表公司 ⑤出现特定事由，法定人数的董事可提议召集股东临时会议 ⑥可以选举或被选举为公司董事长、副董事长 ⑦独立董事除董事职权外，还具有以下特殊职权：（a）重大关联交易应由独立董事认可后，提交董事会讨论；独立董事作出判断前，可以聘请中介机构出具独立财务顾问报告，作为其判断的依据；（b）向董事会提议聘用或解聘会计师事务所；（c）向董事会提请召开临时股东大会；（d）提议召开董事会；（e）独立聘请外部审计机构和咨询机构；（f）可以在股东大会召开前公开向股东征集投票权	①非执行董事与执行董事有相同的受托责任以及以有谨慎态度和技能行事的责任 ②每名董事应在首次接受委任时获得全面、正式兼特为其而设的就任须知，其后亦应获得所需的介绍和专业发展 ③每名董事应确保能付出足够时间及精力处理发行人的事务 ④应参与持续专业发展计划，发展并更新其知识及技能 ⑤应于接受委任时向发行人披露（并于其后定期披露）其于公众公司或组织担任职位的数目及性质以及其他重大承担 ⑥非执行董事应定期出席董事会及其同时出任委员的委员会的会议并积极参与事务，以其技能、专业知识及不同的背景及资格做出贡献；出席股东大会，对股东的意见有公正的了解 ⑦非执行董事需通过提供独立、富有建设性及有根据的意见对发行人制定策略及政策做出正面贡献。 ⑧非执行董事的职能包括但不限于：（a）参与发行人董事会会议，在涉及策略、政策、公司表现、问责性、资源、主要委任及操守准则等事宜上提供独立意见；（b）在出现潜在利益冲突时发挥牵头引导作用；（c）应邀出任审核委员会、薪酬委员会、提名委员会及其他管制委员会成员；（d）仔细检查发行人的表现是否达到既定的企业目标和目的，并监察汇报公司表现的事宜

四、案例的启示

国有企业改革在不断探索中前行，中信集团的整体上市是对国企改革的一次新的探索和实践。从整体上市的形式上，该案例体现了整体上市的典型交易形式，从交易实质上，该案例代表了国企混合所有制改革的前进方向，其上市经验可以为今后的国企改革提供重要的参考。

参考文献

［1］丁安华．"中信模式"对央企整体上市的借鉴意义［N］.中国证券报，2014 - 04 - 18.

［2］郭兴艳，罗琦．借壳中信泰富　中信集团拟赴港整体上市［N］.第一财经日报，2014 - 03 - 28.

［3］谢希语，颜昊．中信集团借壳上市发挥示范作用［N］.国际商报，2014 - 04 - 04.

［4］毛剑锋．基础资产法在企业价值评估中的再思考［J］.中国资产评估，2014（3）：9 - 10.

［5］中国资产评估协会．资产评估准则——企业价值［EB/OL］.中国资产评估协会，2011 - 12 - 30.

［6］中信泰富．中信泰富2013年年报［EB/OL］.香港交易所，2014 - 03 - 17.

［7］中信泰富．中信泰富股东特别大会通告［EB/OL］.香港交易所，2014 - 05 - 14.

［8］中信泰富．关于中国中信股份有限公司100%已发行股份的转让框架协议［EB/OL］.香港交易所，2014 - 03 - 26.

［9］中信泰富．配售交割对价股份发行收购交割董事调任及提名委员会成员变更［EB/OL］.香港交易所，2014 - 08 - 25.

［10］中信泰富．非常重大的收购事项及关联交易、建议发行对价股份及发行配售股份之特别授权、建议更改公司名称及相应修改章程、重选董事及股东特别大会通告［EB/OL］.香港交易所，2014 - 05 - 14.

混业经营、多地上市与集团内部审计体系的整合

——以光大集团为例

刘雪娇　续　芹*

本案例以中国光大集团股份公司为例分析集团企业在混业经营及多地上市的条件下如何整合内部及外部审计系统，以期更好地履行其风险控制和内部监督职责。内部审计师对组织中各类业务和控制进行独立评价，以确定是否遵循公认的方针和程序，是否符合规定和标准，是否有效及经济地使用了资源，以及是否实现了组织目标。相较于受到法律和服务合同限制的外部审计业务而言，内部审计的目的集中在评价和改善企业的风险管理、控制公司治理流程的有效性，帮助企业实现其目标。

在混业经营和跨地区上市的环境下，如何制定内部审计流程、保持审计人员的独立性及审计过程的有效性、提高企业的风险控制意识、有效配置资源及合理监管企业运营均对内部审计环节提出了新的挑战。与此同时，在庞杂的企业构架当中，各个层级的内部审计人员应向谁直接汇报？如何合理分配权责？内审与外部审计人员如何有效沟通？内审人员与总会以及企业财务总监之间的沟通和交流机制如何保障？内审机构与审计委员会的权力和责任如何划分？以上种种，都是对企业集团公司治理和实现公司目标的挑战。

本案例对于研究中国企业国际化经营当中的跨行业、跨地区的风险控制具有重要的理论与实践价值。第一，扩展及丰富了内部审计对于公司价值的影响，在混业经营和分地区上市的复杂情景下，内部控制职能的发挥如何影响公司业绩是转型经济中的重要问题。第二，强调了内部审计与其他监督机制的交互作用，包括外部审计、财务总监、总会、审计委员会和政府职能机构，对全面治理和防范公司风险具有重要意义。第三，分析了内部审计和内部控制体系架构建设中存在

---

* 刘雪娇：对外经济贸易大学国际商学院。续芹：对外经济贸易大学国际商学院。

的管控问题，对大型集团企业做好风险防范、提高财报信息质量以及规范资本市场行为具有重要意义。

一、公司背景资料与问题的提出

光大集团混业经营、多地上市的发展历程如下：

本案例以中国光大集团股份公司为调查对象。中国光大集团是中央管理的国有重要骨干企业，创办于 1983 年。中国光大集团作为我国改革开放的窗口，经过 30 多年的努力，现已发展成为以经营银行、证券、保险、资产管理、信托、投行、基金、期货、金融租赁、环保新兴产业及其他实业领域为主的特大型企业集团，为国家改革开放事业做出了积极贡献。截至 2014 年底，集团管理资产总额约 3 万亿元，全年实现税前利润 450 亿元，员工总数近 5 万人。

2014 年 12 月 8 日，经国务院批准，中国光大集团股份公司在北京正式成立，中国光大（集团）总公司由"国有独资企业"改制为"股份制公司"，并更名为"中国光大集团股份公司"。新成立的中国光大集团股份公司由国家财政部和中央汇金投资有限责任公司共同发起，财政部持股比例 44.33%，汇金公司持股比例 55.67%。重组改制后，中国光大集团股份公司（以下简称光大集团）将承继中国光大（集团）总公司（包括境外分支机构）全部资产、负债、机构和人员。此番改制，对于光大集团意义重大，标志着其对于"一个集团两个总部"的历史遗留问题的彻底解决。此前光大集团的北京总部和香港总部长期互不隶属，致使其旗下包括光大银行、中国光大控股等在内的企业都不能合并报表，从而影响了公司的整体发展。在重组改制完成的同时，光大集团亦于 2014 年 7 月实现了其渴求多年的金控梦，通过入驻甘肃信托弥补其多年缺失的信托招牌。随着信托牌照的回归，使得光大集团成为继中信、平安之后，第三家集齐全牌照的金控集团。这对其营运资金的融资方式进行了拓展。目前光大集团在境内的主要企业有中国光大银行股份有限公司（股票代码：601818，06818.HK）、光大证券股份有限公司（股票代码：601788）、光大永明人寿保险有限公司、光大金控资产管理公司、光大兴陇信托有限责任公司等金融机构以及中国光大实业（集团）公司、中国光大投资管理有限责任公司、上海光大会展中心、光大置业公司等实业企业；在香港经营的企业有中国光大控股有限公司（股票代码：0165.HK）和中国光大国际有限公司（股票代码：0257.HK）等 20 多家公司。

境内境外的经营环境和众多分支机构为光大集团的公司治理，特别是风险控制和内部审计职能的发挥带来了挑战。获取信托牌照、成功重组等里程碑事件在为光大集团带来更多机遇的同时也为其履行公司治理职能和完善内部审计制度带来了新的挑战。2013 年的光大证券"乌龙指事件"尚未从人们的视野中淡出，如何避免由于内部控制和内部审计的薄弱引发类似失误，如何在改制后的集团企业中实施有效的风险控制，都是值得我们深入研究的课题。

二、光大集团混业经营、多地上市的发展历程

光大集团混业经营、多地上市的发展历程如下：

（1）中国光大（集团）总公司创立。中国光大（集团）是改革开放的产物，1983 年 5 月在中国香港创办，同年 8 月 18 日正式开业。当时注册名为"紫光实业有限公司"，1984 年 7 月更名为"中国光大集团有限公司"。王光英任集团首任董事长。国务院国发〔1983〕89 号文批复光大集团章程明确：光大集团是直属国务院的部级公司。

（2）中国光大集团创办金融业。1990～1996 年为创办金融业，投资中国香港资本市场阶段，集团业务向国内和金融业倾斜，1990 年成立了中国光大（集团）总公司，之后又先后成立了光大银行、光大证券；在中国香港、新加坡收购改组了光大国际、光大控股、光大科技和光大亚太四家上市公司。

（3）中国光大实业集团公司正式挂牌成立。1999 年 7 月开始，根据中央的要求，重点发展金融业务，调整实业企业和项目。2007 年 8 月，国务院批准了中国光大集团改革重组方案，改革重组工作正式启动。2007 年 11 月 30 日，中国光大实业集团公司正式挂牌成立。此后，中国光大（集团）在实业投资、环保、展览及酒店、业务管理、旅游方面均有探索，成立了上海光大会展中心、亚龙湾高尔夫球会、光大置业有限公司等。

（4）中国光大银行在香港上市。2013 年 12 月 20 日，中国光大银行在中国香港联交所主板成功上市，不仅成为 2013 年香港 IPO 集资王，同时成为 2013 年亚洲市场（除日本外）最大 IPO、2013 年中资企业全球最大 IPO 以及 2011 年以来香港市场最大银行业 IPO。至此，中国光大银行成功实现了 A＋H 的上市心愿。

（5）中国光大证券股份有限公司挂牌上市。中国光大证券股份有限公司（股票代码：601788）创建于 1996 年，系由中国光大（集团）总公司投资控股的全国性综合类股份制证券公司，是中国证监会批准的首批三家创新试点公司之

一。2009 年 8 月 4 日公司成功发行 A 股股票，共计募集资金 109.62 亿元，并于 8 月 18 日在上海证券交易所挂牌上市。光大证券在 2013 年由于系统内部控制出问题引发股指波动的事件，俗称"乌龙指事件"。2013 年 8 月 16 日 11 点 05 分上证指数出现大幅拉升，大盘一分钟内涨超 5%，最高涨幅 5.62%，指数最高报 2198.85 点，盘中逼近 2200 点。11 点 44 分上交所称系统运行正常。下午 2 点，光大证券公告称策略投资部门自营业务在使用其独立的套利系统时出现问题。有媒体将此次事件称为光大证券"乌龙指事件"。有评论人士指出，"此番事件无论是操作失误，还是模块故障，抑或程序交易的连锁反应，其毫无征兆、骤然发生，首次将 A 股先进的金融交易环境与参与者落后风控制度间的矛盾暴露无遗。2003 年前，因公司治理结构紊乱，风险意识差，内控机制形同虚设，包括南方证券、华夏证券等纷纷在市场的大潮中'裸泳'出局。上一轮的券商整顿，在市场付出了沉重代价的同时，其教训无疑非常深刻"。

（6）中国飞机租赁集团控股有限公司上市。2014 年 7 月 11 日，光大控股持股 35% 的中国飞机租赁集团控股有限公司（以下简称中国飞机租赁；股票代号：01848.HK），成功在中国香港联合交易所主板上市。中国飞机租赁是按每年进口新飞机的数量计算，中国最大的经营性飞机租赁商。集团凭借其具国际市场经验的精英团队及全球化融资的能力，成功发展为全产业链飞机解决方案供应商。在提供经营性租赁、融资租赁、售后回租等常规服务的基础上，中国飞机租赁更为客户提供机队规划咨询、结构融资、机队退旧换新、飞机拆解等广泛的增值服务，为客户提供量身定制的飞机全生命方案。

（7）中国光大集团改革重组完成。2014 年 12 月 8 日，经国务院批准，中国光大集团股份公司在北京正式成立，中国光大（集团）总公司由"国有独资企业"改制为"股份制公司"，并更名为"中国光大集团股份公司"。标志着历时 11 年的光大集团改革重组顺利完成，也标志着其对于"一个集团两个总部"的历史遗留问题的彻底解决。公司组织结构图如图 1 所示。

（8）光大水务在新交所上市。作为光大国际全资子公司，光大水务控股在完成反向收购汉科环境科技集团有限公司（新交所股份编号：U9E）后，持有汉科环境 78% 的股权，汉科环境正式更名为"中国光大水务有限公司"。2014 年 12 月 22 日，中国光大水务有限公司在新加坡交易所上市。

（9）光大证券收购新鸿基金融有限公司。2015 年 2 月 1 日，光大证券与香港新鸿基有限公司（86.HK）正式签约，收购后者旗下新鸿基金融有限公司 70% 的股份。此番收购昭显了光大证券国际化发展"走出去"战略的雄心。新鸿基有限公司是一家专注于大中华地区的金融服务机构，建基于 1969 年，该公司一直拥有及经营具市场领导地位的金融业务，致力于为股东创造长远价值及资本增长。其现在主要营运结构性融资和私人财务业务，分行及办事处网络遍布中国香港及中国内地超过 200 个地点。

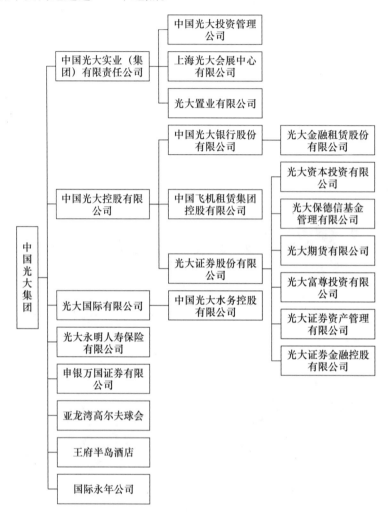

图 1　公司组织结构

资料来源：光大集团官方网站，经笔者整理。

三、问题分析、理论依据以及案例启示

光大集团混业经营，既面临多头监管、多地上市，又面临多地监管等，这对光大集团的内部审计提出了很高的要求（见图2）。

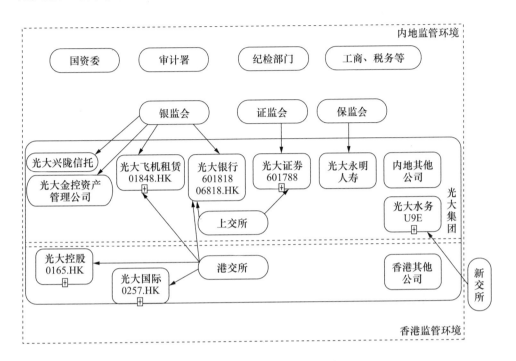

图2 光大集团混业经营、多地上市复杂监管环境

注：①本图并不表示上述公司间完全是并列关系，事实上存在互相持股关系。②本图主要描述光大集团混业经营和多地上市带来的监管环境方面的复杂性。

1. 集团混业经营、多地上市的复杂背景下内部审计的组织架构设计

企业集团是由以股权或家族为纽带的多家具有独立法人资格的公司组成的。在新兴市场国家（如中国、印度、巴西、墨西哥等）以及某些发达国家（如意大利、瑞典）企业集团组织形式非常普遍（Khanna、Yafeh，2007）。在我国转型期国民经济中，企业集团占有举足轻重的地位。据统计，2008年底我国共有企业集团2971家，集团总资产规模达到411312亿元，年销售收入为271871亿元。中央企业集团在A股市场控制上市公司数目仅占全体上市公司的20%左右，其资产规模、市值，以及净利润却达到全体上市公司份额的50%以上（陆正飞、王春飞，2011）。根据美国《财富》披露数据估算，2011年中国前500家企业集团营业收入总额相当于世界500强企业营业收入总额的22.18%，且平均增长速度为29.40%，高于世界500强的13.41%。

在我国企业集团蓬勃发展的势态下，仍隐藏着各种隐患。从宏观层面看，企业集团在地区间及行业间规模扩张不平衡。存在某些行业产能严重过剩、重复建

设严重、产业集中度低、自主创新能力不强、市场竞争力较弱等突出问题。从微观层面看，我国企业集团中存在的交叉持股、金字塔结构等现象使得控制权与现金流权严重分离（Divergence between Control Rights and Cash–Flow Rights），激化控股股东和中小股东之间的代理问题，加剧大股东掏空上市公司侵害中小股东利益（Shleifer、Vishny，1997；LaPorta等，2002；Djankove等，2008；Lin等，2011）。

具体对混业经营、多地上市的金控集团来说，金融混业经营是指银行、证券、保险、基金和信托等金融机构的业务相互渗透和交叉，不再仅仅局限在某一种特定业务或服务上。金融混业经营可以采用以下四种模式：第一种是简单合作式，就是各个金融机构之间采用合作协议的形式展开合作。各金融机构之间法人治理、经营管理上是独立的，组织架构上也没有联系。例如，现在很多银行与证券公司合作开展业务，银行通过证券公司发行次级债；证券公司通过银行网点销售其产品。其他合作模式还有很多，如银行与保险公司间的合作、保险公司与证券公司的合作、银行与信托公司的合作等。第二种是金融控股式，光大集团是典型的第二种模式。其特点表现为：集团控股，联合经营；各个子公司法人独立，规避风险；合并报表，子公司各负盈亏。各个子公司相对独立运作，但公司整体战略安排、投资决策和风险管理由集团统一控制。第三种是子公司模式，是指控股公司本身是金融机构，而不是像上述第二种模式中控股公司就是集团，本身没有实际业务。由该金融机构持股其他金融机构，形成混业经营。第四种是全能银行模式，是指各个不同的金融业务本身就是公司的一个部门，而不是独立的法人。在奥地利、德国、荷兰、瑞士等国家采用这种模式。光大集团作为金融控股公司在2014年完成了重组，在未来对子公司从内部控制、风险管理和内部审计的组织架构上如何设计，以保证光大向着混业经营大金控公司健康发展？

内部审计的组织架构可以有以下几种：一是财务总监领导下的内部审计。内审部门作为财务部门的下设部门存在，主要是对下属公司和其他部门进行财务方面的检查，设立的层级较低，内审独立性较差，没能涉及风险管理和咨询等活动。二是总经理领导下的内部审计。总经理领导下的内部审计比第一种层级稍高，这种形式下，内审主要进行的是经营审计，对总经理受托责任履行进行监督评价的独立性不强。三是监事会领导下的内部审计。这种架构下没有审计委员会，由监事会领导内部审计，但由于监事会不参与公司日常经营决策，使得内部审计难以与公司经营战略方向随时保持一致。四是审计委员会领导下的内部审计。这种内部审计既保证了内审部门的独立性，又可以与公司整体经营方向保持一致，是国外流行的内审部门架构方式。

上述的这几种模式适合于单个公司。光大集团所有子公司都采用了内部审计隶属于子公司审计委员会的做法。但对于集团控股的大型金控集团来说，其内部审计的架构是非常复杂的，涉及集团内审和子公司内审之间的关系，有相对集权和相对分权的两种架构方式。

光大集团采用了相对分权的内控模式：集团设立内审部，集团内审部直接向集团审计委员会报告。子公司的内部审计部门向子公司的审计委员会报告，而无须向集团内审部报告。集团内审部通过向子公司的内部审计委员会派驻董事的方式来获悉子公司在内部审计方面的重要信息。这种方式下，子公司内部审计人员的劳动合同是与子公司签订，其人员的人事管理和薪酬管理等全部都在子公司层面进行。光大集团实行了内部审计联席会议制度，在这个会议上集团内审与子公司内审负责人齐聚一堂，共同探讨一些宏观层面的问题。但这个会议 1 ~ 2 年召开一次，并不是一个常设机构，对于加强子公司内审与集团审计的沟通方面作用有限。

我们的建议是，光大集团可以进一步建立"双重领导双规报告"的内部审计组织架构。子公司内审部门直接隶属于子公司审计委员会并直接向其报告，但同时需向集团内部审计部门报告。这种模式下集团总部董事会下设审计委员会，审计委员会成员具有半数以上独立非执行董事。由审计委员会全面审查和监督公司及附属公司财务报告、内部审计及控制程序，监督、评价该层级总经理经济责任的履行情况。集团审计委员会下设集团内部审计中心，对集团各部门进行常规检查和内控有效性评价；对集团高级管理人员进行任中审计、离任审计；对下属子公司总公司层面进行常规检查、突击检查、信访调查等项目性工作；对子公司内部审计部进行工作指导及审核；同时向集团审计委员会提交审计报告。各下属子公司董事会下设子公司审计委员会，审计委员会下设内部审计部门，审查该公司财务报告、内部审计及控制程序，同时向子公司董事会及集团总部审计部报告。子公司内审人员的劳动合同与子公司签订，但其人事管理和薪酬管理等由集团内部审计部门负责。

这种方式下的集团内部审计管控力度较强，有利于未来光大集团继续朝混业经营大金控集团的方向前进，帮助集团真正实现各个金融行业之间的融合。

2. 风险导向内部审计在大金控集团中的运用

内部审计需要引入风险导向审计的思路和方法，多开展针对高风险领域的审计项目。内部审计理论从历史上经历了萌芽阶段、财务导向内部审计阶段（Victor Brink, 1941）、业务导向内部审计阶段（哈罗德·孔茨, 1998）、管理导向内部审计阶段（Cowe, 1988）和今天讨论比较多的风险导向内部审计阶段（Institute of Internal Audtitors, 1999）。这几个阶段从国际内部审计协会 IIA 关于内审的各个阶段的定义中可以明显地区分出来。1947 年，IIA 在《内部审计师职责说明书》（*The Statement of Responsibilities of Internal Auditor*）中认为，内审需要确认公司内部所提供的会计数据的可靠程度，确认公司资产计算的正确性，确认公司方针、计划和程序被遵循的程度。这个时候还是财务导向的内部审计。

1971 年，IIA 颁布的 IRIA No. 3 认为，内审是一种对组织内部经营业务进行独立评价的管理控制系统，其职能就是评价和衡量组织控制的有效性，旨在对管理部门提供帮助，可以说仍然是业务导向内审的阶段。20 世纪 70 年代以来，随着公司治理的发展，审计委员会得到迅速发展，内审部门作为审计委员会下属部门，随着审计委员会的发展独立性和权威性都得以增强。在这一阶段，内部审计人员需要熟悉企业经营管理的内外部环境，具备相关的专业技能，能够对公司的管理活动做出客观评价。这一阶段探讨管理导向内部审计的比较多。例如，1981 年，IIA 颁布的 SRIA No. 5 中认为，内部审计对象是整个组织的活动，包括对项目结果和效率的审计，审计的目标是为组织提供服务。IIA（1999）在《内部审计职业实务标准框架》中指出：内部审计是独立、客观对组织中的业务进行评价的活动，其目的在于确定组织是否遵循程序而有效率地运作并增值。它通过公认的程序来对风险进行全面的管理、评估和改善。2001 年该框架正式实施，标志着内部审计进入风险导向阶段。与此同时，由于安然事件、"9·11" 等事件的爆发，导致人们对公司治理、内部控制、风险管理等问题非常重视，COSO 委员会 2001 年提出全面风险管理的初步想法，在 2003 年发布了《企业全面风险管理框架征求意见稿》，并在 2004 年 9 月正式颁布《企业全面风险管理框架》（*Enterprise Risk Management – Integreated Framework*）。内部审计作为内部控制的重要手段，对于企业加强风险控制、提升公司治理至关重要。

内部审计在我国起步较晚，从 20 世纪 80 年代审计署成立开始，在全国范围内组建内审单位。1984 年，《审计署关于金融保险机构进行审计监督的通知》要求金融机构建立内审部门，审计内容仍是重点检查机构的财务收支。1987 年，我国成立内部审计协会。1995 年，我国颁布《中华人民共和国审计法》，其中规定，"审计机构可以对中央银行的财务收支和国有金融机构的资产、负债和损益进行审计监督"。从 90 年代中期开始，各个国有大中型企业纷纷建立内部控制制度，开始开展财务审计、经营效率审计、业务审计等审计项目。

2003 年，中国内部审计协会颁布了《中国内部审计准则》与《中国内部审计人员执业道德规范》。2006 年，审计署颁发的工作规划中提出：金融机构应重点查处大案要案、加强金融机构审计力度、改进金融审计方式方法。2008 年，财政部发布《企业内部控制基本规范》。2010 年 4 月 26 日，财政部、证监会、审计署、银监会、保监会联合发布《企业内部控制配套指引》，规定上市公司应当对本公司内部控制的有效性进行自我评价，披露年度自我评价报告，内部审计机构对企业内部控制进行有效性独立评价工作。

基于这样的制度背景，光大集团也引入了风险导向审计的理论，除了常规审计项目之外，也开展了一些专项检查与高风险领域的审计。一般审计的流程为：审计计划→审前调查（非现场审计）→现场审计→督促整改→审计结果利用。其中现场审计、审计计划和督促整改依次所占审计工作时间比例较大。企业的风险控制从宏观上的风险战略制定开始，平时由业务部门和风险管理与内控部门具体把控，审计部门主要起事后检查监督的作用。

我们认为，内部审计部门还扮演事后检查的角色，在事前预防和事中监督中的作用不大。光大集团另外有风险管理部门，如何很好地协调风险管理部门和内部审计部门的工作也是一个重要的课题。目前来看，光大的做法是在某些子公司风险管理部门和内审部门负责人由一人兼任来解决这个问题。

总体来看，光大集团风险导向内部审计工作还需要进一步加强。光大证券"乌龙指事件"和光大信托黄氏控股到期无法兑付等事件一定程度上反映出下属子公司在风险管理和内部控制上有薄弱环节。内部审计不能总是作为事后亡羊补牢的存在，而应当与风险管理部门有机结合起来，帮助风险管理部门做好风险控制。

3. 内部审计与外部社会审计的衔接机制

外部审计作为投资者利益保障的监督机制和会计信息生产过程的重要参与者，对规范企业集团信息披露行为起到至关重要的作用。但我国企业集团大股东集中控股降低公司和主要股东间信息不对称性，可能减少对于高质量外部监督机制的需求（LaPorta 等，1998；DeFond 等，2000）。与此同时，控股股东有动机收买审计师，进一步损害小股东利益。[①] 自 2003 年以来光大集团中的上市公司均由 KPMG（毕马威）作为外部审计机构来进行统一审计。这在原则上响应了 2004 年国资委颁布的《国资委统一委托会计师事务所工作实行办法》。此办法中规定企业集团原则上委托一家会计师事务所独立承担企业年度财务决算的审计业务。此办法明确了国家对于企业集团统一指派外部审计师进行审计的支持态度。随后，财政部于 2010 年出台《金融企业选聘会计师事务所招标管理办法（试行）》进一步规定金融企业集团原则上聘用同一家会计师事务所进行审计。

在国家宏观政策的指引下，2003～2009 年企业集团选择同一外部审计师审计集团旗下至少两家上市公司的比例逐年增加（陆正飞、王春飞，2011）。与此同时，仍有相当部分集团企业选择完全不同的审计事务所对母子公司进行审计。即使在选取同家事务所对旗下多家子公司进行审计的情况下，由于地域、市场、

---

① 大股东集权对公司治理的影响存在两种假说：a. 监督假说。b. 掠夺假说。监督方面，Shleifer 和 Vishney（1986）认为，股权集中减少股东和管理者之间的代理冲突，大股东更好履行监督和激励管理者的职责。掠夺方面则体现了大股东对于小股东权利的侵占——"全世界大公司的中心代理问题都是如何限制控股股东损害小股东利益"（LaPorta 等，1998）。

行业等因素，企业集团通常另行指派其他审计事务所对剩余上市/非上市子公司进行审核。在国家政策提倡统一审计的前提下，缘何众多集团企业仍反其道而行之雇用多家事务所？指派跨行业、跨地区的多家事务所对企业集团的审计质量、内部控制、优化资源配置是否存在积极的作用？采用统一的外部审计机构一方面减少了企业集团与外部审计之间的沟通和协调的成本，加强了审计师对于企业的了解，有助于"学习曲线"效应的发挥，增进审计质量（Geiger、Raghunandan，2002；Myers 等，2003；Petty、Cuganesan，1996）。另一方面，作为重大规模的被审计客户，光大集团会对审计事务所的独立性，尤其是参与审计的地区性分所，使得外部审计师对于审计客户过度依赖，而造成审计合谋从而伤害股东利益。

我们认为，光大集团目前采用的由集团统一招标聘请会计师事务所的做法是符合政策规定，并且也符合集团自身利益的。外部会计师事务所 4 年需要更换一次，重新招标，也一定程度上保证了审计师的独立性。集团内部认为，由于四大审计事务所的聘用不会因为集团作为重要客户对于审计事务所独立性带来影响。但仍需要考虑的是，集团在管理和控制上的分权模式，与外部审计选聘中的集权模式不匹配问题，是否会对审计质量造成不利影响。

4. 内部审计与外部政府审计的衔接机制

《中华人民共和国宪法》第九十一条规定："国务院设立审计机关，对国务院各部门和地方各级政府的财政收支，对国家的财政金融机构和企事业组织的财务收支，进行审计监督。"政府审计是实现国家治理效能的一种现实选择和长效机制。时任国家审计署审计长刘家义（2012）指出，国家审计是国家政治体制的一种重要制度安排，是依法用权力制约权力的重要治理机制。学者研究提出政府审计存在"刚性不力，柔性不足，刚柔难济"的问题（赵华，2014），也有学者着重探讨了政府审计与国企治理效率之间的关系（秦荣生，2004；刘力云，2005；葛笑天，2005）。陈宋生等（2014）认为，政府审计能提高微观主体上市公司的会计稳健性、抑制盈余管理动机等。蔡利和马可哪呐（2014）的研究表明，政府审计功能发挥对央企控股上市公司经营业绩的提升有积极的促进作用，但这种促进作用的发挥具有一定的滞后性，一般表现为审计结果公告后连续两个期间。

光大集团作为国有大型的金控企业，还需要受到外部政府审计的监督和检查。政府审计可能包括很多方面，有常规审计、专项审计、经济责任审计等。审计的内容由原来单一的财务收支结果审计，演变成为今天"以经济责任审计为重点的全面发展阶段"（李金华，2008）。

就经济责任审计来说，2010 年中央办公厅、国务院办公厅颁布了《党政主要领导干部和国有企业领导人员经济责任审计规定》，2014 年国家七部委联合印发《党政主要领导干部和国有企业领导人员经济责任审计规定实施细则》。光大集团据此在 2014 年也印发了《光大集团经济责任审计实施办法》。对于直接受集团管理的子公司领导，需要接受集团内部审计部门进行经济责任审计；子公司其他领导由子公司自行聘任外部审计师帮助其完成经济责任审计，子公司的内审部门应当做好外包审计业务的质量把控，加强与外聘事务所的沟通与协调。各分子公司应当将经济责任审计结果的运用情况以适当的方式反映到集团审计部。

当审计署对光大集团或其旗下某子公司进行政府审计时，由被审计公司审计部负责接待并直接配合工作，但集团审计部也实时参与、共同协调。这要求集团内各个公司不仅要完成好自身的经济责任审计，也要配合好政府审计完成对经济责任审计的再审计工作。

四、案例小结

由于光大集团混业经营和多地上市，使得其内部控制、风险管理和内部审计系统面临挑战。通过对光大集团的案例调研，我们发现，目前光大集团内部审计主要采用了分权管理的模式。子公司各个内审部门直接隶属于子公司审计委员会，不需要例行向集团内审部报告工作。集团主要通过向子公司审计委员会派驻董事的方式来了解子公司内审的情况。随着 2014 年光大集团股份制改组的完成，相信集团的管控力度会逐步加强，从最近开展审计联席会议制度中已经可以看出这样的倾向。集团管控力度加强，有利于光大进一步促进各个金融机构的融合，真正实现大金控的概念。

风险导向的审计方法也应用到了集团和各个子公司的日常工作中，但是对于风险管理，内审部门主要作为事后检查监督的部门存在，存在没有很好地提前发现问题、预防监督作用发挥不力等问题。有些子公司通过由同一人同时担任风险管理部、内审部负责人的办法在一定程度上解决了这个问题。今后在内审事前风险发现和预防监督方面需进一步加强。

内部审计与外部审计、政府审计衔接上，这个过程中有时也会造成资源浪费、重复审计的现象。因此，未来的工作方向应当是有机整合政府审计、外部审计和内部审计工作，现场审计由一个项目、一个主题向一个项目、多个主题转变，提高工作效率。另一个需要改进的地方是，内部审计在整改追踪时以往只关注自己在内审中发现的问题，建议今后内部审计部门在整改追踪时将外部审计（社会审计和政府审计）发现的问题一并整改追踪，扩大追踪范围，并将整改追踪作为专项检查纳入常规工作内容。

参考文献

[1] 王春飞，伍利娜，陆正飞．企业集团统一审计与审计质量 [J]．会计研究，2010 (11)．

[2] 王春飞，陆正飞，伍利娜．企业集团统一审计与权益资本成本 [J]．会计研究，2013 (6)．

[3] 伍利娜，王春飞，陆正飞．集团统一审计能降低审计收费吗？[J]．审计研究，2012 (5)．

[4] 伍利娜，王春飞，陆正飞．企业集团审计师变更与审计意见购买 [J]．审计研究，2013 (1)．

[5] 肖作平．公司治理影响审计质量吗？——来自中国资本市场的经验数据 [J]．管理世界，2006 (7)．

[6] 辛清泉，郑国坚，杨德明．企业集团、政府控制与投资效率：来自中国上市公司的经验证据 [J]．金融研究，2017 (10)．

[7] Bentley J. W. , S. M. Glover, D. A. Wood. The Effects of Group Audit Oversight on Subsidiary Entity Audits and Reporting [R]. Working Paper, Cornell University and Brigham Young University, 2013.

[8] Chen S. , S. Y. J. Sun, D. Wu. Client Importance, Institutional Improvements, and Audit Quality in China: An Office and Individual Auditor Level Analysis [J]. The Accounting Review, 2010 (85): 127 – 158.

[9] Claessens S. , S. Djankov, L. Lang. The Separation of Ownership and Control in East Asian Corporations [J]. Journal of Financial Economics, 2000 (58): 81 – 112.

[10] Francis J. , C. Richard, A. Vanstraelen. Assessing France's Joint Audit Requirement: Are Two Heads Better than One? [J]. Auditing: A Journal of Practice & Theory, 2009 (28): 35 – 63.

[11] 赵华．政府审计实现国家治理效能的现实抉择：政府审计系统柔性 [J]．会计研究，2014 (2)：79 – 85 +95.

[12] 陈宋生，陈海红，潘爽．审计结果公告与审计质量——市场感知和内隐真实质量双维视角 [J]．审计研究，2014 (2)：20 – 28.

[13] 秦荣生．公共受托经济责任理论与我国政府审计改革 [J]．审计研究，2004 (6)：16 – 20.